桑珠孜年鉴

བསམ་གྲུབ་རྩེའི་ལོ་རིམ་མེ་ལོང་།

SANGZHUZI YEARBOOK

2021

桑珠孜区地方志编纂委员会办公室 编

方志出版社
Publishing House of Local Records

图书在版编目（CIP）数据

桑珠孜年鉴. 2021 / 桑珠孜区地方志编纂委员会办公室编. —北京 ： 方志出版社， 2023.10

ISBN 978-7-5144-5026-2

Ⅰ. ①桑… Ⅱ. ①桑… Ⅲ. ①区(城市)—日喀则—2021—年鉴 Ⅳ. ①Z527.54

中国版本图书馆CIP数据核字(2021)第278860号

责任编辑：刘方圆

责任校对：刘玉霞

责任印制：梅中英

出 版 者：方志出版社

地　　址：北京市朝阳区潘家园东里９号（国家方志馆4层）

邮　　编：100021

网　　址：http://www.zgfzcb.cn

发　　行：方志出版社图书营销中心（010-67110500）

印　　刷：河南美图印刷有限公司

开　　本：889毫米×1194毫米　1/16

印　　张：18.75

字　　数：539千字

版　　次：2023年10月第1版

印　　次：2023年10月第1次印刷

定　　价：360.00元

编辑说明

一、《桑珠孜年鉴（2021）》以马克思列宁主义、毛泽东思想、邓小平理论、“三个代表”重要思想、科学发展观、习近平新时代中国特色社会主义思想为指导，坚持辩证唯物主义和历史唯物主义的立场、观点和方法，以“实事求是、质量第一、存史资政、服务大众”为办鉴宗旨，全面、系统、翔实地记述桑珠孜区上一年度政治、经济、文化、社会等各项事业的基本情况，为社会各界与国内外人士了解和研究当今桑珠孜区提供翔实资料。

二、《桑珠孜年鉴（2021）》分为正文和彩页两部分。正文采取分类编辑法，以类目、分目、条目为主要框架结构，个别包含多方面资料的条目，则在段落间加插楷体标题提示，方便读者查阅全书。

三、《桑珠孜年鉴（2021）》载录了桑珠孜区2020年经济社会发展的基本资料，设有特载、概览、大事记、领导名录、政治、纪检监察、对口援藏、人民团体、军事、法治、经济管理、农牧林、应急管理、交通·水利、城建·环保、商贸·流通、财税·金融、科技·教育·文化、卫生健康、社会生活、乡（街道）概况、附录等内容。

四、《桑珠孜年鉴（2021）》所提供的内容和数据，分别来自桑珠孜区各乡（镇）人民政府和有关部门，经各级领导审核，但由于口径与统计方法不同，恐有不一致之处，使用时应以区统计局提供的数据为准。

五、《桑珠孜年鉴（2021）》数字表述除年代、顺号及习惯语用汉字外均用阿拉伯数字。

六、《桑珠孜年鉴（2021）》计量单位一律采用国家法定的计量单位。

《桑珠孜年鉴（2021）》编纂委员会

《桑珠孜年鉴（2021）》编辑部

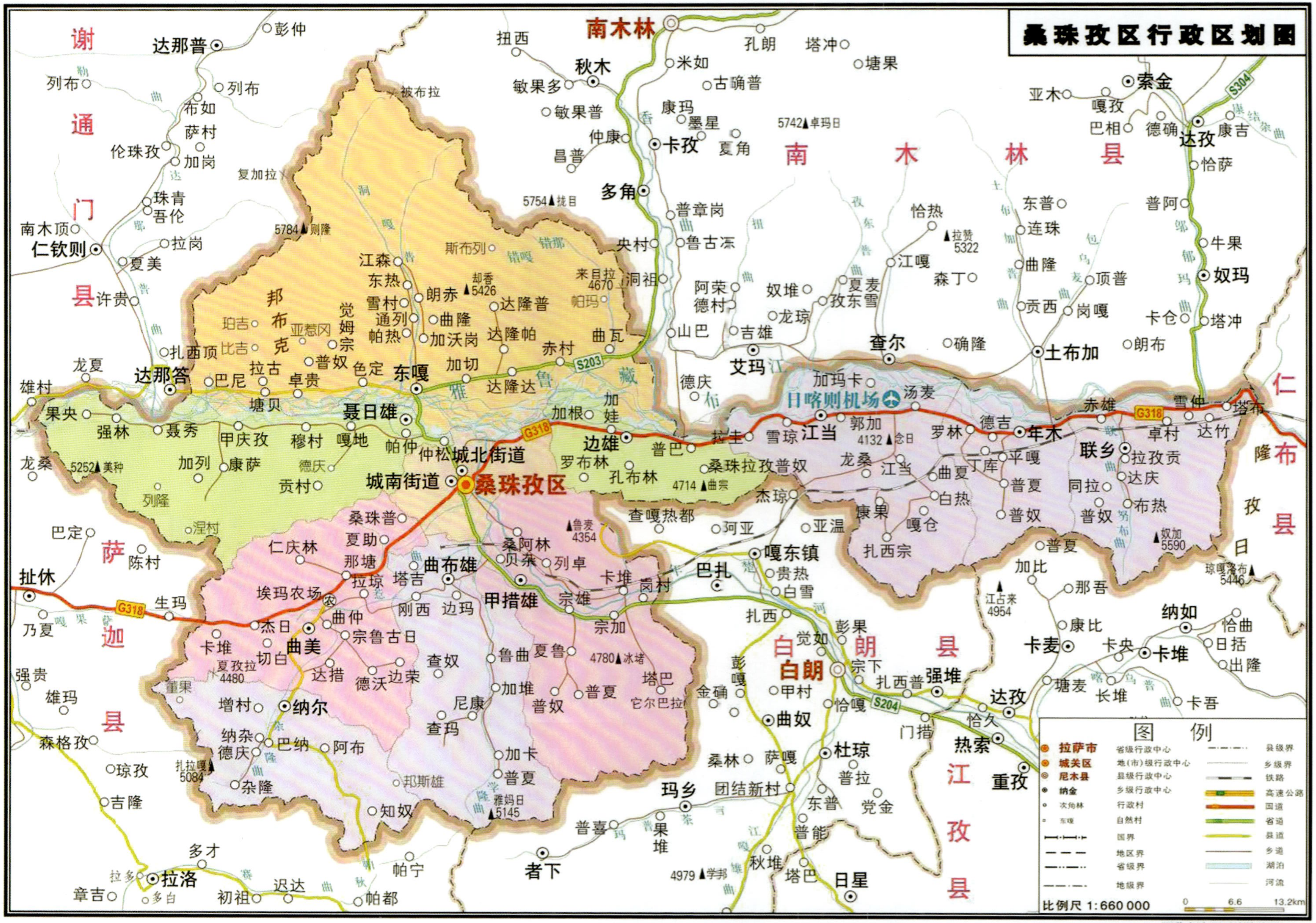

西藏自治区测绘院编制

审图号：藏S（2018）022号

数字桑珠孜 2020

SHU ZI SANG ZHU ZI

- ★ 行政区域面积：3664平方公里
- ★ 耕地面积：17267.88公顷
- ★ 年末常住人口：164280人
- ★ 地区生产总值：124.88亿元
- ★ 第一产业增加值：8.44亿元
- ★ 第二产业增加值：41.83亿元
- ★ 第三产业增加值：74.61亿元
- ★ 粮食作物种植面积：9088.89公顷
- ★ 粮油产量：8353.3万公斤
- ★ 牲畜存栏总数：315606头（只、匹）
- ★ 肉类产量：2018.46吨
- ★ 工业增加值：6.85亿元
- ★ 社会消费品零售总额：38.48亿元
- ★ 接待旅游人数：254.3万人次
- ★ 旅游总收入：17.4亿元
- ★ 农村居民人均可支配收入：16795元
- ★ 城镇居民人均可支配收入：40465元

2021年3月20日，中国共产党桑珠孜区第二届委员会第五次全体会议暨区委经济工作会议召开

2021年3月24日，中国人民政治协商会议第二届桑珠孜区委员会第五次会议召开

2021年3月25日，桑珠孜区第二届人民代表大会第五次会议召开

2021年12月19日，中国共产党桑珠孜区代表会议召开

3月15日，日喀则市桑珠孜区棚户区改造工程开工奠基仪式在帮佳孔社区举行

6月18日，教武场商户搬迁至卡热社区萨玛组新农村商品房新搬迁点

7月6日，青岛援藏医疗队创建桑珠孜区首家细胞室

7月8日，桑珠孜区聂日雄乡珠村举行“珠峰绵羊繁育基地”启动揭牌仪式

10月12日，桑珠孜文化广场正式运营

11月3日，桑珠孜区商务局参加成都招商会

桑珠孜区涉及6个乡23个行政村的高标准农田建设项目

12月24日，由山东省第九批援藏干部中心管理组引进、山东水发集团投资4.5亿元兴建、西藏最大的综合能源项目——日喀则市50兆瓦“光伏+储能”综合能源示范项目成功并网发电

桑珠孜区辖区内的日喀则市珠峰文化旅游创意产业园区

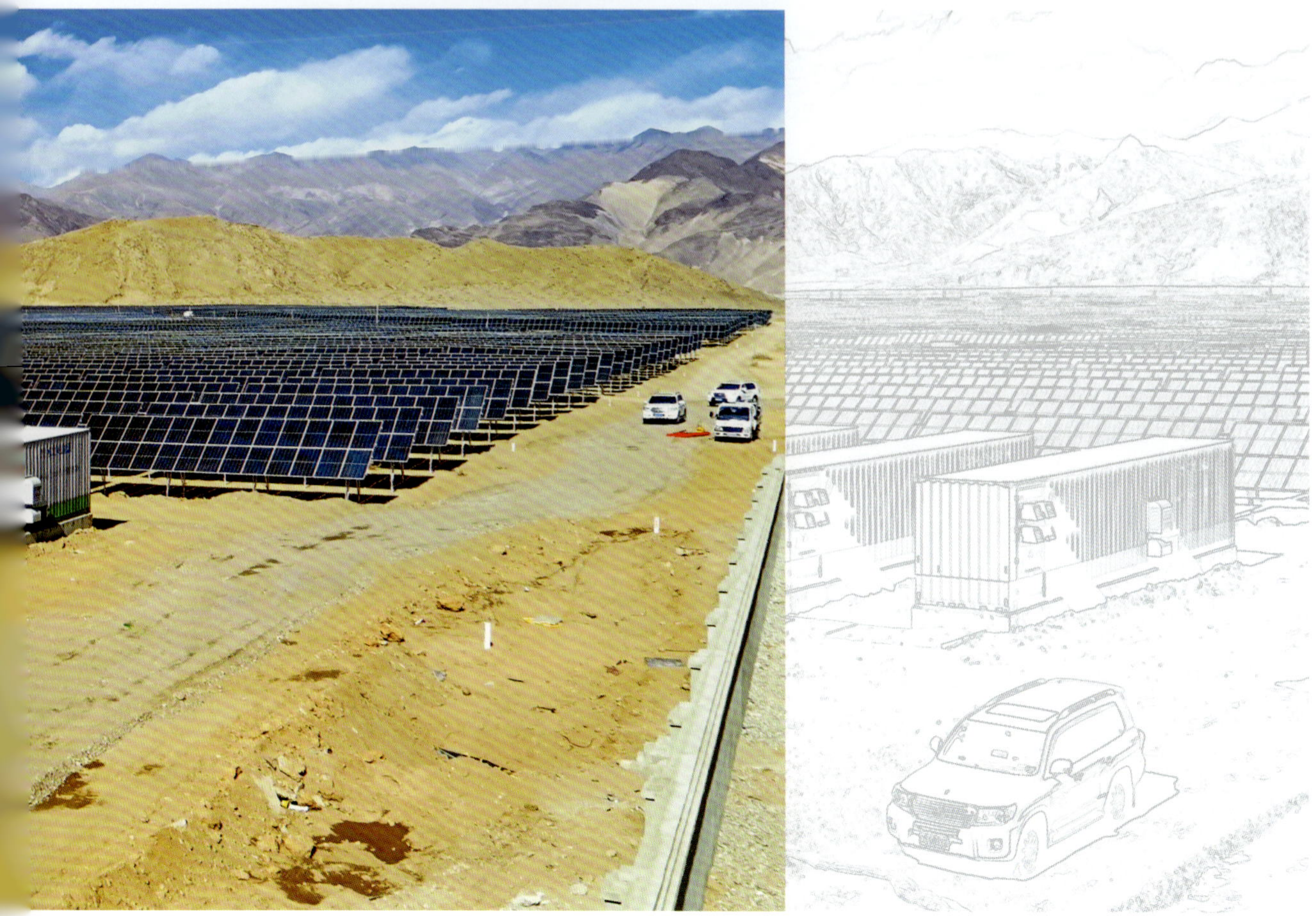

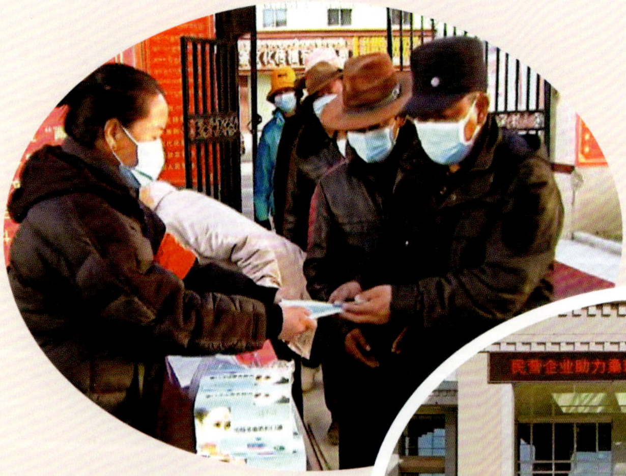

2月5日，桑珠孜区投放1万余个口罩免费发放给群众

2月9日，民营企业助力桑珠孜区抗击疫情爱心捐赠仪式举行，西藏巴精建设工程有限公司、西藏雄达建筑工程有限公司等7家民营企业向桑珠孜区政府捐赠资金225.6万元，以及价值29万元的物资

2月，桑珠孜区工作人员参与疫情防控一线工作，开展入户消毒

4月3日，桑珠孜区人社局组织应届毕业生及学生家长开展“1+1”就业创业政策宣传培训活动

6月6日，青岛援藏组成立“山海情”红马甲医疗队，到山区开展农牧民义诊活动

6月11日，曲布雄仁嘎村举行桑珠孜区妇联家政服务培训开班仪式

①② 8月7日，桑珠孜区举办2020年第一期高校毕业生招聘会暨高校毕业生创业资金兑现仪式

9月27日，青岛·日喀则集团化办学暨特色课程共建签约仪式在青岛市举行

10月1日，城南街道办事处举办“庆国庆 贺中秋”主题茶话会

10月19日，西藏自治区登山队在桑珠孜区第三小学开展“攀岩进校园”活动

10月31日，西藏自治区日喀则市桑珠孜区农牧民专业合作社规范提升培训班在甘肃甘南藏族自治州全域旅游培训基地开班

◀ 11月6日，桑珠孜区消防救援大队在日喀则市实验幼儿园开展消防知识进校园活动

11月14日，日喀则市草原站驻曲美乡那塘村工作队党支部联合市人民医院中西医结合科党支部在驻村点开展义诊送温暖主题党日活动 ▶

12月8日，桑珠孜区人社局组织厨师技能培训

12月9日，桑珠孜区广播电视局在边雄乡甲根村举行中央广播电视节目无线数字化覆盖接收设备发放仪式。图为发放现场

12月10日，桑珠孜饭店扶贫帮困捐款活动仪式和喜格桑珠孜现代农业发展专业合作社联合社分红仪式举行

12月21日，喀则市第十届冬季物资交流会桑珠孜区交易会开幕

12月24日，桑珠孜区建档立卡贫困户2020年汽车维修技能培训结业典礼在赞巴汽车维修有限公司举行

3月14日，桑珠孜区组织全区党员干部开展爱国卫生运动大扫除活动

6月17日，桑珠孜区发改委、交运局联合开展“绿化环境 美化家园”主题党日活动

6月30日，桑珠孜区委党校联合区委组织部、区生态环境分局举办年度生态文明教育专题培训班

7月13日，桑珠孜区边雄乡组织开展“蓝天保卫·青春行动”活动

9月22日，桑珠孜区各社区志愿者开展创城宣传活动和人居环境整治行动

10月4日，桑珠孜区年木乡普夏村驻村工作队开展人居环境整治活动

10月8日，桑珠孜区甲措雄乡聪堆村开展环境卫生整治活动

2020年，桑珠孜区帮佳孔社区党员志愿者在帮佳孔路开展环境卫生整治活动

桑珠孜区江萨湿地公园

雅鲁藏布江沿线绿意盎然

6月7日，桑珠孜区相关党政部门、特色企业代表、桑珠孜区艺术团（格桑花艺术团）一同亮相青岛市城阳区第19届“市民节”活动

6月9日，日喀则市庆祝西藏自治区成立55周年文艺汇演桑珠孜区专场在四号公园举行

7月5日，桑珠孜区委组织部、区教育局（体育局）联合举办桑珠孜区“庆七一·颂党情”机关党员干部运动会

11月15日，桑珠孜区文旅局举办青岛最动听原创音乐西藏赛区海选大赛

12月15日，桑珠孜区举办“党的光辉照边疆 边疆人民心向党”主题演讲比赛

12月30日，桑珠孜区文旅局举办“感党恩 奔小康 迎新春”群众性文艺比赛暨行政村文艺演出队展演

目 录

特 载

概 览

大事记

领导名录

政 治

纪检监察

对口援藏

人民团体

军 事

法 治

经济管理

农牧林

应急管理

交通·水利

城建·环保

商贸·流通

财税·金融

科技·教育·文化

卫生健康

社会生活

乡（街道）概况

附 录

索 引

特载

在二届桑珠孜区委员会第五次全体会议暨区委经济工作会议上的报告

市委常委、区委书记 葛庆敏
（2021年3月20日）

这次会议的主要任务是：以习近平新时代中国特色社会主义思想为指导，深入学习贯彻党的十九届五中全会、中央经济工作会议和中央第七次西藏工作座谈会精神，深入学习贯彻自治区党委九届九次全会暨区党委经济工作会议和市第二次党代会、市委二届二次全会暨市委经济工作会议精神，贯彻落实市委政法工作、市委宣传思想文化工作、市委组织工作等系列会议精神，总结成绩，分析形势，研究部署桑珠孜区“十四五”规划和2035年远景目标及2021年各项工作，动员全区上下团结一心、提振精神，感恩奋进、创先争优，确保“十四五”开好局、起好步，奋力推进桑珠孜区长治久安和高质量发展，以优异成绩向建党100周年和西藏和平解放70周年献礼。

根据常委会研究的意见，下面我报告四个方面工作。

一、脚踏实地、感恩奋进、创先争优，各项事业稳中有进

“十三五”时期，是桑珠孜区发展进程中非常重要的一个时期。一届、二届区委团结带领全区广大党员干部群众，凝心聚力、苦干实干，各项事业在艰难曲折中稳步向前、在持续奋斗中持正向上。在区委主要领导频繁更换的情况下，全区上下坚持以习近平新时代中国特色社会主义思想为指导，全面贯彻落实党的十九大和十九届历次全会精神，贯彻落实中央第六次、第七次西藏工作座谈会精神和自治区党委、市委系列决策部署，保持了决策的连续性、工作的连续性和绩效的连续性。全区党的建设特别是政治建设、机构改革、基层政权建设、全面从严治党成效卓著，经济发展稳中有进、产业现代化水平逐步提高、中心城市功能显著提升，脱贫攻坚胜利告捷、民生福祉更有保障、改革开放持续推进、社会大局安定有序，生态环境持续向好、生态文明建设成效显著，全区“十三五”圆满收官，迈出了长治久安和高质量发展的坚实步伐。各领域获国家荣誉27项，自治区级荣誉89项，市级荣誉155项，我们逐步找回了全市首善之区应有的自尊和自信，为“十四五”发展奠定了坚实基础。

2020年，是桑珠孜区发展历史上极其艰难的一年。面对突发新冠疫情影响带来的艰巨挑战，面对一系列攻坚克难的任务，区委坚持用好改革创新“两种方法”，紧盯“八个首位度”目标，全区党员干部群众勠力同心、感恩奋进，在全市全面创先争优，各项事业呈现稳步发展、逆势上扬的良好态势，开创了各项工作崭新局面。2020年，预计完

成地区生产总值119.14亿元，同比增长7%，占全市322.78亿元的36.91%，经济总量位居全市第一；地方财政一般公共预算收入实现2.52亿元，因疫情和减税降费等原因，同比下降2.7%；固定资产投资完成35.69亿元，同比增长6.47%，占全市204.7亿元的17.43%；社会消费品零售总额预计完成38.48亿元，同比增长9%；城乡居民人均可支配收入分别达40465元、16795元，同比增长11%、13.1%，分别高于全市平均水平39992元、13080元的1.18%、28.4%。

一年来，我们维护稳定、强化治理，平安建设再上新台阶。深化反分裂斗争，落实市委强边工作要求，严厉打击各类渗透破坏活动，做好人民防线和反奸防谍工作，反分裂斗争基础持续夯实。强化社会综合治理，顺利通过“七五”普法终期验收，扎实开展市域社会治理现代化试点工作，持续深化扫黑除恶、“昆仑2020行动”等专项斗争，确保了3月维稳综治工作、中央领导进藏调研等期间安全稳定。落实意识形态责任制，深化“四讲四爱”群众教育实践、“五比”竞赛，创新开展“冬闲变冬忙·交流促提升”主题活动，抓好意识形态领域问题整改，荣获全市“四讲四爱”群众教育实践先进县区称号。依法管理宗教事务，加强“十导”工作，深化“遵行四条标准、争做先进僧尼”教育，配强4座市级重点寺庙驻寺力量，落实“三个不增加”要求，保证了宗教领域安全。稳慎化解信访问题，认真落实信访“八化”和领导包案化解机制，调处来信来访61批（件），办结率为100%。提高应急管理和安全生产水平，全年安全生产事故起数、死亡人数分别下降71.5%、87.5%，安全形势总体平稳可控。铸牢中华民族共同体意识，打造桑珠孜区级民族团结进步示范点24个，获得全市唯一一个县区民族团结模范集体称号，成功创建第八批全国民族团结进步示范县区。全力抗击新冠肺炎疫情，坚持人民至上、生命至上，主动承担全市70%的抗“疫”任务，投入500余万元和40万人次参与防控，率先组建“战疫情党员突击队”，创新横向到边、纵向到底的主城区三级网格化疫情防控体系，守住了疫情“零发生”底线，守护了人民群众生命安全。

一年来，我们提速跨越、重点突破，产业发展构筑新高地。一、二、三产业比重预计达7.5∶33.5∶59，三产比例逐步优化。持续发展农牧产业，深化农牧区产业革命，建成全程机械化青稞种植基地2133.33公顷、青稞良种繁育基地570公顷、高标准农田1526.67公顷，成功打造千亩千斤、百亩千斤绿色高质高效示范片14个，打造标准化奶牛养殖基地4个，建成珠峰绵羊繁育基地10个，全年粮食产量达17723.99万斤，蔬菜产量达7.56万吨，牲畜出栏15.21万头（只）、商品率达65%，城乡居民“米袋子”“菜篮子”得到有力保障。大力发展旅游业，投资1381万元实施联乡梯田风光景区等8个项目，成功入选第二批国家全域旅游示范区，全年接待旅游251.3万人次、创收17.4亿元。强化项目建设，146个项目开复工，东嘎35千伏变电站列入国家“三区三州”农网改造升级计划，拉日高等级公路、德朗玛天然饮用水项目稳步推进。总投资12.35亿元的EPC项目全部完工，在全市率先实现行政村公路通畅率

100%、自然村公路通达率100%。认真编制“十四五”规划，储备了总投资约238.83亿元的项目总盘子。高度重视招商引资，实现招商引资到位资金12.6亿元，完成全年计划的210%，特别是投资4.5亿元的50兆瓦“光伏+储能”综合能源示范项目，创造了当年签约、半年建成投产运营的新纪录。深入推进民族手工业，支持131家民族手工企业、合作组织发展，新增规模以上企业3家。规范提升合作社，5.64万人入股合作社，409家合作社发挥作用，全年实现经营性收入3517.76万元、分红1166.56万元，带动就业7301人、人均增收2575.9元。优化营商环境，深化“互联网+政务服务”，推进政务服务“一网、一门、一次”改革和政务服务事项“五级覆盖”，电子政务平台累计办理事项133279项。新增市场主体2368个，各类市场主体达18190个，实现税收2.01亿元，全区高质量发展基础更加夯实。援藏工作成果丰硕，2020年青岛市第九批援藏干部组聚焦产业援藏、民生援藏、生态援藏、文化援藏，投入计划内资金7223万元实施了11类40个项目，同时争取计划外资金3300余万元，青稞博物馆等项目有序推进，实施青青之音原创音乐计划，组建“山海情·红马甲”医疗志愿服务队开展重大疾病预防筛查救治、义诊巡诊，建成启用青岛邮政高原特色产品体验馆，开展两地交流交往交融活动13次，为全区发展注入强大动力，援藏协作发展不断深化，鲁藏人民情谊更加深厚。

一年来，我们践行理念、绿色发展，生态建设开创新局面。加强国土绿化，全年造林绿化333.33公顷、开展义务植树80公顷、防沙治沙4533.33公顷，完成光伏小镇周边节点绿化提升24.25万平方米。扎实推进国土空间规划编制工作。强化河湖管护，落实河（湖）长制，加强江萨国家湿地公园建设和黑颈鹤自然保护区管理，年楚河流域生态功能保护区建设项目顺利通过验收。实施蓝天碧水净土保卫战，空气环境质量优良率达99.4%，集中式饮用水源地水质达标率100%，试点推行垃圾分类，投入3165.98万元建成运转6个乡级垃圾转运站。加速环保问题整改，完成各级各类环保督察、森林督查反馈问题整改事项103项，“违建违占”减存量遏增量工作成效明显，生态环境保护与管理水平不断提升。抓好美丽乡村建设，完成5355户厕改和40个村（居）环境综合整治，成功打造26个自治区级生态村，东嘎乡雪冲村荣获2020年中国美丽休闲乡村，村居环境得到显著改善，生态建设基础有力夯实。

一年来，我们心系民生、服务群众，社会事业提升新水平。脱贫攻坚成效持续巩固，整合涉农专项资金68673.17万元，支持产业发展和十项提升工程建设。总投资6.3亿元的38个产业扶贫项目，建成37个，带动1000余人就业，创收1100余万元。全区1395户6157名建档立卡人口年人均纯收入达13935.11元，脱贫群众收入结构不断优化、自我发展能力不断提高，顺利通过脱贫攻坚大普查，彻底摆脱了束缚千年的绝对贫困。社会事业全面发展，坚持优先发展教育，辖区学校卫生健康副校长全覆盖，在西藏率先提出并全面实施学前教育3个100%，援藏地西藏班成绩居全市前列。开通乡村客运公交班线10条，投入班车13辆，惠及101个行政村居，极大方

便了群众出行。医共体建设深入推进，人民医院创三乙工作有序推进，生物安全二级级别的核酸检测实验室建成使用，藏医院建设项目进展顺利，重点人群结核病筛查率100%。文化事业繁荣发展，本级投入120万元推进新时代文明实践中心建设，广播电视综合覆盖率达100%，组建176个行政村文艺队，电影下乡、文艺巡演惠及8.4万人次。开展非物质文化遗产普查，发现非遗点137项，斯马卓舞被列为第五批国家级非物质文化遗产，91处街区入选日喀则市第一批历史建筑名录，桑珠孜区被列为国家革命文物保护利用区。就业创业有序推进，兑现创业启动资金308.68万元，1069名应届毕业生实现多渠道就业，完成目标任务的105%。落实农牧民“增收十条”，实现26979名农牧民群众转移就业，创收4.22亿元，分别完成全年任务的128.4%和161.5%。社保减震作用有效发挥，率先完成城乡居民医保整合，参保率达97.2%，解决历史遗留新农合透支资金1996.88万元，城乡居民养老保险参保率达93%。兑现城乡最低生活保障、特困供养人员补助、临时救助等资金1494.08万元，全区民生保障更加殷实、更有质量。

一年来，我们解放思想、深化改革，创新发展激发新活力。机构改革稳步推进，实施县乡党政机构改革“回头看”，完成12个乡街综合执法队伍设置，指导成立14家基础教育机构。建立了人大、政协专委会。推进群团改革，实现村级群团组织全覆盖，完成区总工会、区妇联首次换届。设立边防委员会办公室，制定了工作规则等相关制度。组建区委审计委员会，召开审计委员会第一次会议，解决了一批难点问题。设立江当现代生态产业园区管委会，推动园区建设整合提升。城投公司、娘麦扶贫公司、粮食公司等区属国有企业改革迈出历史性步伐。宣传文化体制改革有序推进，与《西藏日报》建立战略合作关系，打造自治区首个县域融媒体频道，创建了全市独家藏语和汉语官方公众号，面向基层农牧民群众宣传工作更加有力。经济体制改革持续深化，稳步推进财政核心业务“一体化”改革，支付资金23.8亿元。农村集体产权制度改革完成50%任务，新造林地林权制度改革稳步推进。纪检监察体制改革精准发力，全力推动区乡纪检监察工作一体化发展，稳慎推进纪律检查体制改革，严格落实“双重”领导体制和“两为主一报告”制度。推动法纪衔接贯通，受理公检法机关移送问题线索48件。拓展纪检监察体制改革，持续深化“三转”，推动“三转”人员身份转换，清理退出议事协调机构29个。率先在全市试点推行片区协作工作机制，片区乡街纪委协同办案6次。历史遗留问题有效解决，岚泰公司资金链断裂和欠薪、达热瓦后藏庄园（原市政府旧址）土地办证、西藏电缆股份有限公司项目停滞等一大批久推不动、群众关注的历史遗留问题得到妥善化解，提高了政府公信力。积极推进总投资35亿元的5个社区棚户区改造，依法拆除卡热社区20处违法建筑，帮佳孔社区23户群众完成搬迁，遗留多年的历史问题得到稳步解决。总投资4.17亿元的教武场文旅购物中心项目取得实质性进展。对外开放态势不断扩大，坚持主动“走出去”学经验、交朋友，积极“引进来”谋发展、谈合作，先后前往青岛、成都、甘南、拉萨、林芝、山南、周边县等二十余地，参加产品展销、招商推介、考察学习、文化交流等活动，有力增进了与周边市县和其他省市城市的多领域互动，桑珠孜区对外美誉度、影响力得到有效提升。

一年来，我们从严治党、夯实基础，党的建设树立新形象。加强政治建设，旗帜鲜明讲政治，区委召开48次常委会会议、24次理论学习中心组学习会，推动上级党委重要会议精神和决策部署落实落地，用习近平新时代中国特色社会主义思想武装头脑、指导实践、推动工作水平显著增强。加强党的领导，制定完善区委履行主体责任制度机制，在全市率先出台新时代加强改进人大、政协、党管武装的规范性制度，召开首次区委政协工作会议、议军会、国家安全指挥部会议、宗教工作领导小组会议等系列会议，党的领导有力有效覆盖到各领域。加强基层党建，完成125个村居活动场所标准化建设，有效整顿32个软弱涣散基层党组织，巩固提升48个村级党组织政治功能，成立桑珠孜区拉萨流动党支部和21个非公经济组织党支部，设立69个城市功能型党组织，开展40余期国家通用语言培训，基层党组织组织力明显增强。加强作风建设，大胆选拔任用各领域、各层次优秀干部，向市委推荐市管干部和四级调研员及以上职级干部69人次，区委调整干部8批405人次，全面清理长期占有行政编制的22名工人，实现了干事创业环境大调整，党员干部精气神日益焕发。持续为基层减负，会议同比减少22.5%。实行“双随机、一公开、N挂钩”督查机制，作风建设持续深化。加强党风廉政建设和反腐败斗争，全力配合九届区党委第八轮巡视工作，销号巡视反馈问题38项，集中整改完成率达79.16%，建立完善长效机制71项。深化政治巡察，巡察发现问题整改率达97.6%，综合运用“四种形态”批评教育和处理116人次，全区政治生态持续净化，全面从严治党纵深发展。

这些成绩的取得，最根本的是我们保持了政治定力，始终把政治建设作为根本性建设，把政治能力作为第一位能力，团结带领全区人民在思想上政治上行动上始终同以习近平总书记为核心的党中央保持高度一致，坚决拥戴信赖忠诚捍卫核心，始终增强“四个意识”、坚定“四个自信”、做到“两个维护”，坚决贯彻党中央、自治区党委、市委决策部署，确保了各项事业发展的正确方向。最核心的是我们顺应了群众需求，坚持改善民生、凝聚人心，坚持困难麻烦由政府解决、把方便实惠送给群众，坚持在发展中补齐民生短板、促进社会公平正义，巩固脱贫成果、推动乡村振兴、促进就业创业、发展社会事业，不断满足了各族群众日益增长的美好生活需要。最重要的是我们找准了发展路径，全区上下坚持改革创新，聚焦“八个首位度”目标，坚决落实区委决策部署，在全市全面创先争优，排除万难开创了崭新局面。最关键的是我们落实了实干担当，全区上下焕发出干大事、创大业的雄心壮志，保持只争朝夕、不负韶华的进取之心，点燃恪勤恪谨、夙夜在公的创业之光，挑最重的担子、啃最硬的骨头、破解最难的历史遗留问题，赢得了上级领导的充分肯定和社会各界的广泛支持。

2020年，每一步，我们都沿着习近平新时代中国特色社会主义思想和中央第七次西藏工作座谈会指引的康庄大道坚定前行。实践证明，全区上下坚持正确的发展方向，坚持改革创新，各族干部群众精诚团结、创先争优，共同撑起了长治久安和高质量发展的碧海晴天。在此，我代表区委常委会，向全区广大党员干部、各族群众、社会各界，表示衷心的感谢并致以崇高的敬意！

看到成绩的同时，也要看到我们面临的困难和不足：一是维护稳定存在脆弱点位。反分裂斗争进入防范应对十四世达赖去世转世的关键期，社会大局进入实现长治久安的推进期，组织发动群众能力还有欠缺，意识形态工作还不够深入，部分信访隐患还比较突出，社会治理、安全生产等领域还有短板弱项，平安建设任务艰巨。二是高质量发展存在制约因素。经济社会进入高质量发展转型期，发展不平衡不充分与发展层次质量不高的问题并存，产业体系、基础设施、营商环境、项目建设等还存在较大差距，行政审批与市级部门的协同、衔接和配套还不够，招商引资受土地和规划因素限制，部分政策无法兑现落实，项目落地困难，培植优质税源还需持续发力。三是生态文明存在积弊卡点。造林绿化零星散布，整体效应不佳，河湖治理措施办法不多，环保督察整改还未全部完成，生态经济效益不明显，偷采盗采、非法租赁耕地、未批先建、私搭乱建等问题仍然存在。四是党的建设存在薄弱环节。“两个责任”落实不到位、党建引领发展效果不明显；改革有瓶颈制约，部分领导干部和二级班子抓改革无从下手，改革整体质量不高；担当有懈怠危机，部分干部挂空挡、打瞌睡、踩刹车，工作落实打折扣；人才有断层危险，超编缺人现象严重，部分单位管干部、用干部不培养干部，对干事的人施高压，对懈怠的人搞“放养”，人才逐年流失，干部能力素质与新发展阶段不相适应，优秀年轻干部储备不足，给事业发展带来更大挑战。对此，我们要高度重视，认真加以解决。

二、立足实际、着眼长远、通篇谋划，明确今年目标任务

今年，是建党100周年和西藏和平解放70周年，是“十四五”规划和开启全面建设社会主义现代化国家新征程的开局之年，做好今年各项工作，意义重大，至关重要。做好今年工作的指导思想是：坚持以习近平新时代中国特色社会主义思想为指导，深入贯彻党的十九大和十九届二中、三中、四中、五中全会及中央经济工作会议、中央第七次西藏工作座谈会精神，全面贯彻习近平总书记关于西藏工作的重要论述和新时代党的治藏方略，全面贯彻自治区党委九届九次全会暨区党委经济工作会议和市第二次党代会、市委二届二次全会暨市委经济工作会议精神，胸怀“两个大局”，心怀“国之大者”，以政治建设为根本，以长治久安和高质量发展为主题，认识新发展阶段、贯彻新发展理念、构建新发展格局，坚持“三个赋予、一个有利于”，以“十个必须”为方向、“四件大事”为重点、“四个确保”为目标，坚定改革创新定力，发挥“八个首位度”作用，持续创先争优，确保“十四五”开好局起好步，以优异成绩庆祝建党100周年和西藏和平解放70周年。

2021年经济社会发展主要预期目标是：实现地区生产总值增长9%以上，地方财政一般公共预算收入增长13.5%，社会固定资产投资增长10%，社会消费品零售总额增长7%，城乡居民人均可支配收入分别增长11%、15%，城镇登记失业率控制在3%以内。

做好今年的工作，要重点把握“六个必须坚持”：第一，必须坚持党的全面领导，始终以习近平新时代中国特色社会主义思想为指导，增强“四个意识”、坚定“四个自信”、做到“两个维护”，切实把党的领导贯穿经济社会发展各方面和全过程，不断用党的创新理论指导实践，不断提高把握新发展阶段、贯彻新发展理念、融入新发展格局的能力水平，为推动高质量发展提供根本保证。第二，必须坚持以人民为中心的发展思想，始终把人民对美好生活的向往作为奋斗目标，牢牢站稳人民立场，充分尊重群众意愿，切实维护群众利益，用实际行动做到发展为了人民、发展依靠人民、发展成果由人民共享。第三，必须坚持新发展理念，坚持把新发展理念贯彻到经济社会发展全过程和全领域，紧紧扭住发展第一要务不动摇，切实转变发展方式，更加注重发展质量和效益，破解发展瓶颈制约，努力实现更高质量、更有效率、更加公平、更可持续、更为安全的发展。第四，必须坚持深化改革开放，坚持“大胆干”“坚决改”“勇于试”，敢于用改革破解发展中的一切问题和矛盾，善于用开放拓展经济社会发展空间，利用桑珠孜区特有的区位优势与17个县互动融合、合作发展，加快构建新发展格局，切实增强发展动力和活力。第五，必须坚持区域发展定位不动摇，坚持打造西藏区域性综合服务中心、西藏生态农业发展标志区、西藏对外开放重要枢纽、日喀则市高质量发展引领区的定位不动摇，积极构建高质量发展的支撑体系，努力塑造城乡发展新格局，大力提升城区功能，着力培强提质城乡产业，全力增进民生福祉，加强生态和文化保护，切实推动长治久安和高质量发展。第六，必须坚持敢于突破发展、后来居上，准确把握桑珠孜区所处的发展阶段，发挥特色优势，放大现实优势，挖掘潜在优势，培育新型优势，努力推动优势产业逐渐由跟跑、并跑到领跑，保持经济发展速度和惯性，力争比预期目标完成得更好，在区域发展中走在前列、勇当尖兵。

三、不忘初心、牢记使命、接续奋斗，开好“十四五”新局

2021年是“十四五”的开局之年，我们一定要在二届市委的坚强领导下，继往开来、乘势而上推动各项事业开好局、起好步，奋力推进桑珠孜区长治久安和高质量发展迈上新台阶。

（一）保持政治清醒，在加强政治建设上开好局、起好步。要加强政治领导。以政治建设为统领，把政治标准和政治要求贯穿党的思想、组织、作风、纪律、制度等建设始终，贯穿稳定发展生态强边事业全过程，坚持区委统揽全局、协调各方，发挥党组织政治领导核心作用，实行主体责任清单制，坚持党对一切工作的领导。要做到“两个维护”。把讲政治、讲忠诚、讲服从、讲落实作为最起码的要求，增强“四个意识”、坚定“四个自信”、做到“两个维护”，坚决同

妄议中央大政方针和上级党委决策部署的行为作斗争，确保党令政令畅通、贯彻落实高效，以政治上的忠诚纯粹推动工作上的担当作为。要强化理论武装。严格执行理论学习中心组制度，推进巡听、旁听常态化，对干部进行述学、评学，确保全年集中学习不少于12次，巩固深化“不忘初心、牢记使命”主题教育成果，学懂弄通做实习近平新时代中国特色社会主义思想，学深悟透中央第七次西藏工作座谈会精神和新时代党的治藏方略，确保党中央、自治区党委、市委、区委系列重要会议精神和工作部署落地见效。要确保意识形态安全。加强党对意识形态的领导，落实意识形态工作责任制，执行《中国共产党宣传工作条例》《党委（党组）意识形态工作责任制实施办法》，全年研究意识形态工作不少于2次。坚持既要“管肚子”、更要“管脑子”，切实加强网络监管、舆论引导、阵地建设，以庆祝建党100周年、西藏和平解放70周年重大主题宣传活动为主线，深入开展“四讲四爱”群众教育实践、“五比”竞赛等，组织开展形式多样的庆祝活动，讲好党的光辉照边疆、边疆人民心向党的故事，汇聚各族人民群众建功新时代的磅礴力量，牢牢掌握意识形态工作主动权。要发扬民主政治。支持人大、政府、政协和法院、检察院、监委在区委领导下，依法依章程履行职能，加强和改进统战民宗工作，贯彻党的民族宗教政策，加强对群团工作的领导和党管武装工作。要严肃政治生活。落实《关于新形势下党内政治生活的若干准则》、“三会一课”、谈心谈话、民主评议党员制度，坚持民主集中制，完善党组织议事决策规则，确保党组织规范高效运行。要扎实开展专题教育。统筹开展党史学习教育和“政治标准要更高、党性要求要更严、组织纪律性要更强”专题教育，扎实开展“我为群众办实事”实践活动，学党史、悟思想、办实事、开新局，做到学史明理、学史增信、学史崇德、学史力行。进一步增强政治意识、提高政治能力、强化政治担当、严肃政治纪律、优化政治生态，以昂扬姿态奋力开启全面建设社会主义现代化桑珠孜新征程。在坚持党的全面领导上发挥好首位度作用。

（二）坚持底线思维，在促进长治久安上开好局、起好步。要深刻认识新时代西藏工作的阶段性特征。深刻把握党中央对西藏“两屏、一前沿阵地、一重点地区”的新定位，深刻认识“五期叠加”阶段性特征，保持清醒头脑、增强忧患意识、提高斗争本领，做好应对、战胜复杂局面和重大风险挑战的准备。要旗帜鲜明开展反分裂斗争。坚持以维护祖国统一、加强民族团结为着眼点和着力点，坚持对十四世达赖和十四世达赖集团的定性不动摇，对十四世达赖集团的斗争方针不动摇，加强涉稳部门政治建设、队伍建设和应急应战能力建设，抓实维稳“十项措施”，健全完善维稳方案预案，确保社会大局和谐稳定。要铸牢中华民族共同体意识。巩固全国民族团结进步示范县区创建成果，深化民族团结“九进”活动，开展“五史教育”，增进“五个认同”，力争打造民族团结示范单位县区级30家、市级4家、自治区级1家，将桑珠孜区第二小学创建成为全国民族团结示范单位，加强思想宣传工作，推广使用国家通用语言文字，巩固人心思定、群心思进、团结发展的良好局面。要推进藏传佛教中国化。依法管理宗教事务，坚持“五个有利于”，强化宗教“十导工作法”，厉行“三个不增加”，持续开展“遵行四条标准、争做先进僧尼”教育实践，做好教规教义积极阐释，实现《藏传佛教活佛转世管理办法》等法规规章宣传全覆盖，加强宗教人士教育培养，引导宗教与社会主义社会相适应。要加强平安桑珠孜建设。扎实推进市域社会治理现代化试点工作，坚持“扫黑除恶”常态化，推进“雪亮工程”建设和综治中心标准化建设。认真落实安全生产责任制，确保不发生重特大事故。落实信访“八化”机制和“五访”工作法，初信初访受理率要达100%，办结率要达90%以上。要深入开展政法队伍教育整顿，坚持政治建警、素质强警，依法治警、科学用警，从严管警、从优待警，刀刃向内、刮骨疗毒，6月底前要完成教育整顿工作，确保以良好整顿成效，为桑珠孜区长治久安和高质量发展打造一支纪律严明、行为规范、作风优良的政法铁军。

（三）注重转型提升，在实现高质量发展上开好局、起好步。要狠抓“十四五”规划落实。聚力构建新发展格局，加强规划引领，突出需求导向、民生导向，做好专项规划和项目谋划储备，把“三个赋予、一个有利于”贯穿于“十四五”规划编制实施全过程，抓好脱贫攻坚成果巩固与乡村振兴有效衔接，有序开展产业和民生基础设施项目建设，确保“十四五”高起点开局、高质量发展。要大抓项目突破。争取桑珠孜区一批重大项目列入自治区、市项目盘子，抓好重大项目建设，缩短项目建设和投产见效周期。进一步优化营商环境，解决项目审批难、落地难、用地难、资金难、用工难问题，强化项目建设支撑作用。加大招商引资工作，主攻产业链招商、大项目招商、重点区域招商、园区招商，推动项目总量、投资结构、投资效率取得新突破，全年招商引资落地资金要高于2020年水平。要突出农业稳区。坚持青稞主粮、饲草菜蔬、生态农业、园区经济为主的“种养加”业主体地位不动摇，今年要继续加大绿色高质高效示范田、高标准农田、青稞生产托管作业示范田等建设力度，确保粮食播种面积在14040公顷以上，粮食产量、蔬菜产量、饲草种植、牲畜存栏数持续稳定。做好农产品市场拓展、融合发展文章，用好电商平台加强与外部市场对接。提升集体经济、农牧民专合组织带动能力，提高规模化、特色化、品牌化、链条化水平。要推动工业发展。积极构建民族手工业、天然饮用水、特色农产品加工业为主的轻工业体系，做好100兆瓦光伏项目二期、藏药材种植等项目的争取和落地，加快德朗玛天然饮用水项目建设，力争工业产值突破8.5亿元。要加快三产富民。大力发展商贸、文娱、物流等城市经济，发挥好国有企业支撑作用，持续做大园区产业。实施青稞博物馆项目，推进教武场历史陈列馆前期工作，制定《文化产业与全域旅游发展规划》，大力发展自然景观游、历史文化游、民俗体验游、观光休闲游、考察研学游等旅游产业，加强旅游宣传推介，力争旅游人数和旅游收入分别增长20%、15%。在提速跨越发展上发挥好首位度作用。

（四）厚植为民情怀，在增进民生福祉上开好局、起好步。要坚持以人民为中心。把改善民生、凝聚人心作为经济社会发展的出发点和落脚点，坚持“三个赋予、一个有利于”，全面落实各项惠民政策，争取更多援藏资金投入民生领域，让各族群众过上更加幸福美好的生活。要有效衔接脱贫攻坚和乡村振兴。坚持“四个不摘”要求，5年过渡期内保持脱贫攻坚帮扶政策总体稳定，健全完善防止返贫致贫预警监测帮扶机制，加强产业发展指导，落实好2021年脱贫攻坚统筹整合资金产业项目，加大易地扶贫搬迁后续扶持力度，坚决守牢脱贫攻坚成果，实现有效衔接。要打好民生事业大会战。重点关注教育、文化、医疗、交通、食品安全、社会保障等民生领域，大力实施一批民生项目，不断增进民生福祉。全年要新建7所中小学幼儿园、改扩建16所学校，确保全区适龄儿童入学率、义务教育巩固率达到99%以上。要打造区人民医院儿科、骨科特色科室，创三乙工作要取得实质性进展，巩固中小学及幼儿园传染病防控工作100%覆盖成果。实施好9个“十项提升”工程交通基础设施项目，推进9个乡级农村客运站建设，构建城乡一体化、以公交运输为主、出租及其他客车运输为辅的运输体系。发挥新时代文明实践中心（所、站）及“农家书屋”“寺庙书屋”“广播电视户户通”等平台作用，创作形式多样、丰富多彩的文艺作品，丰富群众文化生活。要鼓励全民创新创业。落实各项创新创业政策，鼓励群众更新观念、解放生产力，引导群众积极参与创新创业。要实现农牧民转移就业2万人以上、劳务创收较2020年目标任务增长20%以上。要推动400万元以下政府投资项目吸纳本地用工量达80%以上，确保参加技能培训人员就业率达80%以上。要开发1000个高校毕业生就业岗位，确保应届大学毕业生就业率达95%以上。要引导群众特别是农牧民群众依法依规成立维权组织、劳务组织、政策咨询和法律服务组织，提高基层群众自治和权益保障水平。在增进民生福祉上发挥好首位度作用。

（五）抓好城乡统筹，在区域协调发展上开好局、起好步。要提高城市发展质量。深化党员“双报到”志愿服务活动，大力推进自治区级双拥模范城市、全国文明城市创建工作。加大城市改造力度，以卡热社区、帮佳孔社区棚户区改造和教武场文旅购物中心建设为新起点，着力解决私搭乱建、土地和民房建设问题，推动解决阻碍城市发展的历史遗留问题。加大城区环境卫生清扫保洁、扩大生活垃圾分类处理试点范围、加大城市违占违建整治力度，加强餐饮行业厨余垃圾乱排乱放治理力度，切实提升城市品质。要全面实施乡村振兴战略。坚持五级书记抓乡村振兴，压实压紧工作责任，制定桑珠孜区全面推进乡村振兴加快农业农村现代化发展具体举措。要深化农业供给侧结构性改革，加速土地“三权分置”、集体产权制度、“三资”管理制度、集体经济改革，培育壮大农牧民专合组织，每个乡（街道）扶持培育至少2家服务能力强、带动效益显著的专合组织。要加快补齐农村基础设施和公共服务短板，建设“四好农村路”，打造2个人居环境整治试点村，完成4732户厕改任务。要加强社会主义核心价值观教育，持续抓好农村精神文明建设，抓好乡土文化挖掘和保护传承，推动“乡规民约、村规民约、社规民约”落实，开展文明家庭创建和“最美家庭”“五好文明家庭”评选活动，持续推进移风易俗。全面启用乡村振兴学院，加大对新任“两委”班子、第一书记、大学生村官、驻村工作队、乡村振兴专干、专合组织负责人等人员的培训力度，力争打造成为桑珠孜区推进乡村振兴工作的人才培养基地。要推进城乡融合。坚持城市管理、乡村振兴、“三农”工作一体筹划，发挥区国土空间规划委员会职能职责，统筹利用好国土空间资源，加快城乡优势互补、资源要素流通共享。要集中力量实施好斯玛占堆村老旧小区改造项目、丹真桑曲等3个社区棚户区改造（二期）项目和乡镇道路改造项目，实现10个乡垃圾转运功能全覆盖，做好公共租赁住房、周转房新建工作。在加强城市管理上发挥好首位度作用。

（六）抓牢绿色发展，在推进生态文明上开好局、起好步。要坚持绿色发展理念。贯彻“两山”理念，落实《西藏自治区国家生态文明高地建设条例》，提高国家生态保护与建设示范区、循环经济示范点建设水平，确保生态红线区、基本农田保护区的生态功能不减弱、面积不减少、性质不改变。要抓实绿色发展治理。积极推进植树造林、水源保护、湿地保护、水土流失治理、大气污染治理、土壤污染治理，防沙治沙。集中力量解决违法占地、未批先建、侵占湿地、乱搭乱建、偷排直排污水、乱砍滥伐等顽瘴痼疾。巩固消除“无树户”、黄标车整治和燃煤锅炉淘汰成果。抓好黑颈鹤自然保护区保护，推进黑颈鹤保护馆建设。推进国家环保督察、森林督查反馈问题整改，统筹推进城乡垃圾分类。严格落实区、乡、村三级“河长制”“路长制”。要健全绿色发展机制。探索建立林长制，构建系统完整的生态环境保护监管、生态补偿、考核奖惩、责任追究等机制。扎实推进自治区级生态文明乡村建设。大力发展苗圃、生态观光园等绿色经济，推广清洁能源使用，推动生态经济双丰收。要严守绿色发展底线。严格执行领导干部自然资源资产离任审计和任期生态环境损害责任终身制。严格项目环境准入，污染环境的不引进，环评审核不过关的不落户，达不到环评标准的不生产。抓好传统手工业、建筑、交通、公共机构的节能、降耗、减排。要实施好“两江四河”造林绿化、拉萨及周边防护林等项目工程，完成植树造林253.33公顷、封山育林2666.67公顷，配合实施生态治理3333.33公顷。要确保空气质量优良天数较2020年不减少，集中饮水水源地水质达标率100%，土壤环境持续向好。在生态文明建设上发挥好首位度作用。

（七）突出改革创新，在深化改革开放上开好局、起好步。要着力破解发展障碍。坚持问题导向、需求导向，使改革更好的对接发展所需、基层所盼、民心所向。积极推进主城区行政区划调整工作，加快补齐城市管理服务短板。深化行政审批制度改革，取消便民服务窗口“否决权”，完成12个乡（街道）、176个村（居）政务服务中心（站）标准化建设。统筹推进经济体制、生态文明、民主法制、文化体制、统战民宗、社会体制、党的建设、纪检监察“八大领域”改革，切实以“小切口”推动“大变化”，把改革触角延伸至最基层。要以改革做大做强国有企业。深化城投公司、娘麦扶贫公司、粮食公司改革，做强娘麦公司核心业务，建立与市农投集团长期战略关系，推动农牧产业开发和技术推广。壮大城投公司，研究扩展经营范围，发挥好国有企业先导性、基础性和支撑性作用。力争区属国有企业上缴利润实现从无到有的历史性突破。要深化开放交流合作。充分发挥桑珠孜区作为城市中心的区位要素、基础条件等优势，主动融入国家、自治区和全市对内对外开放发展全局，加强与内地省市交流合作，借鉴先进经验、提高互动水平，着重在招商引资、战略协作、经济交流、市场衔接等方面下功夫，切实拓展互补性、增强合作性。积极参与全市口岸经济开发建设，融入全市“八大园区”发展布局，不断提高与相关兄弟县的交流合作。深化与青岛援藏深层次合作，着力在资源对接、市场对接、产业对接、信息对接、人才对接等方面加强协作。在对内对外开放上发挥好首位度作用。

（八）从严管党治党，在打造政治生态上开好局、起好步。要加强党的政治建设。坚持以党的政治建设为统领，严守党的政治纪律和政治规矩，切实增强“四个意识”、坚定“四个自信”、做到“两个维护”，坚决拥戴信赖忠诚捍卫核心，以更高标准、更大力度不断提高政治判断力、政治领悟力、政治执行力，确保中央、自治区党委、市委各项决策部署落地落实。要不断夯实基层基础。以增强政治功能、提升组织力为方向，毫不动摇坚持加强基层党组织建设，落实市委党建“2021年十项重点工作清单”，持续整顿软弱涣散基层党组织，提升企业、农村、社区、机关、事业单位、学校、寺管会、退休党支部的党建水平，抓好支部标准化、规范化建设，努力把基层党组织建设成为听党话跟党走、善团结会发展、能致富保稳定、遇事不糊涂、关键时刻起作用的坚强战斗堡垒，成为反分裂斗争的桥头堡、民族团结的工作队、群众致富的带头人。要加强干部队伍建设。坚持新时代好干部标准和民族地区干部“三个特别”要求，加强“七种能力”“八项本领”培养，建立源头培养、跟踪培养、全程培养机制，加强干部理想信念教育、知识结构改善、能力素质提升。注重培养年轻干部，强化政治教育、能力培养、品格塑造、基层历练。完善干部日常考核、分类考核机制，为担当者担当、给干事者舞台、让平庸者让位，让干部有干劲、有奔头、有希望。加强干部监督，建立管思想、管工作、管作风、管纪律的从严管理机制，加大对党员干部信仰宗教、做“两面人”的查处力度，不断深化干部作风转变。要高质量完成区乡换届。坚持把政治标准放在首位，以高度的政治自觉、思想自觉和行动自觉做好换届工作。要准确把握换届总体要求和工作原则，围绕做好“四件大事”、实现“四个确保”，把牢政治素质关、把稳干部酝酿关、把优班子配置关、把好组织审核关、把实宣传教育关、把严纪律规矩关，积极选用对党忠诚、敢抓善管、能力突出、作风过硬的优秀干部。严格换届选举程序，明确人选资格条件，合理确定规模结构，精心组织大会选举，确保代表委员产生和大会选举工作圆满完成，切实绘出好蓝图、选出好干部、配出好班子、树立好导向、形成好气象，为推动桑珠孜区长治久安和高质量发展提供坚强组织保证。要营造干事创业氛围。树立鲜明的选人用人导向，严格政治标准，建立以德为先、任人唯贤、人事相宜的选拔任用机制，大胆使用敢负责、敢担当、善作为、有实绩的干部，坚决调整作风漂浮、消极懈怠，不担当、不作为的干部。坚持严管与厚爱结合、激励与约束并重，落实容错纠错机制，保障干部体检、休假等待遇，关心支持理解第一线干部，让广大干部安身、安心、安业，营造激情干事、团结干事、高效干事、廉洁干事的良好氛围。要加强和改进人才工作。在人才培养、锻炼、流动上，加强与青岛援藏的交流合作，提升干部队伍能力水平、工作水平、管理水平。要开展“流动党校”送教下乡活动，2021年要培训党员干部和农牧民群众1.6万余人，参学人数达3.8万人以上。要强化斗争精神和作风建设。各级党组织和广大党员干部要敢于同工作和生活中各种歪风邪气作斗争，敢于同工作中不作为、慢作为，推拖绕、庸懒散，虚假空、等靠要各种不正之风作斗争，敢于同不适应高质量发展要求的能力不足、本领不强作斗争，切实提高斗争意识、增强斗争本领。严格执行中央八项规定及其实施细则精神和自治区党委、市委、区委实施意见、办法、措施，持续为基层减负，深入整治“四风”问题及变异表现，严肃处理不担当、不作为、慢作为的班子和个人。大力实施“双随机、一公开、N挂钩”督查机制，促进工作落实。紧盯各级“一把手”工作状态，确保自上而下作表率，营造风正、劲足、担当的好局面。要深入推进巡视巡察问题整改。紧盯中央第六轮巡视第十巡视组、九届自治区党委第八轮巡视第一巡视组、二届区委巡察等反馈问题，各级党组织切实提高政治站位,牢固树立“整改不力就是失职、不抓整改就是渎职”的责任意识，严格履行整改工作主体责任、监督责任、行业责任和部门责任。要坚持问题导向，按照“见人见事见效”的要求，深刻反思、举一反三，以更严的要求、更高的标准、更实的举措，真正做到坚决整改、彻底整改、全面整改。要切实用好整改成果，坚持边整改、边总结、边巩固、边提升，切实把整改过程变成加强监管、堵塞漏洞，建章立制、改革创新的过程，健全完善一套行得通、用得好、管得住和管长远、治根本的制度体系。要加大党风廉政和反腐败斗争力度。坚持党要管党、全面从严治党，严格落实管党治党政治责任、主体责任、第一责任人责任、监督责任、一岗双责，健全区委抓领导、各级党委（党组）抓落实、基层党支部抓攻坚、纪检监察机关抓监督的机制，推进全面从严治党走深走实。加强区委对纪检监察工作的领导，支持纪检监察体制改革，推动纪委监委履行主责、回归主业。始终保持高压态势，突出惩治重点，紧盯重点岗位、重点人员、重点环节，查处权力集中、资金密集、资源富集等领域腐败问题，持续深化党风廉政建设和反腐败斗争。以“四个落实”“三个聚焦”深化政治巡察，发挥巡察震慑和利剑作用，2021年要确保二届区委任期内政治巡察全覆盖，制定三届区委巡察工作五年规划。运用监督执纪“四种形态”，强化不敢腐的震慑，扎紧不能腐的笼子，夯实不想腐的基础，积极营造海晏河清的政治生态。在全面从严治党上发挥好首位度作用。

四、转变作风、强化担当、狠抓落实，做新时代追梦人

新时代是奋斗者的时代，要树牢肯干事、会干事、干成事、不出事的奋斗导向，在推动长治久安和高质量发展的新征程中体现担当、展现风采。

（一）要强化“肯干事”的责任担当。要强化使命担当，怀揣感恩之心，增强群众感情，保持干事创业热忱。要挺起敢于担当的脊梁，擦亮甘于奉献的底色，甘入苦海、夙夜在公、以身许党。要甘于让渡功名和荣誉，为全区事业长期奉献、持续奉献、无私奉献。要把敢想、敢干、敢拼融入血脉、深嵌骨髓，肩负起使命责任。要发扬为民服务孺子牛、创新发展拓荒牛、艰苦奋斗老黄牛精神，不怕吃苦、激情奋斗，创造无愧于新时代的出色业绩。

（二）要提升“会干事”的能力水平。要加强对习近平新时代中国特色社会主义思想和中央第七次西藏工作座谈会精神的学习贯彻，精准发力、高效工作，练就“会干事”的本领。要勤学、勤悟、勤问、勤走，把最新形势、上级要求、推进利弊弄得透透彻彻；把什么能干、什么不能干、什么加一把劲就可以干搞得清清楚楚；把先进地区哪里可以“为我所用”搞得明明白白。要坚持深入调研、躬身实践，把问题彻底搞深搞透，把工作做细做实。

（三）要坚定“干成事”的价值追求。要以实绩论英雄，把“干成事”作为创先争优的价值追求。要坚持有令必行、有行必果，在干事创业中比思路、比干劲、比效率、比执行。要坚持只为成功找方法，不为失败找借口，敢于挑战“不可能”，有条件的要干，没有条件只要方向正确，也要激发潜能、创造条件去干。要坚持重视基层、做强基层，把重心放在基层，激发基层智慧、凝聚基层力量，推动基层有活力、有动力，创造性地把事情干成。

（四）要锤炼“不出事”的党性修养。要敬畏组织、敬畏法纪、敬畏人民，干净做人、踏实做事、清白从政。要严守法律、纪律、政策、道德底线，增强“四个意识”、坚定“四个自信”、做到“两个维护”，在政治定力、担当精神、工作方法、敬业精神、清正廉洁上向以习近平总书记为核心的党中央看齐。要自警自省自励，净化朋友圈、社交圈，管好配偶子女、管好下属、管好身边人。要健全容错纠错机制，为敢想的人“鼓足劲”，为敢干的人“加满油”，为试错的人“卸包袱”，让桑珠孜区成为一片干事创业的乐土。

各位委员、同志们，胸怀千秋伟业，恰是百年风华。让我们高举习近平新时代中国

特色社会主义思想伟大旗帜，更加紧密地团结在以习近平总书记为核心的党中央周围，在自治区党委、市委的坚强领导下，锐意拼搏、开拓进取，感恩奋进、创先争优，以长治久安和高质量发展的崭新局面喜迎建党100周年和西藏和平解放70周年，为“十四五”开好局起好步、开启新时代全面建设社会主义现代化国家新征程作出桑珠孜区新的更大贡献！

政府工作报告

——在桑珠孜区第二届人民代表大会第五次会议上

桑珠孜区人民政府区长 索朗罗布

（2021 年 3 月 25 日）

2020年工作回顾

过去的一年极不平凡。面对突发疫情、艰难挑战，在自治区党委、政府，市委、市政府和区委的坚强领导下，区政府坚持以习近平新时代中国特色社会主义思想为指导，深入学习贯彻党的十九大和十九届历次全会及中央第七次西藏工作座谈会精神，认真贯彻落实区委二届三次全会精神，团结各族干部群众攻坚克难、感恩奋进，统筹疫情防控和经济社会发展，扎实做好“六稳”工作，全面落实“六保”任务，用好改革创新两种方法，紧盯“八个首位度”目标，着力做好“八篇文章”，在全市全面创先争优，我区经济社会发展逆势上扬，各项事业开启崭新局面，在空前考验中交出了合格答卷。

2020年，预计完成地区生产总值119.14亿元，同比增长7%；受新冠肺炎疫情冲击和减税降费影响，地方财政一般公共预算收入完成2.52亿元，同比下降2.7%；社会固定资产投资预计完成35.69亿元，同比增长6.47%；社会消费品总额预计实现38.48亿元，同比增长9%；城乡居民人均可支配收入预计分别达40465元、16795元，分别同比增长11%、13.1%，分别较全市平均水平高出473元、3715元。

一年来，我们做好了“衔接”文章，乡村振兴基础打牢。打赢了脱贫攻坚战。落实了一系列巩固拓展脱贫成果举措，发放建档立卡大学生补助资金157.56万元，易地扶贫搬迁实现6个100%，13个集中安置点、131个分散点易地搬迁“房地一体”不动产登记1360户，完成率100%。1395户6157名建档立卡户全部脱贫、年人均纯收入达1.39万元，顺利通过了国家脱贫攻坚普查验收，脱贫攻坚战取得全面胜利，彻底摆脱了束缚千百年的绝对贫困问题，交出了党和人民满意的优异成绩。夯实了乡村振兴基础。着眼产业扶贫与产业振兴有效衔接，注重增强扶贫产业可持续性，“一乡一业”格局初步形成。总投资6.3亿元的38个产业扶贫项目建成37个，带动1000余名群众创收1100万元，年度分红450余万元，实现所有建档立卡户、边缘户全覆盖。不断补齐乡村人才短板，218名村干部兼任农牧民专业合作社负责人，92名乡村振兴专干入股合作社，助力合作社规范提升。409家合作社发挥作用，吸纳5.64万人入股，实现年度经营性收入3517.76万元、分红1166.56万元，带动就业7301人，人均增收2575.9元。

一年来，我们做好了“争引”文章，发

展基础全面夯实。基础设施提档升级。2020年开复工项目146个，总投资69.58亿元，青岛援藏投资7223万元实施项目11类40个，总投资2799.98万元的解放干渠节水改造工程竣工验收，总投资1967.72万元的甲列水库项目完成总工程量的30%。农村安全饮水、农村公路、电力网络实现全覆盖，123个分散自然村水质全部合格。发展蓝图初步绘就。投入60万元初步完成“十四五”规划编制，明确“十四五”时期经济社会发展指导思想、发展定位和目标思路，涉及发展格局、基础支撑、民生福祉、乡村振兴、开放合作、生态保护、长治久安等重点领域，谋划储备项目403个，总投资238.83亿元。投资拉动作用增强。制定《桑珠孜区招商引资政策汇编》，建立招商引资指标分解及考核机制，年度开展招商引资活动8期，新落地项目11个，到位资金12.6亿元，超额完成年度目标任务。健全成立江当现代生态产业园区管委会，重新调整园区定位和规划布局，总投资4.5亿元的朗明50兆瓦光伏储能示范项目落地园区且顺利并网发电，创造了目前西藏最大的“光伏+储能”综合能源示范项目新纪录。

一年来，我们做好了“提效”文章，特色产业质效双增。农牧产业规模壮大。全年青稞产量6.98万吨，完成年度目标任务的102%，加工转化量3万吨。粮油产量9.28万吨，粮食安全得到保障。蔬菜产量7.56万吨，自给率80%。饲草种植2766.67公顷，藏鸡存栏5.47万羽，全年牲畜出栏15.21万头（只），商品率达65%，群众的“米袋子”“菜篮子”得到有力保障。投入387万元打造好粮油示范点8个，新培育市级农牧业龙头企业2家，德琴阳光庄园有限公司研发的青稞挂面产品成功申报“中国好粮油”称号，为西藏自治区唯一入选产品。服务产业提质增效。总投资1000万元的联乡梯田风光景区项目顺利竣工，投入381万元建成7个A级景区污水垃圾处理设施，我区成功入选第二批国家全域旅游示范区，全年游客量251.3万人次、收入17.4亿元。全面完成辖区文化遗产普查和挖掘，新发现文化遗址和非物质文化遗产137项，斯玛卓舞成功申报为国家级非物质文化遗产，我区被列为国家革命文物保护利用片区。12个乡（街道）电子商务站点全部建成，电商网点覆盖辖区所有乡。教武场市场升级改造顺利启动，神力时代广场商户搬迁完成，辖区新增餐饮、住宿店铺766家，全区商业网点达1.86万个，区域性综合服务中心赋能增效。

一年来，我们做好了“创新”文章，发展活力明显增强。改革创新不断深化。试点推行项目电子档案管理，大力实施“财政核心业务一体化系统”改革，国企改革迈出历史性步伐，城区行政区划调整工作开始启动。把稳企业、保市场主体放在突出位置，持续深化“放管服”改革，政务服务事项网办率达100%，企业开办时限压缩至2天之内、个体户当场领照，开展企业走访座谈和困难企业帮扶，落实减税降费3657.53万元，新增市场主体2368家，实现税收2.01亿元。农村集体产权制度改革完成50%，新造林地林权制度改革稳步推进。投入138.5万元实施科技创新项目8个，兑现创业奖补资金308.68万元，科技对经济社会贡献率达50%。开放态势不断扩大。与《西藏日报》建立战略合作关系，成功打造西藏首个县域融媒体频道。积极制定与拉萨城关区友好合作框架协议，开展“青岛行”“青青之音”、展销推介等交流交往活动13次，与周边市县和援藏省市交流互动不断深化。疫情期间为友好城市尼泊尔巴尼帕市捐赠各类防疫物资3.18万件、价值15万元，对外交流合作广度深度实现新提升。

一年来，我们做好了“统筹”文章，城乡品质明显提高。城乡规建同步推进。投入704万元开展国土空间规划编制，“房地一体”不动产确权登记覆盖率90%。拆除违占违建32处，棚户区改造工作进展顺利。新改建村级活动场所126个，建成社区户外健身场所12个。农村公路通车总里程达652.78千米，实现行政村100%通畅、自然村100%通达，农村客运班车乡级全覆盖。城乡面貌同步改善。深入开展“爱国卫生”运动，全力参与创建全国文明城市，全面落实门前“三包”卫生制度，维修巷道路灯540盏，增设分类垃圾箱127个。6个乡生活垃圾转运站建成使用，完成5355户厕改任务和40个村（居）环境综合整治，国省道沿线卫生保洁实现常态化。

一年来，我们做好了“美好”文章，民生福祉大幅提升。民生事业不断改善。43个400万元以下政府投资项目交由当地农牧民施工队承接，全年农牧民转移就业2.69万人、创收4.22亿元，分别完成年度目标任务128.4%、161.5%，劳务输出工作全市第一。1069名高校毕业生多渠道就业，就业率99.44%，城镇登记失业率控制在3%以内。区人社局获评自治区级人力资源社会保障系统优质服务窗口。本级财政配套教育资金6478.25万元，顺利承接市级6所学校管理工作，辖区学校卫生健康副校长实现全覆盖。在西藏率先提出并实现学前教育“3个100%”目标，义务教育巩固率99%。在全市率先启动并完成医共体建设，填补大病统筹透支资金1996.88万元，重点人群结核病筛查率100%，全民健康电子档案率95.2%，各中小学及幼儿园传染病防控实现100%全覆盖。新时代文明实践中心加快建设，176个村（居）均成立了文艺演出队，电影下乡、文艺巡演惠及8.4万人次。新华书店全年销售图书4.12万册，接待读者9.52万人次。创作抗疫歌曲《铭记》、非遗舞蹈《拉贵谐钦》等11个精品作品，主旋律深入人心。社会保障不断增强。投入400万元完善特困人员集中供养中心基础配套和消防设施，兑现城乡低保、特困供养人员补助、临时救助1494.08万元，有意愿特困对象集中供养率达100%。本级配套资金269.54万元推动城乡居民参保，医疗保险参保缴费率达97.2%。完成辖区2624套保障性住房信息核查登记，保障性住房物业实现规范化管理。清理腾退违占周转房122套，发放城镇住房补贴135.86万元，边雄乡林村52户汛患受灾民房重建有序推进，民生保障的幸福网越织越密。

一年来，我们做好了“绿色”文章，生态环境保持良好。生态建设持续加强。决胜蓝天、碧水、净土保卫战，空气质量优良率99.4%，饮用水水源地水质达标率100%，土壤环境质量总体保持稳定。高质量完成生态保护红线评估调整，环保督察、国土督察、森林督查问题整改取得突破。14条河流“一河一策”审核通过，年楚河“国策护河队”清理河道垃圾600余吨，自治区河长制现场会在我区成功召开。投入3884.7万元完成造林绿化333.33公顷、义务植树80公顷、防沙治沙4533.33公顷，实施光伏小镇周边绿化24.25公顷。成功打造自治区级生态村26个，东嘎乡雪冲村荣获 2020年中国美丽休闲乡村称号。绿色观念持续深入。环境保护“党政同责，一岗双责”责任传导至末梢。网上备案环境影响登记表348个，“三高”企业和项目零审批、零引进。13家加油站全部完成油气回收改造，落后产能加快淘汰。试点推进垃圾分类，推广绿色清洁能源应用，薪柴替代、文明煨桑、公共出行等绿色生活方式逐步成为自觉。

一年来，我们做好了“稳定”文章，社会治理有力有效。筑牢了国家安全防线。坚持总体国家安全观，持续揭批十四世达赖反动本质，坚决打击各种分裂渗透破坏活动，深化扫黑除恶专项行动，“一标三实”信息应采尽采，社会局势持续长期全面稳定。设立边防委员会办公室，夯实了强边工作组织保障。全面做好退役军人服务工作，区退役军人事务局服务中心荣获自治区级“优秀示范性退役军人服务中心”称号。铸牢了中华民族共同体意识。认真宣传贯彻《西藏自治区民族团结进步模范区创建条例》，各民族深入交往交融，民族通婚模范家庭566户。全国民族团结进步示范县区创建成功，同时打造了2个市级、24个县（区）级民族团结进步示范点。坚持宗教“十导”工作法，依法加强宗教事务管理，深入开展“遵行四条标准、争做先进僧尼”教育实践，积极引导宗教与社会主义社会相适应，更多信教群众理性对待宗教。国家通用语言文字培训3027人次，中华民族共同体意识更加牢固。守住了风险防控底线。建立地方政府债务管理及风险预警机制，2020年偿还政府债务1800万元。岚泰欠薪、教武场升级改造、藏缆项目、后藏庄园土地办证等一大批久推不动、群众关注的历史遗留问题得到空前解决，61起群众来信来访100%妥善调处，国家信访局交办4件信访件全部销号清零，社会矛盾风险隐患有效化解。启动安全生产三年专项整治行动和“平安交通百日会战”专项行动，开展各类安全生产综合检查 42 次、整改隐患133处，安全事故数、伤亡人数同比分别下降71.5%、87.5%。

过去一年，区政府在推进经济社会发展过程中，坚持将党的领导贯穿工作始终，坚决落实区委决策部署，着力打造学习型、法治型、创新型、效能型、廉洁型政府。实行政府法律顾问制度，主动接受人大法律监督、政协民主监督、社会监督，全年办理人大代表议案建议49件、政协委员提案53件，答复率100%，办结率分别为87.76%、72%。政府门户网站正式上线，公开信息460余条。报送政务信息854期，信息采用名列18个县（区）第一。建立“周通气、半月调度、月总结”制度，行政效能明显提升。全力推进区党委巡视反馈48项问题整改，建立完善长效机制71项，完成整改38项，10项达到序时进度。圆满完成第七次人口普查。历史性召开审计委员会第一次会议，推进审计监督全覆盖，全年结算审核项目126个，审减资金237.18万元。坚持“政府过紧日子、群众过好日子”，“三公”经费和一般性支出持续压减。落实全面从严治党主体责任，加强党风廉政建设，加大优秀干部人才培养，政府系统干部思想明显解放、作风明显好转。

与此同时，国防动员、双拥优抚、妇女儿童、残疾老龄、保密编译、消防救援等各项工作取得了新突破、做出了新贡献。

各位代表！过去一年，面对来势汹汹的新冠肺炎疫情，我们坚决听从习近平总书记和党中央号令，大力弘扬伟大抗疫精神，坚持人民至上、生命至上，全面落实坚定信心、同舟共济、科学防治、精准施策总要求，投入500余万元、40万人次，常态长效管控机场、火车站、客运站、学校、市场、社区等重点部位，加快建成核酸检测实验室，全力保障人民生命安全和身体健康，实现了“零感染”“零传播”“零病例”，打赢了疫情防控的人民战争、总体战、阻击战。各族干部群众在这场没有硝烟的战争中凝聚起的磅礴伟力，极大地增强了我们战胜一切艰难险阻的信心和决心。

各位代表！过去一年，我们积极克服疫情影响，沉着应对困难挑战，坚持两手抓、两促进，全力推进复工复产、复市复学，稳住了经济基本盘，交出了桑珠孜答卷。2020年地区生产总值占全市的36.91%，经济总量保持全市第一。与“十二五”末相比，地区生产总值、固定资产投资、地方一般公共预算收入、社会消费品零售总额、城乡居民人均可支配收入，分别增长129.2%、55.3%、122%、147%、86.5%、94.5%。我们兑现了向群众的庄严承诺，为“十三五”画上了圆满的句号！

各位代表！习近平总书记已经向全世界庄严宣告，我国脱贫攻坚战取得了全面胜利。世世代代中华儿女的夙愿，在我们这一代人的见证下成为现实！在告别绝对贫困、全面建成小康社会的历史性时刻，我们发自内心地感恩以习近平总书记为核心的党中央的特殊关怀和无比厚爱，感恩全国人民的真情援助，感恩一批批援藏干部的无私奉献。我们也深刻感受到，成绩的取得，是自治区党委、政府和市委、市政府坚强领导、正确指导的结果，是区委科学谋定、改革创新的结果，是区人大、政协和社会各界有效监督、大力支持的结果，是全区上下团结一心、克难奋进的结果。在此，我代表桑珠孜区人民政府，向全区各族干部群众，向各位代表、各位委员，向坚守在抗疫一线的医护人员、公安干警，向驻区人民解放军、武警官兵，向所有关心支持桑珠孜的社会各界人士，表示衷心的感谢，并致以崇高的敬意！

各位代表！在总结成绩的同时，我们也清醒认识到，前进的道路上仍存在不少困难和挑战。一是作为全市政治、经济、文化核心承载区，我区城乡教育发展还不均衡，旅游基础设施依然薄弱，医疗卫生服务水平仍较滞后，城乡环境综合治理仍需用力，优质公共服务供给依然不足，距离区域性综合服务中心目标还有很大差距。二是我区拥有良好生态资源优势和得天独厚的农业发展条件，但立足区位优势打造特色产业支撑不足，与白朗县等兄弟县相比，仍然望其项背，生态农业发展标志区建设缓慢。三是我区是日喀则市口岸贸易的后方支撑，有着巨大的改革创新、对外开放机遇，但深化改革推进较慢，科技创新能力较低，口岸贸易和强边固边大后方功能保障尚需完善，对外开放重要枢纽作用没有凸显。四是作为日喀则市主城区，我区在交通、人才、资源、信息等方面具有不可替代的优势，但受与市级衔接协同不到位和土地规划等因素限制，招商引资项目落地困难，税源少、税基窄，财税收入增幅缓慢甚至同比下降，政府债务重且偿还能力低，打造日喀则市高质量发展引领区支撑依然不足。五是我区承担着全市各类重要活动和节日的维稳安保任务，人员密集复杂、流动性强，维护社会稳定和疫情防控风险挑战依然严峻。六是作为日喀则市首善之区，我区在工作生活各方面条件优越，但与西部高海拔县优秀干部相比，我们部分干部干事创业、创先争优劲头依然不足，存在精神懈怠、不想担当现象，能力素质与高质量发展要求还有差距。同时，政府工作还有不少需要改进的地方，我们将正视上述问题和不足，竭尽全力做好政府各项工作，决不辜负党和人民的重托。

“十四五”规划和二〇三五年远景展望根据区委安排部署，区政府编制了《桑珠孜区国民经济和社会发展第十四个五年规划和二〇三五年远景目标纲要（草案）》及说明，全文已书面印发，提交大会审议。

“十四五”时期桑珠孜区经济社会发展指导思想是：高举中国特色社会主义伟大旗帜，深入贯彻落实党的十九大及十九届二中、三中、四中、五中全会精神，坚持以马克思列宁主义、毛泽东思想、邓小平理论、“三个代表”重要思想、科学发展观、习近平新时代中国特色社会主义思想为指导，全面贯彻党的基本理论、基本路线、基本方略，深入贯彻中央第七次西藏工作座谈会精神，深入贯彻习近平总书记关于西藏工作的重要论述和新时代党的治藏方略，贯彻落实自治区、日喀则市和区委工作思路，立足中华民族伟大复兴战略全局和世界百年未有之大变局，增强“四个意识”、坚定“四个自信”、做到“两个维护”，统筹推进“五位一体”总体布局，协调推进“四个全面”战略布局，落实“三个赋予、一个有利于”，抓好“稳定、发展、生态、强边”四件大事，把维护祖国统一、加强民族团结作为工作的着眼点和着力点，把改善民生和凝聚人心作为经济社会发展的出发点和落脚点，正确处理好“十三对关系”，坚持稳中求进工作总基调，立足新发展阶段，贯彻新发展理念，构建新发展格局，深化改革创新，持续创先争优，推动高质量发展，不断满足人民群众日益增长的美好生活需要，努力建设团结富裕文明和谐美丽的社会主义现代化新桑珠孜。

“十四五”时期桑珠孜区经济社会发展主要目标是：社会大局全面稳定，反分裂斗争牢牢掌握全局性主动，中华民族共同体意识深入人心。党的执政基础更加坚实、国防保障能力更加强大、中心城市作用更加突出、农业农村更加现代化、生态环境更加优美、人民生活更加幸福。城乡居民收入达到或接近全国平均水平，基本公共服务主要指标接近全国平均水平，在全市乃至西藏自治区经济社会高质量发展中具有更大贡献、新型城镇化和城乡融合发展中具有更大作用、对外开放中具有更大作为，在做好“四件大事”中具有更大保障能力，为开启社会主义现代化新征程，到2035年与全国一道基本实现现代化开好局、起好步。

各位代表！展望2035年，那时候的桑珠孜，发展能力、发展质量和综合实力将大幅提升。治理体系和治理能力现代化基本实现；新型工业化、信息化、城镇化和农业现代化同步发展全面实现；美丽桑珠孜建设目标基本实现；对外开放新格局基本形成，面向南亚开放的枢纽城市功能进一步显现；城乡融合、产业融合、文化融合进一步深化，成为水平更高、辐射范围更大的区域性综合服务中心；城乡公共服务均等化基本实现，城乡居民人均可支配收入和基本公共服务水平主要指标达到全国平均水平；探索出具有中国特色、西藏特点的中心城市发展道路，在全市和西藏自治区经济社会高质量发展中具有更加突出的引领作用，基本实现社会主义现代化。

各位代表！“十四五”是开启全面建设社会主义现代化国家新征程、向第二个百年奋斗目标进军的第一个五年，是事关桑珠孜追赶跨越、高质量发展的关键五年。站在新的起跑线上，我们所拥有的发展基础前所未有，所面临的发展机遇前所未有，只要我们牢记使命、砥砺奋进，鼓足干劲起好步，提速争先谋发展，就一定能够跑出桑珠孜速度、赛出桑珠孜精彩，“十四五”规划确定的各项任务就一定能够如期完成，与全国一道基本实现现代化的奋斗目标就一定能够实现！

2021年重点工作

2021年是中国共产党建党100周年，是“十四五”规划开局之年，是开启全面建设社会主义现代化新征程的第一年，也是西藏和平解放70周年，做好今年政府工作：要坚持以习近平新时代中国特色社会主义思想为指导，深入贯彻党的十九大和十九届二中、三中、四中、五中全会及中央经济工作会议、中央第七次西藏工作座谈会精神，全面贯彻习近平总书记关于西藏工作的重要论述和新时代党的治藏方略，全面贯彻自治区党委九届九次全会暨区党委经济工作会议和市第二次党代会、市委二届二次全会暨市委经济工作会议精神，全面贯彻区委二届五次全会暨区委经济工作会议精神，胸怀“两个大局”，心怀“国之大者”，以政治建设为根本，以长治久安和高质量发展为主题，认识新发展阶段、贯彻新发展理念、构建新发展格局，坚持“三个赋予、一个有利于”，以“十个必须”为方向、“四件大事”为重点、“四个确保”为目标，践行区委“六个必须坚持”要求，坚定改革创新定力，大力实施“八个行动”，发挥“八个首位度”作用，持续创先争优，确保“十四五”规划好局起好步，以优异成绩庆祝建党100周年和西藏和平解放70周年。

经济社会发展主要预期目标是：实现地区生产总值增速9%以上，地方财政一般公共预算收入增长13.5%，社会固定资产投资增长10%，社会消费品零售总额增长7%，城乡居民人均可支配收入分别增长11%、15%，城镇登记失业率控制在3%以内。

完成今年的目标任务，要着重抓好以下工作：

（一）聚焦经济提速，大力实施产业升级行动。打响有机种养加品牌。坚持“种养加”业主体地位不动摇，大力推进青稞、蔬菜、饲草、牛羊、藏鸡、生猪等产业发展。力争建成高标准农田1253.33公顷、粮食绿色高质高效示范田7666.67公顷、青稞生产托管作业示范田2806.67公顷，推进拉洛灌区7333.33公顷农田灌溉辐射区青稞连片种植，加快与北大荒集团合作打造青稞标准化生产示范区，辖区粮食种植面积稳定在14040公顷以上，青稞产量突破7万吨，综合机械作业率提高至85%。大力推进城区蔬菜育苗基地建设和江当产业园区有机蔬菜种植，蔬菜产量7.65 万吨。饲草种植986.67公顷，黄牛出栏1.5万头，珠峰绵羊出栏11.3万只，生猪出栏0.3万头，藏鸡存栏达5.8万羽，年度肉奶产量达3万吨，蔬菜、肉奶供应量分别占市区供给量的50%、40%。做好农产品加工销售、市场拓展、融合发展文章，青稞加工转化量3.1万吨，新认证“三品一标”品牌2个，农畜产品销售额突破3.2亿元，推动生态农业发展标志区加快建设。扩大文化旅游产业影响。巩固提升国家全域旅游示范区创建成果，编制完成文化产业与全域旅游发展规划，大力发展自然景观游、历史文化游、民俗体验游、观光休闲游、考察研学游等。完善纳唐寺等旅游景区设施建设，实施青稞博物馆项目，推进教武场历史陈列馆建设。落实文物保护单位“四防”，做好非遗传承保护申报，公布一批县（区）级非遗文物保护点。探索推进文旅资源市场化运营，提升文旅产业经济社会效益。加强旅游宣传推介，推出10首桑珠孜区旅游宣传歌曲，力争全年游客数量和旅游收入分别增长20%、15%。加快推进园区经济发展。发挥好国有企业支撑作用，持续做大园区产业，优化园区基础配套和要素保障，会同市珠峰农投集团加快园区1380座大棚运营投产，推进青少年综合实践教育中心、乡村振兴学院升级改造项目建设，推动园区综合功能不断完善。突出园区平台招商作用，实行领导干部定期调度招商项目制度，做好招商项目洽谈协商和跟踪服务，重点加大涉农项目、文旅项目招引洽谈力度，加快在谈光伏二期、藏药材种植等项目进度，争取年内取得突破。

（二）聚焦乡村振兴，大力实施乡村建设行动。巩固拓展脱贫成果。坚决落实5年过渡期“四个不摘”要求，保持帮扶政策总体稳定，实施好2021年脱贫攻坚统筹整合资金产业项目，加大易地扶贫搬迁后续扶持发展力度，严格落实区、乡、村三级防止返贫致贫动态监测管理，确保返贫致贫人口动态清零，各项工作有效衔接、平稳过渡。全面推进乡村振兴。制定全面推进乡村振兴加快农业农村现代化发展具体举措，深化以“神圣国土守护者、幸福家园建设者”为主题的乡村振兴战略。把乡村建设摆在重要位置，持续推进国土空间总体规划编制，积极有序推进“多规合一”村庄规划编制，完善乡村生产生活基础设施，实施好总投资4511万元的高标准农田、总投资9387.5万元的幸福灌区节水改造等农田水利项目，提升农村用水、用电、用网供给保障能力，打通水电路讯网稳定入户“最后一千米”。持续改善农村人居环境，大力完成4732户“户厕改造”，推动“人畜分离”全面巩固，打造2个人居环境整治试点村。投资1500万元新建乡垃圾转运站3个，实现乡级垃圾转运功能全覆盖。持续开展移风易俗，加强社会主义核心价值观教育，推动“乡规民约、村规民约、社规民约”落实。持续强化乡村振兴人才支撑，全面启用乡村振兴学院，加大乡村干部、本土能人、新型农民培养力度，打造一支强大的乡村振兴队伍。全面深化农村改革。用好承包地确权登记颁证成果，推动承包地经营权有序流转，稳步推进多种形式适度规模经营，实施合作社规范提升三年行动，每个乡（街道）至少扶持培育2家服务能力强、带动效益显著的专合组织。持续推进农村集体经济产权制度改革，全面完成175个行政村和33个组农村集体经济产权身份确认。强化农村宅基地动态管理和联合执法，完成275个农村宅基地报批，坚决整治各类土地违法行为。

（三）聚焦协调发展，大力实施基础提档行动。抓好项目建设。狠抓“十四五”规划落实，争取更多项目纳入国家、自治区及日喀则市投资计划，高效推进项目前期工作，合理压缩审批流程，执行项目建设责任清单制，解决好项目落地“堵点”“卡点”问题，继续实施项目档案电子化管理，以高质量项目支撑“十四五”规划良好开局。认真实施土地增减挂钩工作，强化项目建设土地要素保障，全年争取建设用地指标46.67公顷。启动城投公司建设管理全区项目模式，规范强化项目全过程监管，推动项目最短时间落地投产、发挥效益。提升城市品质。积极推动主城区行政区划调整，力争年内完成调整设立并理顺相关工作。立足新一轮全国文明城市创建“主战场”，加快推进棚户区改造，实施好2460万元的斯玛占堆老旧小区、斯玛村和丹真桑曲等3个社区棚户区改造项目，强化公共基础设施维修管护，加大城乡环境卫生和交通秩序整治力度，推进生活垃圾分类处理和城乡环卫工作一体化，垃圾分类回收利用率力争达35%以上。加快推进总投资4.17亿元的教武场文旅购物中心建设，提升主城区餐饮住宿、公共交通、快递物流等服务能力，加快建设服务全市、辐射周边市县的现代服务业聚集区。加快城乡融合。加快甲措雄乡和经开区、文创园区周边乡村城市化进程，逐步建设江当园区发展辐射圈。抓好9个交通“十项提升”项目建设，全面推行农村公路“路长制”，推进9个乡级客运站建设，推动城乡交通更加一体便捷。加快东嘎水库移民安置，加速城乡要素平等交换、双向流动，引导更多资本、技术、人才等流向农村。深入推进电子商务进农村和农产品出村进城，推动城乡生产与消费有效对接。强化农村基本公共服务供给县乡村统筹，推进城乡教育、医疗、社保、养老等公共服务均等化。

（四）聚焦创新引领，大力实施动能培育行动。增强创新驱动力。计划投入158万元开展以有机种养加业为重点的科技创新，大力培育科技人才，提升现代农业从业人员整体素质，今年计划培育优秀科技特派员9名。全力推进大众创业、万众创新，支持引导企业争创驰名知名商标，促进小微企业发展，实现科技对经济增长的贡献率60%以上。增强消费带动力。积极发展健康、文化、旅游、体育等服务消费，鼓励指导批发零售、餐饮住宿、商贸流通、电子商务等行业企业开展促销活动，支持龙头商贸企业建立线上线下融合销售服务平台。以藏博会为契机，积极举办物交会、青稞文化节、消费扶贫日、“冬闲变冬忙”等各类活动，广泛推广网络直播带货，发挥好12个乡电子商务服务站作用，搭建特色农副产品供需对接平台，拓展消费渠道，刺激社会消费需求。增强财税推动力。同步推进“开源”与“节流”，优化办税缴费服务，积极培植涵养税源，加强房地产企业、重点项目特别是“两头在外”企业的税收征管和非税收入征管，加大耕地占用税清缴力度，依法提高土地出让收益，做好年度预算编制和绩效管理，严格控制财政支出，大幅压减非急需非刚性支出，力争实现地方财政一般公共预算收入2.8亿元。

（五）聚焦改革赋能，大力实施活力提升行动。推进招商改革提活力。着力优化营商环境，持续推进“放管服”和商事制度改革，落实落细减税降费政策，强化企业座谈和帮扶，力争年内新增市场主体2500家。加快推进“互联网+政务服务”向基层延伸，完成市区政务服务中心一体化建设和12个乡（街道）政务服务中心、176个村（居）政务服务站规范化建设，着力破解发展障碍。健全招商引资目标责任考核制度，抓好定点招商、专业招商、精准招商、全员招商，保障好政策、用地、用工等要素，落实小微企业贷款融资政策，支持民间资本公平参与市政等领域工程建设，力争招商引资项目总量、投资结构、投资效率取得新突破，民间投资增长10%以上，全年招商引资落地资金高于去年水平。加快国企改革提活力。落实国企改革三年行动要求，积极推进区城投公司、娘麦公司和粮食公司改革，推进国有资本监管职能和监管方式转变，鼓励区属国有企业拓展业务、开辟市场、做强做优，扩展壮大区城投公司经营范围，推动区娘麦公司与市珠峰农投集团建立长期战略关系，发挥好国有企业先导性、基础性和支撑性作用，实现区属国有企业年度上缴利润从无到有的历史性突破。加强开放交流提活力。积极参与自治区“三小时经济圈”，加强与拉萨市城关区及日喀则其他兄弟县的交流协作，参与全市口岸开发和“八大园区”建设，加强招引互动、战略协作、经济交流、市场衔接，推进区域市场、交通、信息等资源要素优化组合，更好实现互补共进、合作共赢。筹划实施好“青岛行”等活动，继续深化与援藏省市深层次合作，持续加大资源、市场、产业、信息、人才等全方位交流合作。全力支持国防建设，加强军地协作、军民共建，协调解决驻军部队困难，推动实施一批合作示范项目，打造全市军民融合发展高地，发挥强边固边桑珠孜力量。

（六）聚焦民生改善，大力实施幸福提升行动。促进充分就业惠民生。紧盯群众“增收十条”，提高农牧民转移就业组织化程度，继续推进400万元以下政府投资项目交由有资质的农牧民施工企业承建，吸纳本地用工量80%以上，力争实现农牧民转移就业2万人、劳务创收较去年目标任务增长20%以上。鼓励引导全民创新创业，加强退役军人等创业就业培训，落实城镇困难人员就业帮扶政策，促进高校毕业生多渠道就业和自主创业，力争开发高校毕业生就业岗位1000个，确保应届大学毕业生就业率达95%以上。加强职业技能培训和服务跟踪，年内培训1500人以上，培训后转移就业率达80%。发展社会事业顺民意。继续保障教育配套经费，新建中学、小学、幼儿园7所，改扩建各类学校16所。巩固好学前教育“3个100%”成果，做好学前教育普及普惠督导评估验收和国家认定。深化组团式教育援藏，开展城乡教师交流轮岗，强化师生思政教育，努力实现“六个提升”。弘扬伟大抗疫精神，慎终如始抓好常态化疫情防控，推进“健康桑珠孜”建设。依托组团式医疗援藏，巩固医共体建设成果，打造区医院特色科室，推进区医院创“三乙”取得实质性进展。做好全民体检和重大疾病防治，巩固好中小学及幼儿园传染病防控100%覆盖成果，实现定点医疗机构即时结算100%全覆盖，城乡居民参保缴费率达97%以上。推进新时代文明实践中心、融媒体中心建设，讲好桑珠孜故事。提升行政村文艺队能力素质，开展文艺、电影、图书下乡，实施“美丽西藏、可爱家乡”优秀文化产品乡村供给工程，举办各类文艺演出和技能大赛，推出不少于5部文艺精品，提高公共文化服务供给保障水平。强化兜底保障暖民心。提升五大保险参保覆盖面，完成95%以上参保率。实行低保标准动态调整，做好特困人员供养、临时救助、困境儿童等特殊群体关爱工作，加强军人军属、退役军人和其他优抚对象优待工作，推进老龄事业发展和养老体系建设，针对性制定城镇低收入人群救助帮扶措施，提高城镇困难群众生活质量，坚决兜住民生底线。改善城乡居民居住条件，保障好群众住房需求，新建公共租赁住房40套，实施农村住房改造464户，如期完成边雄乡林村52户汛患受灾民房重建工作。推进“放心粮油”工程，持续强化市场供给，加强价格监测预警，确保市场供需平稳有序。

（七）聚焦保护优先，大力实施生态优化行动。加大“治”的力度。抓好问题整改，深化环保督察、国土督察、森林督查问题整改及成果运用，做好第二轮中央环保督察迎检工作。强化环境监管执法，落实责任追究和环境损害赔偿制度。深入实施“大气十条”“水十条”“土十条”，严格落实河（湖）长制，完成河湖及水利工程管理保护范围划定及公布，推进甲措雄乡塔巴河防洪堤项目建设，试点开展东嘎乡塔曲河河道清淤，实施最严格耕地保护制度，全面推进违建违占整治，确保辖区空气质量持续优良、水质持续达标、土壤环境持续向好。加大“保”的力度。科学编制实施生态文明高地建设规划，配合做好自然保护地整合优化，配合实施黑颈鹤保护区和江萨国家湿地公园生态修复及保护工程，加强自然保护地生态修复。探索建立“林长制”，压实保护发展林草资源责任，大力推进国土绿化，实施“四旁”植树，力争完成各类营造林253.33公顷、封山育林2666.67公顷，配合实施生态治理3333.33公顷。积极推进生态乡、村创建，力争自治区级生态文明建设示范乡、生态村创建比例分别达40%、80%。加大“用”的力度。推动绿色低碳发展，严格控制资源能源消耗和污染物排放量，严格化学品环境准入，加快实施排污许可，健全企业环境管理台账，引导企业绿色生产。大力推进苗圃、藏药、生态观光园建设，落实生态补偿政策，实现生态经济双赢。强化环保宣传教育，倡导公共交通、垃圾分类等绿色生活方式，推广使用清洁能源，让绿色发展观念融入日常。

（八）聚焦基层治理，大力实施风险防控行动。坚决维护国家安全。深刻把握党中央对西藏“两屏、一前沿阵地、一重点地区”的新定位，牢牢掌握反分裂斗争全局性主动，坚决维护祖国统一和民族团结。始终坚持党的宗教工作方针政策，认真践行“五个有利于”，常态化推进“遵循四条标准”教育实践，深化宗教治理，依法加强和改进寺庙管理，积极引导藏传佛教与社会主义社会相适应。深化“五史教育”，引导各族干部群众树立正确的“五观”、增强“五个认同”，强化国家通用语言和文字推广普及，巩固提升全国民族团结进步示范区创建成果，不断铸牢中华民族共同体意识。力争将区第二小学打造成全国民族团结进步示范学校，在江当乡郭加新村打造1处乡村级民族团结进步广场和长廊，打造民族团结进步示范单位自治区级1家、日喀则市级4家、县（区）级30家以上。积极防范金融风险。坚持化解存量、严控增量，将盘活资金按一定比例作为偿债资金纳入预算，专项用于偿还政府债券，确保政府债券按期及时偿还。同时，通过财政预算安排资金、土地出让金、盘活存量资金、争取专项资金、国有企业上缴利润等多渠道筹措资金逐年化解，今年拟筹措3000万元用于政府债务偿还。全力打击民间高利贷债务行为，打击电信诈骗、打击非法传销行为。加强创新社会治理。深入开展“枫桥式公安派出所”创建，巩固扫黑除恶专项斗争战果，推进市域社会治理现代化试点工作，抓好“雪亮工程”和综治中心标准化建设，强化网络安全建设，推进警务信息化和执法规范化，构建共建、共治、共享的社会治理新格局。深入落实“分管领导+包乡领导+行业部门+属地”信访工作责任，引导群众理性维权“信法不信访”，初信初访受理率达100%、办结率达90%以上，力争让群众“最多访一次”。深入推进安全生产专项整治三年行动，落实食药安全监管“四个最严”要求，持续抓好消防、道路、教育、旅游等各领域安全隐患排查整治，提升防抗灾能力和突发公共安全事件应急处置能力，保障好群众生命财产安全。

政府自身建设

各位代表！新时代肩负新使命，新阶段开拓新气象，我们必须始终坚持党的全面领导，按照政治标准更高、党性要求更严、组织纪律性更强的要求，持之以恒加强政府自身建设，奋力推进桑珠孜区长治久安和高质量发展。

我们将坚持加强政治建设。坚持不懈用习近平新时代中国特色社会主义思想武装头脑，巩固深化“不忘初心、牢记使命”主题教育成果，全面开展党史学习教育，深入开展“政治标准要更高、党性要求要更严、组织纪律性要更强”专题教育活动，增强“四个意识”、坚定“四个自信”、做到“两个维护”，切实把思想和行动统一到党中央、区党委政府、市委市政府和区委决策部署上来，严格落实意识形态工作责任制，执行重大事项请示报告制度，严肃党内政治生活，切实把党的领导贯穿政府工作各领域、全过程。

我们将坚持做到依法行政。加快法治政府建设，严格执行“三重一大”决策议事规则，继续实行政府法律顾问制度，广泛听取各方意见建议，推动依法科学民主决策。加强“八五”普法教育，提升基层法律服务能力，力争年内每10户至少培养1名“法律明白人”。自觉接受人大法律监督、工作监督和政协民主监督，高度重视巡视巡察和社会舆论监督，高质量办理人大代表议案、建议和政协委员提案。积极推进政务公开，规范政府门户网站建设，有序公开政务，加强政策解读，回应公众关切。

我们将坚持做到为民施政。牢固树立以人民为中心的发展理念，把抓落实作为政府工作的生命线，开展好“我为群众办实事”实践活动，解决好群众“急难愁盼”的具体问题。加大督查督办，抓好问责激励，树立肯干事、会干事、干成事、不出事的导向，充分调动积极性、主动性和创造性，让主动干事、求真务实、担当尽责、创先争优成为政府工作的主旋律，坚决杜绝上推下压、左等右靠等懒政怠政行为，用实实在在的行动让区委决策部署不折不扣落实到位，让群众获得感、幸福感、安全感持续增强。

我们将坚持做到勤廉从政。落实全面从严治党主体责任和“一岗双责”，强化斗争精神和作风建设，严格执行中央八项规定精神及其实施细则，驰而不息整治“四风”。强化巡视巡察整改和各级督察及审计结果运用，加强财政预算执行审计和部门主要负责同志经济责任审计，严肃查处侵害群众利益等突出问题。优化压减“三公”经费，加强公共资金、国有资产、国有资源、政府项目、公共资源交易等重点领域审计监督和廉政风险点防控，营造更清明的政治生态、更优越的发展环境。

各位代表！新征程已经开启，我们正处在大有可为的时代。让我们更加紧密地团结在以习近平总书记为核心的党中央周围，高举习近平新时代中国特色社会主义思想伟大旗帜，在区党委、市委和区委的坚强领导下，抓好“稳定、发展、生态、强边”四件大事，把“三个赋予、一个有利于”贯穿经济社会发展全过程，乘势而为、接续奋斗，感恩奋进、创先争优，全力开创桑珠孜区各项事业崭新局面，以实际行动和优异成绩向中国共产党成立100周年和西藏和平解放70周年献礼，为“十四五”规划好局起好步、开启新时代全面建设社会主义现代化国家新征程做出桑珠孜区新的更大贡献！

概览

地 理

【地名沿革】 桑珠孜，藏语意为心想事成的地方。桑珠孜区原名日喀则，1959年5月成立日喀则县人民政府，驻地在日喀则镇，隶属于中共日喀则地区分工委管辖；1986年12月12日，日喀则县更名为日喀则市；2014年6月26日，经国务院批准撤销日喀则地区和县级日喀则市，设立地级日喀则市，原县级日喀则市改为桑珠孜区，以原县级日喀则市的行政区域为日喀则市桑珠孜区的行政区域。

【地理位置】 桑珠孜位于青藏高原西南部喜马拉雅山北麓，雅鲁藏布江与其主要支流年楚河的汇流处，处于北纬29° 7′ ~29° 9′，东经88° 3′ ~89° 8′。东与仁布县相连，南与白朗县、江孜县接壤，西与萨迦县、谢通门县毗邻，北靠南木林县。境内东西长113千米，南北宽78千米，辖区总面积3664平方千米，平均海拔3836米。是历代班禅大师驻锡地，是日喀则市委、市政府所在地。

【地质地貌】 桑珠孜区处于喜马拉雅山脉中段与冈底斯山—念青唐古拉山中段之间，南、北地势较高，其间为藏南高原和雅鲁藏布江谷地。整个地形复杂多样，基本上由高山、宽谷和湖盆组成。这里也属于印度板块和欧亚板块相撞击的缝合带典型地段。日喀则市平均海拔3847.3米，海拔最高点5802米（夏普巴南峰），最低点3760米（雅鲁藏布江出境处），最大高差2042米，高于4500米的山峰有78座，其中海拔高于5500米的山峰有6座。境内雅鲁藏布江自西向东流经东嘎乡、聂日雄乡、城北街道、边雄乡、江当乡、年木乡和联乡，年楚河自东南向西北流经甲措雄乡、曲布雄乡和城南街道；有纵横交织的季节性河流37条，江河两岸山峰连绵。根据地形地貌大约分为三大部分：北部（东嘎乡）为高山沟谷区，相对高差在100 ~ 1800米；中部和东南部（沿江、沿河地区）为低山宽谷冲积平原区，相对高差在200 ~ 300米，河谷宽5 ~ 10千米；西南部（曲美乡和纳尔乡）为中高山宽谷区，相对高差在500米，谷底宽5 ~ 8千米。

【山脉地势】 横亘境内南部的是一条近东西向的弧形山系，主峰为雅玛日（5134米），两端呈西北和东北向，中段向南突出成弧形，山势高峻。雅鲁藏布江和年楚河流域的河谷平原主要有东嘎乡、聂日雄乡、边雄乡、年木乡、联乡和甲措雄乡。桑珠孜区平原还包括其他一些零星的河谷平原，这些河谷地坡度平缓，土层深厚，气候宜人，水源较充足，自然条件优越，宜于农作物生长，是桑珠孜区最主要、最富庶的农业区。

【河流湖泊】 年楚河是雅鲁藏布江南侧的一条大支流。它发源于喜马拉雅山良岗岗日峰北坡的现代冰川——明湖（亦称冲巴湖），是桑珠孜区重要的河流，经江孜、白朗在桑珠孜区汇入雅鲁藏布江，全长108.4千米，总落差为1310米，平均比降6.1%。桑珠孜区有12个湖泊，湖泊面积皆小于1平方千米。主要分布在东嘎乡和联乡。东嘎乡（位于市区的西北方向）有错公、其王错、切弄王马、它布错、扎西弄错、错青、错垌、仙玛错、错嘎等10个高山冰川湖；联乡（位于市区正东方向）有错那、潘清错2个高山冰川湖。

【气候】 2020年，桑珠孜区年降水量为426.7毫米。气象观测站建站以来最多年降水量为752.1毫米，年蒸发量（5—9月）为735.8毫米。一般年蒸发量是年降水量的5~6倍，年平均相对湿度34.8%，年平均气温7.4℃，年极端最低气温-19.6℃，年极端最高气温27.7℃，1月平均气温-3.6℃，7月平均气温15.6℃，年日照时数3059.4小时，太阳总辐射值5924.14千卡/平方厘米·年，年积温值为2136.5℃。桑珠孜区具有明显的半干旱温带季风气候特征。

5—10月在印度洋暖湿气流影响下，气候温和，雨量充沛，多夜雨，无霜期184天，日平均气温稳定大于0℃ 184天，日平均气温稳定大于5℃ 180天。5—10月降水量为406.5毫米，占全年降水量的95%。

冬季在西风带控制下，寒冷干燥，降水极少。年大风日数15天，最大风速为11.7米/秒，平均风速1.4 ~ 2.5米/秒。

【自然灾害】 2020年，桑珠孜区受洪涝灾害影响，受灾农田约27.67公顷（全部为粮食作物）、牲畜死亡25头（只），摧毁水渠100米、防洪堤坝1147米、桥梁3座，冲毁路面（基）720米、受损房屋2间，直接经济损失118.52万元。

政区人口

【区划沿革】 明朝前期，帕竹地方政权在今日喀则市设立桑珠孜宗，管理地方事务。明朝后期，仁蚌巴政权联合噶举派取代帕竹势力在今日喀则市建立桑珠孜地方政权。后又先后归第悉藏巴、蒙古和硕特部固始汗、甘丹颇章地方政权统治。清朝初期，日喀则宗划归班禅堪厅管辖。民国时期，西藏地方政府在此设立日喀则基宗，归其管理。1959年5月，成立日喀则县人民政府，驻地在日喀则镇，隶属于中共日喀则地区分工委管辖；1960年，日喀则县建立39个区、34个乡人民政府、6个城市居民委员会；1986年12月12日，日喀则县更名为日喀则市；2014年6月26日，经国务院批准，撤销日喀则地区和县级日喀则市，设立地级日喀则市，日喀则市设立桑珠孜区，原县级日喀则市改为桑珠孜区，以原县级日喀则市的行政区域为日喀则市桑珠孜区的行政区域。全区辖10个乡，2个街道办事处、176个行政村、520个自然村。

【人口民族】 2000年，全区共有99863人。2020年，全区总人口127157人（户籍人口），比上年增加1874人，其中农业人口75517人，占总人口的59.39%。有藏族、汉族、回族、满族、苗族等13个民族。

【人口概况】 全区2020年末常住人口164280人，其中城镇常住人口94270人，城镇化率为57.38%，全年出生人口2428人，人口出生率为19%，全年死亡人口1254人，人口死亡率9.8%，净增人口1712人，人口自然增长率9.2%。户籍人口127157人，其中男性63628人、女性63529人，分别占户籍总人口的50.04%、49.96%，农业人口75517人，占户籍总人口的59.39%，藏族人口115757人，占户籍总人口的91.03%。

经济发展

【概况】 2020年，地区生产总值达到124.88亿元，按可比价格计算，比上年增长8%。其中，第一产业实现增加值6.97亿元，按可比价计算，比上年增长7.7%；第二产业实现增加值47.40亿元，按可比价计算，比上年增长15.7%；第三产业实现增加值70.51亿元，按可比价计算，比上年增长4.5%。三产结构比为5.58 ∶ 37.96 ∶ 56.46。全社会固定资产比上年下降21.3%。社会消费品零售总额达到38.48亿元。

全年接待游客达251.3万人次，旅游收入达17.4亿元，因受突如其来的新冠肺炎疫情影响，同比分别下降57.2%、64.8%。地方公共财政一般预算收入2.52亿元，比上年增长2.02%，公共财政支出29.31万元。年末城乡居民储存款余额30.12万元，城镇居民可支配收入40465元，比上年增长11%；农村居民人均可支配收入16795元，比上年增长13.1%。2020年，桑珠孜区实现城镇新增就业2120人，城镇登记失业率在3%。2020年，桑珠孜区累计参加城乡居民基本医疗保险 92945 人，参保率达97.2%以上，完成医疗报销待遇支付3476.96万元。城镇居民中有237户、519人获得政府最低生活保障金，农村低保共有418户、886人。

2020年，农作物播种面积1.35万公顷，其中粮食作物9088.89公顷、油料1573.33公顷、蔬菜和瓜果类1786.6公顷；粮油总产量8353.3万公斤，其中粮食产量7931.92万公斤，油菜籽产量421.39万公斤，蔬菜产量7650万公斤。年末牲畜存栏数为31.56万头(只、匹)；全年肉类产量2018.46吨；奶类产量1.88万吨。

2020年，实现工业增加值6.85亿元，比上年增长8.5%；建筑业增加值40.54亿元，比上年增长16.8%。规模以上企业达13家，特色民族手工业企业发展至131家。

大事记

大事记

1月

1日 区公安局召开全区公安机关70周年大庆安保工作总结表彰大会。

7日 “西藏日喀则市桑珠孜区‘青岛行’园区考察学习活动”在青岛轨道交通产业示范区拉开帷幕。

14日 市委常委、区委书记、区委机构编制委员会主任葛庆敏主持召开区委机构编制委员会第一次会议。会议传达学习了《中国共产党机构编制工作条例》、习近平总书记在深化党和国家机构改革总结会议上的重要讲话精神以及张延清在市委第二次机构编制委员会会议上的讲话精神，研究审议了《中共日喀则市桑珠孜区委员会机构编制委员会工作规则》《中共日喀则市桑珠孜区委员会机构编制委员会办公室工作细则》及机构编制相关事项，安排部署下 步工作。区委副书记、区长、区委机构编制委员会副主任索朗罗布，区委常委、区委组织部部长、区委机构编制委员会委员李志涛出席会议。

16日 区人大常委会组织召开第二届人民代表大会常务委员会第十四次会议。在家班子成员出席会议，18名区二届人大常委会委员参加会议。区人大办、政府办、组织部、法院及检察院负责人列席会议。会议由区委副书记、人大常委会党组书记田世新主持。

19日 召开桑珠孜区创先争优强基础惠民生活动第八批驻村（居）工作总结表彰暨第九批驻村（居）工作动员大会，对第八批先进驻村（居）工作队、工作队队员、优秀组织单位进行表彰，动员、鼓舞第九批驻村（居）工作队振奋精神，以昂扬的斗志、饱满的热情、务实的作风投入驻村工作中，圆满完成第九批干部驻村各项任务。

是月 城北街道波姆庆社区举行2019年度合作社分红仪式，为社区建档立卡户分红。仪式上，通报了《2019年度康央氆氇加工专业合作社入股分红情况汇报》，为社区32户贫困户，分红2.7万余元，

是月 市委常委、桑珠孜区委书记葛庆敏先后深入环桑珠孜区公安局护城河公安检查站督导疫情防控工作，看望慰问一线执勤民警辅警和疫情防控工作人员。

是月 桑珠孜区设立区人大法制司法民族宗教委员会、财经农牧城建环保委员会、教育科学文化卫生委员会，进一步加强人大常委会机关的职能定位，更好的发挥人民代表大会制度，加强和改进人民代表的监督工作。

是月 区政协设立提案经济法治委员会，进一步加强政协机关爱国统战组织作用，发挥参政议政作用。

是月 为有效缓解城区适龄儿童入学困难，解决片区就近入学难题，设立桑珠孜区齐鲁小学。设立桑珠孜区齐鲁藏语和汉语幼儿园、斯玛占堆藏语和汉语幼儿园、城北藏语和汉语幼儿园、联乡藏语和汉语幼儿园等12个乡办藏语和汉语幼儿园，实现了全区藏、汉语幼儿园100%覆盖和适龄幼儿100%入园的目标。

是月 桑珠孜区大力开展冬闲时期农牧民技能培训。桑珠孜区人社局紧密结合市场用工需要和农牧民技能培训意愿，利用冬闲时期，开展农牧民实用技能培训，通过抓实“三个培养”，实现“三个助力”。

2月

4日 区委副书记、区长索朗罗布前往纳尔乡、曲美乡、曲布雄乡、甲措雄乡、夏鲁寺管委会、联卓检查站督导检查新型冠状病毒感染的肺炎疫情防控工作和社会稳定工作开展情况。

11日 市委常委、区委书记葛庆敏深入东嘎乡个别村、寺庙、林卡、塔曲河等实地调研指导疫情防控、春耕备播、环境整治、安全生产等工作开展情况。

13日 经萨迦龙珠颇彰饭店隔离点驻点医务人员、市区两级疾控部门判定，服务管理小组完成39名人员的解除隔离工作。

26日 市委常委、区委书记、区新冠肺炎疫情联防联控工作领导小组组长葛庆敏深入江当乡产业园区，实地调研指导疫情防控工作和园区产业项目推进情况，看望慰问疫情防控一线的基层干部、公安干警、医务工作者，勉励大家要大力弘扬“老西藏精神”。

27日 桑珠孜区党员干部支援湖北抗击新冠肺炎疫情捐款活动。

29日 市委常委、区委书记、区新冠肺炎疫情联防联控领导小组组长葛庆敏深入区铁路护路联卓大队调研指导铁路安保工作及疫情防控落实情况。市公安局党委委员、区委常委、政法委书记、区公安局党委书记、局长、督察长顿珠，区委政法委副书记普布次仁随行陪同。

3月

3日 中国共产党桑珠孜区第二届纪律检查委员会第三次全体会议召开，日喀则市委常委曹庆敏作主要讲话。

7日 藏圣阁民族手工业产品有限责任公司防疫物资捐赠仪式在桑珠孜区疾控中心举行。

9日 市委常委、区委书记、区新冠疫情联防联控领导小组组长葛庆敏深入拉日高等级公路项目部、皓寺、江洛寺、罗林村看望慰问基层和一线防控工作人员。

16日 桑珠孜区人大常委会召开第二届人民代表大会常务委员会第十五次会议。

是月 桑珠孜区开展综治宣传月活动，组织22个综治成员单位在上海中路集中开展综治宣传月活动，累计出动宣传人员240人次，共发放各类宣传资料（画册、手册、传单等）13000余份（不完全统计），为群众解答各种疑问90余次。

4月

是月 区委副书记、区长、区农牧民转移就业工作领导小组组长索朗罗布在区行政中心七楼会议室主持召开桑珠孜区农牧民转移就业工作领导小组第二次会议。会议传达学习了日喀则市农牧民转移就业会议精神，听取了农牧民转移就业工作情况汇报，通报了截至4月14日，全区劳动力转移就业系统录入情况，安排部署当前和今后一段时期转移就业重点工作。

是月 江洛寺管委会等辖区13个驻寺机构组织驻寺干部和僧尼开展“植树造林、美化环境、绿化家园”活动。13个驻寺机构共栽种云杉、油松等树苗5.33公顷、1180余株，其中补栽2公顷、620余株，切实用自己的行动为寺庙增添了新绿。

是月 区医保局组织人员组成宣讲团，深入各乡（街道）开展城乡居民参保暨打击欺诈骗保行为专题巡回宣讲，累计宣讲16次，累计发放藏汉双语宣传单23054册。

是月 自治区人大常委会党组副书记、副主任伟色带队赴桑珠孜区开展调研指导工作，对德勒藏香加工厂、甲努粮油加工厂、甲措雄乡冲堆村农机合作社、江当乡光伏小镇郭加新村易地扶贫搬迁点、德琴3900庄园有限公司、江苏润藏苗圃基地项目、中以全天候农业温室大棚项目点进行了实地调研，走访了解建档立卡户生产生活情况。

5月

1日 桑珠孜区全面启用西藏医疗保险信息系统。

25日 区医保局对建档立卡贫困人口103人次的医疗报销，兑现金额90.99万元。

28日 在东嘎乡友好结对单位青岛市北区敦化街道办事处“爱心市民”的无私捐赠下，东嘎乡政府组织开展“青岛爱心市民”结对帮扶慰问金发放仪式。

是月 桑珠孜区组织12个乡（办）劳动力转移就业工作分管领导、业务经办及基层服务平台聘用人员，举办了农牧民转移就业应统尽统暨劳动力管理系统培训会。会议由桑珠孜区人社局局长申胜涛主持，区委常委、副区长普琼从三个方面对劳动力转移就业应统尽统工作进行安排部署。

是月 桑珠孜区人民检察院成功办理本院首例刑事附带民事公益诉讼案件，实现该类案件“零”突破。该案系一起破坏国家野生动物资源案件，该案的成功办理，一并追究行为人的刑事责任和民事责任，对生态环境和资源破坏者起到强烈的震慑作用，在合理分配司法资源的同时实现“办理一案警示一片”的目的，最大化保护社会公益。

是月 为切实转变宗教领域妇女同胞关于妇女健康的认识，强化社会主义法治建设，全面推进寺庙尼姑践行“四讲四爱”活动，区妇联、总工会联合区卫健委、东嘎乡央曲寺管委会开展了“三送”活动，即送健康、送法律、送教育活动。

是月 区发改委上报区政府完成桑珠孜区“中国好粮油”行动实施方案的变更，打造了3333.33公顷优质青稞基地，大幅提高桑珠孜区青稞生产大规模机械化作业能力。

6月

1日 在第70个“六一”国际儿童节之际，市委常委、区委书记葛庆敏在区政协副主席次仁的陪同下，到桑珠孜区联乡中心小学和联乡华夏希望小学，看望慰问广大少年儿童，与孩子们共度“六一”儿童节，并代表区委、区政府向全区各族少年儿童致以节日的祝贺。

2日至9日 桑珠孜区组织人社局、应急管理局、住建局、发改委、信访局等区直部门，邀请市人社局劳动监察科开展跨部门跨行政等级联合执法，对辖区内26家施工企业施工现场开展保障民工工资支付、安全管理、工程建设秩序规范等联合检查。

3日 桑珠孜区召开2020“六城共建”工作第一次推进会暨创建全国文明城市动员部署会。会议由区委副书记、人大常委会主任田世新主持，邀请了市城市管理和综合执法局副局长普布、市“六城共建”办副主任黄思珍参加会议并发言，在家县级领导，各乡（街道）、区直各单位主要负责人，各社区书记、主任参加会议。市委常委、区委书记葛庆敏出席会议并讲话。

5日 桑珠孜区举行青岛援藏“山海情·红马甲”医疗志愿者服务活动启动仪式。区委常务副书记、青岛市第九批援藏干部组领队刘存东出席并讲话，区委副书记、人大常委会主任田世新，区委常委、宣传部部长阿珍，青岛市崂山区北宅卫生院院长陈振、副院长王磊出席仪式，青岛市援藏医疗专家服务团队，桑珠孜区卫健委、桑珠孜区人民医院、桑珠孜区各乡（街道）卫生院主要负责人参加本次活动。仪式向青岛援藏“山海情·红马甲”医疗志愿服务队授旗并配发了志愿者服装。志愿服务队队员做了志愿服务宣誓。

7日 由青岛市第九批援藏干部组牵头，组织桑珠孜区相关党政部门、特色企业代表6家、桑珠孜区艺术团（格桑花艺术团）参加青岛市城阳区第19届“市民节”活动。

11日　在曲布雄乡仁嘎村举行桑珠孜区妇联首批家政服务培训开班典礼。本次培训由该村32名妇女学员组成，培训工作得到了区委、区政府、市妇联的高度重视和区人社、扶贫办的大力支持。市妇联党组成员、副主席贡桑曲珍，区政府副区长、扶贫办主任张凤，区政府副区长、曲布雄乡党委书记张建平出席开班典礼。

13日　以自治区总工会党组成员、巡视员边巴次仁的自治区调研督导组一行赴桑珠孜区总工会工作开展情况进行督导调研，重点对城市困难职工解困脱困、产业工人队伍建设、基层组织建设、工会改革等情况进行督导。区政府党组成员、副区长张建平陪同调研。

15日　桑珠孜区召开“四讲四爱”群众教育实践第一节点总结暨第二节点工作部署会。主要任务是，深入学习贯彻落实全国“两会”精神，贯彻落实自治区党委关于“四讲四爱”群众教育实践的决策部署，总结第一节点工作，安排第二节点任务，全力推动群众教育实践落到实处、取得实效，为巩固提升脱贫攻坚成果、决胜全面建成小康社会提供最广泛、最坚实、最深厚的群众基础。市委常委、区委书记葛庆敏出席会议并讲话。区委副书记田世新主持会议。

同日　山东水发集团兴业公司与深圳朗明科技公司50兆瓦光伏综合示范储能项目合作签约仪式在桑珠孜区举行。

16日　桑珠孜区政法系统召开全面加强政治建警暨意识形态工作领域视频推进会，市公安局党委委员，区委常委、政法委书记、区国安办主任、公安局党委书记、局长、督察长顿珠出席并讲话。

7月

3日　桑珠孜区“四讲四爱”群众教育实践文化活动“文化助力脱贫攻坚”广场舞大赛在一号公园举行。

18日　定日县派驻桑珠孜区脱贫攻坚普查组一行33人进驻桑珠孜区，对12个乡（街道）1371户建档立卡户、157个村和县表进行录入验收，各项指标全部达到相关要求和标准，顺利通过普查验收。

20日　自治区副主席、市委书记张延清赴定日县派驻桑珠孜区普查组办公地点，现场查看办公室硬件设备配备、基础数据采集等情况，并深入聂日雄乡楚松村2户建档立卡户家中查看户档资料和明白卡等资料，对桑珠孜区脱贫攻坚普查工作提出了科学的指导意见。

是月　设立桑珠孜区江当现代生态产业园区管理委员会。

8月

7日　桑珠孜区举办2020年高校毕业生专场招聘会暨高校毕业生创业资金兑现仪式。

13日 青岛市委宣传部考察组到日喀则市桑珠孜区考察交流文化产业对口支援工作，并向桑珠孜区捐赠了文化产业资金和城市吉祥物。

15日 桑珠孜区召开“六城共建”工作第二次推进会暨创建全国文明城市迎检动员会，传达学习日喀则市“六城共建”工作暨创建全国文明城市部署推进会精神，并就桑珠孜区创建全国文明城市迎检工作作了全面安排部署。市委常委、区委书记葛庆敏出席会议并讲话，区委副书记、区长索朗罗布主持会议，田世新、格桑顿珠、普布、顿珠、李志涛、扎西罗布、普琼、阿珍、胡文、秦立国等领导出席会议。

19日 由市委统战部副部长达娃次仁带队的统一战线领域重点工作调研组在桑珠孜区夏鲁寺、俄尔寺、纳塘寺开展调研指导工作。区委常委、区政协党组副书记、统战部部长扎西罗布和区民宗局主要负责人陪同。

同日 桑珠孜区与青岛市崂山区考察团一行，就招商引资、产业发展、民生领域援助、干部人才培养、大学生就业创业和乡街交流合作等方面进行座谈交流，共同商议两地合作大计。市委常委、桑珠孜区委书记葛庆敏，青岛市崂山区委书记孙海生出席座谈会并讲话，区委常务副书记刘存东主持座谈会。

22日至23日 青岛市城阳区考察团一行在桑珠孜区考察调研产业、教育、民生、脱贫攻坚等领域工作。22日上午，在区政府行政中心七楼会议室举行座谈会。市委常委、桑珠孜区委书记葛庆敏，青岛市城阳区委书记王波出席座谈会并讲话。区委副书记、政府区长索朗罗布向考察团致欢迎辞并介绍了桑珠孜区经济社会发展情况；区委常务副书记刘存东主持座谈会。会上，城阳区委、区政府向桑珠孜区委、区政府捐赠援助资金180万元，城阳区城阳街道等5个街道向结对帮扶甲措雄乡、江当乡、联乡等友好街道捐赠援助资金100万元；青岛忠群置业公司向桑珠孜水利局捐赠饮水工程资金60万元；青岛沃隆食品等公司向桑珠孜区文旅局捐赠100万元原创音乐发展资金；青岛市三利集团等公司向桑珠孜区委、区政府捐赠价值270万元物资。

9月

1日 庆祝自治区成立55周年桑珠孜区专场文艺演出在四号公园举行。

8日 第三方审计全面审计清算桑珠孜区农牧区医疗制度基金。

16日 桑珠孜区健康副校长聘任仪式在区政府二楼东侧会议室举行。区委常务副书记刘存东出席仪式并讲话，区教育局党委副书记、局长次旦主持仪式。区卫健委、区人民医院、区疾控中心、各卫生院、各校园的主要负责同志以及健康副校长共70余人参加聘任仪式。

22日 青年创业者协会第一期讲堂顺利开

课，12名会员参加。课上邀请工会、团委相关负责人指出了“两新”组织中组建群团组织的重要性和紧迫性，并就入会相关程序、组建党团支部相关事宜进行讲解。同时每位参与者以此次讲堂为契机，介绍创业理念，分享创业经历，讲解各自产品，提出创业遇到的瓶颈和接下来的发展规划，形成了互推互进的创业氛围。

24日　吉祥日喀则——西藏特色产品体验馆在青岛邮政云霄路支局正式开馆。青岛市扶贫协作办公室主任窦宗君，日喀则市桑珠孜区委副书记、区长索朗罗布，中国邮政集团有限公司青岛市分公司党委书记、总经理韩全胜，青岛市南区人大常委会主任张忠，青岛市第九批援藏干部人才组领队、日喀则市桑珠孜区委常务副书记刘存东，西藏山东商会会长赵世宏等相关领导出席开馆仪式。

25日　在青岛市第九批援藏组的积极努力下，在桑珠孜区人民政府和青岛市工信局、科技局的大力支持下，青岛蔚蓝—西藏德琴青稞产业化开发联合实验室挂牌成立仪式在青岛蔚蓝生物集团有限公司举行。桑珠孜区、青岛市工信局、青岛市科技局领导及桑珠孜区相关部门负责人参观了青岛蔚蓝生物集团公司，并召开了座谈会。青岛蔚蓝生物集团有限公司董事长陈刚和西藏德琴阳光庄园有限公司董事长张学斌共同为实验室揭牌。桑珠孜区委副书记、政府区长索朗罗布，桑珠孜区委常务副书记刘存东，青岛市工信局副局长卢阳，青岛市科技局一级调研员刘建新，桑珠孜区委常委、政府副区长王成君，桑珠孜区政府副区长张风出席揭牌仪式。

28日　桑珠孜区文旅局协助日喀则市举办“青青之音——青岛·日喀则市原创音乐培育计划”专场演出。此次演出紧紧围绕中央第七次西藏工作座谈会精神，突出展示西藏脱贫攻坚成果，表现出日喀则和青岛两地现代、时尚文化的艺术魅力，不断推进两地的经济、文化交流。

10月

10日　由市妇联党组成员、副主席贡桑曲珍一行组成的市级终验组在曲布雄乡仁嘎村对2020年桑珠孜区贫困妇女技能培训（家政培训）工作进行终验。曲布雄乡妇联主席、分管乡长、仁嘎村驻村工作队队长、村“两委”班子代表、桑珠孜区新兴技能培训学校负责人、培训老师及区妇联全程参与。

11日　日喀则市桑珠孜区2020年社会治理体悟实训培训班在青岛市委党校正式开班。会议由桑珠孜区委常务副书记刘存东主持。会上，青岛市委党校副校长展旭杰致辞，桑珠孜区委副书记、人大常委会主任、党校校长田世新作开班讲话。

18日　自治区政法委副秘书长、护路办主任格桑罗布督导桑珠孜区铁路护路联防安保工作，市公安局党委委员，区委常委、政法委书记、公安局党委书记、局长、督察长顿珠陪同检查。

19日 自治区政协副主席雷桂龙在桑珠孜区开展中央第七次西藏工作座谈会精神宣讲活动。日喀则市委常委、桑珠孜区委书记葛庆敏主持会议。桑珠孜区在家县处级领导，乡（街道）、区直单位主要负责人近100人参加宣讲报告会议。

25日 桑珠孜区委宣传部联合区委党校、强基办举办“中央第七次西藏工作座谈会精神”暨“讲文明爱生活”节点宣讲培训会，进一步提升各级骨干宣讲员的宣讲能力和水平，为扎实有效开展“党的光辉照边疆，边疆人民心向党”七次会精神进万家活动及“讲文明爱生活”节点宣讲提供坚实的基础。区委常委、宣传部部长阿珍出席培训会并强调了具体的宣讲要求和宣讲纪律。

是月 市委常委、桑珠孜区委书记葛庆敏深入东嘎乡塔曲河开展河长制巡河调研工作，区水利局、东嘎乡人民政府、江森村两委班子主要领导参加。

是月 区发改委组织7家民族手工业企业参加2020年珠峰产业大赛，其中2家企业荣获“藏式家具大王”“藏装大王”奖，4家企业荣获“扶贫突出带动”奖，取得了历史最好成绩。

11月

2日 区委副书记、区长索朗罗布赴城北街道办事处米日社区、彭确社区，深入居民家中现场指导桑珠孜区第七次全国人口普查短表入户登记工作。

13日 桑珠孜区人大代表团赴山东学习考察团经验交流座谈会召开。

15日 桑珠孜区成功举办青岛最动听原创音乐大赛西藏赛区海选活动。区委常委、宣传部部长阿珍出席活动。

17日 自治区脱贫攻坚成效考核组一行13人赴桑珠孜区开展2020年度脱贫攻坚成效考核工作，深入联、江当、纳尔、东嘎等4个乡，同拉、郭加、弄日、安布、卡达等5个村，共计49户，以及区脱贫攻坚指挥部，通过个别访谈、查阅资料、走村入户、实地核查、听取汇报等方式，对桑珠孜区八大类31项脱贫攻坚工作进行了考核，完成脱贫攻坚目标任务。

20日 由山东省第九批援藏干部中心管理组指导，日喀则市教育局、日喀则市科技协会、桑珠孜区委区政府、青岛市第九批援藏工作组联合主办，桑珠孜区教育局、商务局承办的首届日喀则市青少年人工智能校园电动方程式大赛在桑珠孜区第三中学开幕。

30日 桑珠孜区2019年度“先进双联户”创建活动总结表彰大会召开。

是月 区发改委陪同山东省发改委开展桑珠孜区“十四五”援藏项目规划编制调研审查工作，经数轮优化调整，桑珠孜区“十四五”

援藏规划项目共涉及项目五大类15项，总投资达4.27亿元。

12月

18日 中国共产党桑珠孜区第二届委员会第四次全体会议召开。市委常委、区委书记葛庆敏出席会议并讲话。区委委员、候补委员、纪委委员出席会议。

20日 桑珠孜区委副书记、政府党组书记、区长索朗罗布主持召开政府党组巡视整改第六次推进会。会议听取政府各单位巡视整改工作进展情况，对剩余未完成整改事项进行逐条梳理，深入分析了整改工作存在的困难，并就下一步整改工作提出明确要求。区政府党组成员普琼、秦立国、张风、杨志强、张建平、尼玛旺堆、次旦扎西出席会议。

20日 日喀则市第十届冬季物资交流会桑珠孜区交易会在日喀则市四号公园开幕。

24日 西藏最大的综合能源项目——日喀则市50兆瓦“光伏+储能”综合能源示范项目并网发电活动在桑珠孜区江当乡举行。

30日 桑珠孜区“感党恩 奔小康 迎新春”群众性文艺比赛暨行政村文艺演出队展演在4号公园成功举办。

是月 市委常委、区委书记葛庆敏赴东嘎乡德朗玛天然饮用水厂项目现场检查指导，对相关部门取得的推进成绩予以肯定。

是月 区发改委经过多轮调研，完成桑珠孜区“十四五”规划初稿编制工作。

是月 桑珠孜区组织召开2020年农牧民转移就业工作总结暨2021年转移就业工作部署会，区委常委、副区长普琼出席会议并讲话。区人社局负责人、各乡（街道）分管领导及工作人员、劳务派遣公司等相关人员参会。

领导名录

机构及其负责人

◆中共桑珠孜区委员会

书记

葛 庆 敏

副书记

索朗罗布（藏）

刘 存 东（援藏）

田 世 新

多　　拉（藏，4月免）

格桑顿珠（藏，6月任）

常委

马 永 争（8月退役）

张 远 军（10月任）

王 成 君（援藏）

顿　　珠（藏）

李 志 涛

扎西罗布（藏）

普　　琼（藏）

阿　　珍（女，藏）

秦 立 国（6月任）

郝 信 斌（6月免）

胡　　文（女，6月任）

龚 长 军（6月免）

肖　　建（11月任）

◆桑珠孜区人大常委会

主任

田 世 新

副主任

尼玛仓木（女，藏）

边　　巴（藏）

边巴次仁（藏）

王　　震（5月任）

◆桑珠孜区人民政府

政府区长

索朗罗布（藏）

政府副区长

王 成 君

普　　琼（藏）

秦 立 国

张　　风

杨 志 强

张 建 平（1月任）

尼玛旺堆（藏）

次旦扎西（1月任）

◆中国人民政治协商会议桑珠孜区委员会

主席

普　　布（藏）

副主席

次　　仁（藏）

洛萨加措（藏）

土旦宁布（藏）

扎西次仁（藏，5月任）

◆中共桑珠孜区委员会办公室

主任

龚长军（6月免）

肖　建（11月任）

副主任

给　贵（藏，8月免）

拉巴次仁（藏，8月任）

周　军（12月任）

兰瑞杰（12月免）

德　央（女，藏）

◆人大常委会办公室

主任

卓　玛（女，藏）

副主任

史光丽（女，3月免）

郭晓霞（女，3月任）

边巴次仁（藏，2月免）

旦增赤列（藏，2月任）

匡光敏（11月任）

◆桑珠孜区人民政府办公室

主任

白玛普尺（女，藏，1月任）

副主任

彭　培（3月免）

次旺朗杰（藏，3月任）

方　林（5月免）

霍建坤（5月任）

杨　柳（女）

◆政协桑珠孜区委员会办公室

主任

才旦卓玛（女，藏）

◆桑珠孜区纪委监委

书记、监委主任

郝信斌（6月免）

胡　文（女，6月任）

副书记、监委副主任

惠建妮（女，6月免）

米玛普尺（女，藏）

◆巡察办

主任

杨晓云（女）

副主任

旦增多吉（藏，8月免）

管圣烨（女，8月任）

◆组织部

部长

李志涛

副部长

李晓军

仓卓玛（女，藏，11月免）

拉巴次仁（藏）

旦增多吉（藏，7月任）

多吉次仁（藏，7月任）

◆宣传部

部长

阿　珍（女，藏）

常务副部长

柳　丽　英（女，2月任）

副部长

伦珠曲旦（藏）

何　　燕（女，7月任）

刘　百　科（2月任）

◆统战部

部长

扎西罗布（藏）

常务副部长

王　文　孝（3月任）

副部长

拉巴次仁

白　　珍（女，藏）

格桑梅朵（女，藏）

王　文　孝（3月免）

◆信访局

局长

次仁德吉（女，藏，3月免）

拉巴扎西（藏，3月任）

副局长

拉巴扎西（藏，3月免）

次仁旺拉（藏，5月任）

◆区委党校

校长

李　志　涛（12月免）

田　世　新（12月任）

常务副校长

扎西多杰（藏）

◆档案局（馆）

档案局局长

扎西央宗（女，藏）

◆藏语委办（编译局）

主任

次　　央（女，藏）

副主任

罗　　拉（藏）

◆机关后勤服务中心

主任

张　德　雄（3月免）

副主任

巴桑顿珠（藏）

徐　　艳

◆总工会

主席

张　建　平（5月免）

龙　　强（5月任）

副主席

次仁卓嘎（女，藏）

◆共青团

书记

次　　央（女，藏，6月免）

次　　仁（女，藏，6月任）

副书记

格桑卓嘎（女，藏，1月免）

邵　鸿　臻（1月任）

◆妇联

主席

梅　珍（女，藏，12 月免）

达　珍（女，藏，12 月任）

副主席

边巴央金（女，藏，12 月免）

扎西央宗（女，藏，9 月任）

◆中共桑珠孜区委政法委

书记

顿　珠（藏）

常务副书记

李清平（苗，7 月免）

副书记

拉巴次仁（藏，8 月任）

普布次仁（藏，3 月免）

边旦旺久（藏，3 月任）

◆公安局

局长

顿　珠（藏）

政委

强　巴（藏，9 月免）

边　巴（藏，9 月任）

副局长

唐清泉

巴桑次仁（藏）

◆检察院

检察长

邵彦人

副检察长

拉巴次仁（藏，9 月免）

扎　西（藏）

胡聪丛

次　央（女，藏）

◆法院

院长

边巴卓玛（女，藏）

宗　吉（女，藏）

副院长

杨　健

宗　吉（女，藏）

米玛扎西

陈　霖（9 月免）

◆司法局

局长

柳丽英（女，4 月免）

尼玛平措（藏，4 月任）

副局长

平　旺（藏）

洛　桑（藏，9 月免）

桑　吉（女，藏，9 月任）

◆消防救援大队

队长

龙　科

教导员

强　桑（藏，8 月任）

尹金玉（8 月免）

◆发改委

主任

邓　明　霞（女，3月任）

副主任

王　　鹏（援藏）

白玛赤列（藏，6月免）

方　建　毅

张　玉　兵

刘　扎　根（10月任）

云旦次仁（藏，10月任）

◆统计局

局长

姚　长　祥（4月免）

负责人

李　家　骅（5月主持工作）

副局长

格　　央（女，藏）

◆自然资源局

局长

扎　　西（藏）

副局长

次仁卓嘎（女，藏）

晋美南加（藏）

石　正　林（藏）

◆市场监督管理局

局长

贡　　布（藏）

副局长

确　　吉（女，藏，2月任）

巴桑次仁（藏，2月免）

央金卓嘎（女，藏）

高　　龙

◆应急管理局

局长

罗　　布（藏，9月免）

李　清　平（9月任）

副局长

次仁旺拉（藏，5月免）

郭　　强（5月任）

◆审计局

局长

龙　　强（5月免）

达娃普赤（女，藏，5月任）

副局长

古桑多吉（藏）

宗　　吉（女，藏，7月免）

平措多吉（藏，9月任）

◆农业农村局（科技局）

局长

达　　珍（女，藏，12月免）

巴桑欧珠（藏，12月任）

副局长

顿　　珠（藏）

拉　　姆（女，藏）

谭　　勇

旦增卓嘎（女，藏，2月免）

李　学　德（援藏，6月任）

◆林草局
局长
达娃次仁（藏）
副局长
边巴参（女，藏）
段　立（4月任）

◆水利局
局长
巴桑欧珠（藏，1月免）
扎　顿（藏，1月任）
副局长
普布赤（女，藏，11月免）
何　燕（女，8月免）
张　琪（12月免）
拉巴琼达（女，藏，10月任）

◆财政局
局长
周小华
副局长
达娃普赤（女，藏，5月免）
周　斌
仁增拉姆（女，藏，5月任）
次仁普赤（女，藏）

◆税务局
局长
巴　桑（藏）
副局长
次仁拉姆（女，藏）

◆中国农业银行股份有限公司桑珠孜支行
行长
旺　金（藏）
副行长
次仁琼达（女，藏）
索朗扎西（藏）
边巴次仁（藏，8月免）
吉　拉（女，藏，12月任）
索朗卓嘎（女，藏，12月任）

◆商务局
局长
次仁旺扎（4月免）
副局长
达娃卓玛（女，藏，主持工作）
张明港（援藏）
匡光敏（11月免）
张玉兵（9月任）

◆桑珠孜区粮食公司
总经理
普　穷（藏）
副经理
巴桑顿珠（藏）
尼玛次仁（藏）

◆桑珠孜饭店
总经理
旺　拉（藏）
副总经理
尼玛吉琼（女，藏）
琼拉姆（女，藏）

郎 俊 梅（女）

◆住建局

局长

唐　　川（9月免）

给　　贵（藏，9月任）

副局长

巴桑次仁（藏）

刘 成 刚（9月免）

次旺多吉（8月任）

赵　　强

冯 小 栋

◆生态环境局桑珠孜区分局

局长

达瓦次仁（藏）

副局长

索朗卓嘎（女，藏）

孙 庆 庆（女）

◆交通运输局

局长

邓 明 霞（6月免）

副局长

拉巴顿珠（藏，主持工作）

米　　玛（藏）

刘　　鑫（12月任）

张 占 克（7月任）

◆桑珠孜区江当现代生态产业园区管委会

主任

唐　　川（9月任）

副主任

刘　　迪（9月任）

◆卫健委

主任

索朗白珍（女，藏）

副主任

拉　　珍（女，藏）

次仁卓嘎（女，藏）

◆医保局

局长

查　　玉（女，藏）

副局长

金　　措（女，藏）

米玛仓决（女，藏，11月任）

◆教育局

书记

尼　　平（藏，7月任）

局长

次　　旦（藏）

副局长

张　　禹（援藏）

仁增拉姆（女，藏，5月免）

卓 玛 吉（女，藏，7月任）

◆文化和旅游局

局长

旦增卓玛（女，藏）

副局长

罗　　珍（女，藏）

杨 红 玉（4月免）

◆民政局

局长

格桑曲珍（女，藏，1月任）

副局长

德　　旦（女，藏）

达　　珍（女，藏，5月免）

◆人社局

局长

申 胜 涛（4月任）

副局长

多　　吉（藏）

尚 小 莉（女）

◆扶贫办

负责人

次旺石觉（藏）

副主任

索朗旺堆（藏）

次　　央（女，藏）

◆退役军人事务局

局长

多吉加拉（藏，4月免）

米玛扎西（藏，4月任）

副局长

李　　云（2月免）

仓 卓 玛（女，藏，12月任）

◆民族宗教事务局

局长

普　　珍（女，藏，4月免）

副局长

米玛卓玛（女，藏）

琼　　达（女，藏）

索朗曲珍（女，藏，9月任）

◆行政审批和便民服务局

局长

唐 淑 敏（3月免）

副局长

罗 智 平（3月任，主持全局工作）

格桑平措（藏，3月任）

德吉措姆（女，藏）

◆城投公司

董事长

曹　　强（2月免）

张 德 雄（3月任）

◆桑珠孜区娘麦扶贫有限公司

总经理

张 峻 岭

◆城南街道办事处

书记

达瓦平措（藏）

副书记

史　　诚

顾　　远（3月任）

拉　　片（女，藏）

主任

史　诚

副主任

旦　增（藏）

拉巴普赤（女，藏）

仁青白宗（女，藏）

边巴次仁（藏）

晋美朗杰（藏，3月任）

董伟伟

◆城北街道办事处

书记

边　巴（藏）

副书记

李艳菊（女）

次仁潘多（女，藏）

边旦旺久（藏，3月免）

主任

李艳菊（女）

副主任

白玛央金（女，藏）

达娃拉姆（女，藏，5月免）

詹　勇（5月任）

运单加措（藏，3月免）

◆东嘎乡

书记

杜忠亮

副书记

平措旺拉（藏）

杨红玉（女，4月任）

石庆能（5月任）

人大主席

普　布（藏，5月免）

杨红玉（女，5月任）

乡长

平措旺拉（藏）

副乡长

石庆能（5月免）

次　旦（藏，5月任）

李　霞（5月免）

达　珍（女，藏）

胡梦婧（女）

◆边雄乡

书记

扎西次仁（藏）

副书记

杨国锋

普布仓决（女，藏，5月免）

巴桑央宗（女，藏，5月任）

人大主席

熊　丽（女，藏）

乡长

杨国锋

副乡长

孙佃强（5月免）

王　勇（5月任）

巴桑罗布（藏）

普布次旦（藏）

达　拉（女，藏，3月免）

宫　翔（7月任）

◆江当乡

书记

扎西顿珠（藏）

副书记

高振山

土旦加措（藏）

人大主席

琼　达（藏）

乡长

高振山

副乡长

达　娃（女，藏）

刘　娟（5月免）

方　林（5月任）

赵晨光

张　英（女，5月免）

次仁多布拉（藏，5月任）

◆联乡

书记

王修文

副书记

普　布（藏）

赵俊傑

扎西平措（藏，5月任）

人大主席

格桑次仁（藏，3月免）

巴桑次仁（藏，7月任）

乡长

普　布（藏）

副乡长

扎西顿珠（藏）

巴桑顿珠（藏）

邵鸿臻（1月免）

白玛曲珍（女，藏，7月任）

多吉罗布（藏，3月免）

王　沂（5月任）

◆年木乡

书记

边巴次仁（藏）

副书记

黄　亮

张文竞（5月免，主持乡政府工作）

达娃旺堆（藏，3月免）

多吉罗布（藏，3月任）

人大主席

罗　布（藏）

乡长

黄　亮

副乡长

次　吉（女，藏）

扎西央宗（女，藏，10月免）

高春辉（2月免）

次仁措姆（女，藏，5月任）

云旦加措（藏，5月任）

◆曲布雄乡

书记

王晓兰（女，藏，3月免）

张建平（副区长，3月主持乡党委工作）

副书记

徐 雅 东（3月免）

白玛赤列（藏，主持乡政府工作，3月任）

强　　久（藏，3月免）

李　　霞（女，3月任）

人大主席

拉巴次仁（藏，3月免）

普布次仁（藏，3月任）

乡长

徐 雅 东（3月免）

副乡长

次仁卓嘎（女，藏，3月免）

达　　次（藏）

扎西次仁（藏）

德吉央宗（女，藏）

◆曲美乡

书记

李　　勇

副书记

黄　　亮（主持乡党委工作）

普　　琼（藏）

次仁央宗（女、藏）

索朗旺堆（藏，9月任）

人大主席

米　　玛（藏）

乡长

普　　琼（藏）

副乡长

格桑拉姆（女，藏，5免）

普　　琼（藏，6月任）

李　　柱

李 熙 东（5月免）

次仁尼玛（女，藏）

◆甲措雄乡

书记

张　　广

副书记

罗桑多吉（藏，主持政府工作）

鲍 海 山（3月免）

彭　　培（3月任）

人大主席

卫　　国（藏）

乡长

普　　布（藏，2月免）

副乡长

边巴次仁（藏）

次　　琼（女，藏，5月免）

强　　久（藏，3月任）

尹 佳 南（3月任）

边　　多（藏，3月免）

格桑德吉（女，藏，3月免）

◆聂口雄乡

书记

王　　震

副书记

拉巴琼达（女，藏）

周　　潘（女）

人大主席

伊斯玛依（藏）

乡长

拉巴琼达（女，藏）

副乡长

历　　茗（女）

巴桑普赤（女，藏，5 月任）

李　　阳

张 小 龙（5 月免）

罗布多吉（5 月任）

◆纳尔乡

书记

旦　　增（藏）

副书记

韩 克 贵（3 月免）

旦增洛布（藏，3 月主持政府工作）

洛桑曲珍（女，藏，5 月免）

主席

旦增洛布（藏）

乡长

韩 克 贵（3 月免）

副乡长

尼玛普尺（女，藏）

杨　　毅

强巴曲桑（藏）

尼玛卓嘎（女，藏）

余　　洲（3 月免）

张　　垒（3 月任）

政治

中国共产党桑珠孜区委员会

【概况】 2020年，中国共产党桑珠孜区委员会有委员25人、候补委员5人；常委由15人组成，设有书记1名、副书记4人。辖各级党委（党组）23个，其中党委8个，党总支21个，党支部453个。共有党员7448名。

【区委常委会会议述要】 **二届桑珠孜区委第48次常委会会议** 市委常委、区委书记葛庆敏传达学习《关于党员领导干部报告个人有关事项的规定》《领导干部个人有关事项报告查核结果处理办法》《西藏自治区深化拓展新时代文明实践中心试点建设的实施方案》《自治区纪委关于四起不正确履行职责致使国家资产浪费典型问题的通报》，听取《桑珠孜区2019年迎接市级层面考核的情况通报》《桑珠孜区2019年基层党建工作汇报》《区委“不忘初心、牢记使命”主题教育整改落实及专项整治工作情况汇报》《桑珠孜区高校毕业生就业创业工作汇报》《桑珠孜区2019年地方志年鉴编纂情况汇报》，研究审议《关于建议废止、失效和修改部分党内规范性文件的请示》《关于调整区委深化改革委员会等委员会（领导小组）的请示》《关于聂日雄乡冲堆村次仁占堆违纪违法问题处理建议的请示》。

二届桑珠孜区委第49次常委会会议 市委常委、区委书记葛庆敏传达学习习近平总书记在中共中央政治局专题民主生活会上的重要讲话精神、习近平总书记在十九届中央纪委四次全会上的重要讲话精神以及吴英杰、齐扎拉、边巴扎西参加自治区十一届人大三次会议第五次全会日喀则代表团分组审议时的重要讲话精神，通报《关于整改落实2019年脱贫攻坚成效省际间交叉考核组发现问题的通知》《关于做好审计发现问题整改工作的通知》《关于做好审计发现共性问题整改工作的通知》，研究审议《桑珠孜区脱贫攻坚指挥部关于2019年脱贫攻坚成效省际交叉考核组发现问题的整改方案》《桑珠孜区脱贫攻坚指挥部关于审计发现问题整改方案》，听取《桑珠孜区产业扶贫工作开展情况汇报》《桑珠孜区易地扶贫搬迁工作开展情况汇报》，安排部署近期重点工作。

二届桑珠孜区委第50次常委会会议 市委常委、区委书记葛庆敏传达学习2月3日中央政治局常务委员会会议精神、2月4日西藏自治区党委常委会会议精神和2月4日日喀则市委常委会会议精神，听取区新型冠状病毒感染的肺炎疫情联防联控领导小组各专项小组工作开展情况汇报，研究审议《关于桑珠孜区野生黑颈鹤国家自然保护区内违规进行农牧项目建设有关责任人违纪问题处理建议的请示》，安排部署近期重点工作。

二届桑珠孜区委第51次常委会会议 市委常委、区委书记葛庆敏主持召开二届区委第51次常委会会议，传达学习《中华人民共和国突发事件应对法》、中共中央全面依法治国委员会第三次会议精神、2月12日中央政治局常务委员会会议精神、九届区党委第123次常委会会议精神、九届区党委第124次常委会会议精神、中央纪委国家监委党风政风监督室关于疫情监督工作的电话通知精神及日喀则市人民政府关于市2020年本级财政一般性支出十条严禁的通知》，听取近期重点工作汇报，研究审议《中共桑珠孜区委员会全面深化改革委员会工作规则》《中共桑珠孜区委员会全面深化改革委员会专项小组工作规则》《中共桑珠孜区委员会深化改革委员会办公室工作细则》《中共桑珠孜区委员会全面深化改革委员会办公室关于调整优化改革办和专项小组设置的通知》，安排部署近期重点工作。

二届桑珠孜区委第52次常委会会议 市委常委、区委书记葛庆敏主持召开二届区委第52次常委会会议，听取《2019年维护国家安全和社会稳定工作情况暨2020年工作要点和三月敏感月维稳部署情况汇报》，研究《区委二届三次全会暨经济工作会议报告》《桑珠孜区2020年经济工作部署》，研究审议《中共桑珠孜区人大常委会党组关于召开第二届人民代表大会第三次会议的请示》《政协桑珠孜区委员会党组关于筹备和召开政协第二届桑珠孜区委员会第三次会议的请示》《关于桑珠孜区2019年度村（居）班子和村（居）干部考核情况报告的请示》《关于桑珠孜区2016年从优秀村（社区）党支部书记、村（居）委员会主任转录公务员试用期满考核结果的请示》，安排部署近期重点工作。

二届桑珠孜区委第53次常委会会议 市委常委、区委书记葛庆敏主持召开二届区委第53次常委会会议，听取《桑珠孜区宗教领域近期工作开展情况汇报》，研究《2019年度公务员年度考核工作报告》，安排部署近期重点工作。

二届桑珠孜区委第54次常委会会议 市委常委、区委书记葛庆敏主持召开二届区委第54次常委会会议，听取《我区关于市脱贫攻坚部署会议精神落实情况汇报》《桑珠孜区纪委监委2019年度工作开展情况汇报》《二届桑珠孜区委巡察工作汇报》，研究《桑珠孜区2020年脱贫攻坚自查自纠工作方案》《中共桑珠孜区纪律检查委员会关于召开桑珠孜区第二届纪律检查委员会第三次全体会议的请示》《在区纪委二届三次全体会议上的讲话》《桑珠孜区第二届纪律检查委员会第三次会议工作报告》《桑珠孜区委2020年巡察工作要点》，安排部署近期重点工作。

二届桑珠孜区委第55次常委会会议 市委常委、区委书记葛庆敏主持召开二届区委第55次常委会会议，听取《区人大常委会工作汇报》《区政协工作汇报》《区人民法院工作汇报》《区人民检察院工作汇报》，研究《桑珠孜区人民代表大会常务委员会工作报告》《中国人民政治协商会议第二届桑珠孜区委员会常务委员会工作报告》《桑珠孜区人民法院工作报告》《桑珠孜区人民检察院工作报告》，安排部署近期重点工作。

二届桑珠孜区委第56次常委会会议 市委常委、区委书记葛庆敏主持召开二届区委第56次常委会会议，传达学习《西藏自治区民族团结进步模范区创建条例》，听取《桑珠孜区关于创建全国民族团结进步示范区的设想》，研究《中共桑珠孜区人民政府党组关于审议政府工作报告的请示》《中共桑珠孜区人民政府党组关于审议桑珠孜区2019年国民经济和社会发展计划执行情况与2020年国民经济和社会发展计划草案报告的请示》《中共桑珠孜区人民政府党组关于审议桑珠孜区2019年财政预算执行情况与2020年财政预算安排情况报告的请示》《中共桑珠孜区人民政府党组关于桑珠孜区粮食公司与日喀则圣康饭店实物资产置换的请示》《中共桑珠孜区人民政府党组关于解决光伏小镇3亿元贷款2020年度利息的请示》，安排部署近期重点工作。

二届桑珠孜区委第57次常委会会议 市委常委、区委书记葛庆敏主持召开二届区委第57次常委会会议，研究审议《政协桑珠孜区委员会党组关于审议〈新时代加强和改进桑珠孜区政协工作实施意见（审议稿）〉的请示》《关于召开桑珠孜区2019年政法综治（平安建设）工作总结暨2020年部署会的请示》。

二届桑珠孜区委第58次常委会会议 市委常委、区委书记葛庆敏主持召开二届区委第58次常委会会议，传达学习习近平总书记在决战决胜脱贫攻坚座谈会上的重要讲话精神、《西藏自治区脱贫攻坚责任制实施细则》以及张延清在日喀则市脱贫攻坚工作动员部署会上的讲话精神，听取12乡（街道）脱贫攻坚自查自纠工作开展情况汇报，研究审议《桑珠孜区脱贫攻坚指挥部关于研究审议〈桑珠孜区脱贫攻坚防止返贫动态监测预警制度〉的请示》《中共桑珠孜区人民政府党组关于研究审议〈桑珠孜区2020年财政涉农资金统筹整合使用方案〉的请示》，安排部署近期工作。

二届桑珠孜区委第59次常委会会议 市委常委、区委书记葛庆敏同志主持召开二届区委第59次常委会会议，传达学习《中华人民共和国农民专业合作社法》《国家农牧民专业合作社示范社评定及监测暂行办法》《西藏自治区农牧民专业合作社自治区级示范评定及监测办法》，传达《日喀则市2020年农民专业合作社规范提升工作计划》，听取各乡（街道）、各相关部门合作社规范提升发展情况汇报，研究审议《桑珠孜区2020年农牧民专业合作社规范提升工作计划》《关于调整充实桑珠孜区农牧民专业合作社发展工作领导小组的请示》《桑珠孜区县级领导和乡街领导挂包合作社方案》，安排部署重点工作。

二届桑珠孜区委第60次常委会会议 市委常委、区委书记葛庆敏主持召开二届区委第60次常委会会议，传达学习《城市生活无着的流浪乞讨人员救助管理办法》《城市生活无着的流浪乞讨人员救助管理办法实施细则》，研究审议《关于成立桑珠孜区城市流浪乞讨人员救助转化工作领导小组的请示》《桑珠孜区全面推进新时代文明实践中心（所、站）建设工作实施方案》《中共桑珠孜区人民政府党组关于研究解决边雄乡林村房屋重建补助资金的请示》《中共桑珠孜区人民政府党组关于解决甲措雄乡特色小城镇棚户区改造项目（一期）工程征地费用的请示》《中共桑珠孜区人民政府党组关于审议市城管局〈关于理顺城区环卫管理体制的函〉函请事项的请示》《中共桑珠孜区人民政府党组关于研究解决社保费和非税收入征管人员资金的请示》安排部署相关工作。

二届桑珠孜区委第61次常委会会议 市委常委、区委书记葛庆敏主持召开二届区委第61次常委会会议，传达学习4月17日中央政治局会议精神、习近平总书记对四川西昌市经久乡森林火灾作出的重要指示、吴英杰对林芝市巴宜区尼西村山火作出的指示以及《地方党政领导干部食品安全责任制规定》《地方党政领导干部安全生产责任制规定》《西藏自治区党政领导干部安全生产责任制实施细则》，听取全区新冠肺炎疫情联防联控工作、全区信访工作及信访积案情况、环境卫生专项督查情况汇报。

二届桑珠孜区委第62次常委会会议 市委常委、区委书记葛庆敏主持召开二届区委第62次常委会会议，传达学习《保障农民工工资支付条例》，听取全区农牧民转移就业工作开展情况汇报，研究审议《桑珠孜区创建全国民族团结进步示范区工作实施方案》《中共桑珠孜区东嘎乡委员会关于召开中国共产党东嘎乡第一届代表大会第五次会议的请示》，安排部署近期重点工作。

二届桑珠孜区委第63次常委会会议 市委常委、区委书记葛庆敏主持召开二届区委第63次常委会会议，传达学习《中华人民共和国保守国家秘密法》，听取全区保密工作、全区2020年项目进展情况汇报，听取全区安全生产形势汇报和区委常委班子脱贫攻坚专项巡视“回头看”反馈意见整改专题民主生活会筹备情况汇报，研究《中共桑珠孜区委常委班子脱贫攻坚专项巡视“回头看”反馈意见整改专题民主生活会剖析材料》。

二届桑珠孜区委第64次常委会会议 市委常委、区委书记葛庆敏主持召开二届区委第64次常委会会议，传达学习《地方志工作条例》《西藏自治区实施〈地方志工作条例〉办法》，听取全区地方志工作汇报，研究审议《〈桑珠孜区2020年关于抓好“三农”领域重点工作暨深入推进农牧区产业革命的任务分解〉的请示》，研究审议《中共桑珠孜区人民政府党组关于审定〈2020年招商引资指标分解和考核工作方案〉的请示》，听取《关于集中开展违反中央八项规定精神问题自查清理纠治工作的情况报告》。

二届桑珠孜区委第65次常委会会议 市委常委、区委书记葛庆敏主持召开二届区委第65次常委会会议，听取全区2020年“六城共建”工作举措和高校毕业生就业创业工作情况汇报，研究审议《中共桑珠孜区委员会关于加强人民武装工作的意见》《桑珠孜区关于全面做好新冠肺炎疫情常态化防控的工作方案》《桑珠孜区2020年软弱涣散基层组织整顿工作方案》《桑珠孜区2020年高校毕业生就业创业工作方案》《桑珠孜区关于防范和惩治统计数据造假的实施意见》《中共桑珠孜区人民政府党组关于研究解决2018—2019年度集体林权制度改革经费的请示》，安排部署下步工作。

二届桑珠孜区委第66次常委会会议 市委常委、区委书记葛庆敏主持召开二届区委第66次常委会会议，研究审议《中共桑珠孜区委员会关于进一步加强和改进巡察工作的实施意见（试行）》《中共桑珠孜区人民政府党组关于开展紧密型区域医疗改革卫生共同体建设的实施方案的请示》《中共桑珠孜区人民政府党组关于区教育局预借桑珠孜区第四小学设备购置经费的请示》《中共桑珠孜区人民政府党组关于解决光伏小镇项目部分资金缺口资金的请示》《中共桑珠孜区人民政府党组关于解决区消防救援大队修建训练塔项目资金的请示》《中共桑珠孜区人民政府党组关于解决恢复武警桑珠孜区中队训练及附属工程设施款的请示》安排部署下步工作。

二届区委第67次常委会会议 市委常委、区委书记葛庆敏主持召开二届区委第67次常委会会议。传达学习习近平总书记重要回信、重要讲话、重要寄语、重要指示精神和全国“两会”精神，吴英杰书记在调研桑珠孜区脱贫攻坚工作时的重要讲话精神，一届市委第195次常委会会议精神，《领导干部干预司法活动、插手具体案件处理的记录、通报和责任追究规定》、自治区高级人民法院党组书记、院长索达在调研桑珠孜区人民法院座谈会上的讲话精神，研究全区意识形态工作，研究审议《桑珠孜区2020年食品安全工作要点》《中共桑珠孜区人民政府党组关于研究审议教育财政配套资金及往年结转资金使用方案的请示》《桑珠孜区本级财政先行垫付司法判决的桑珠孜区人民医院老院区名缘茶楼等3家商户拆迁赔偿费用的事宜》，安排部署近期重点工作。

二届区委第68次常委会（扩大）会议 市委常委、区委书记葛庆敏主持召开二届区委第68次常委会（扩大）会议。学习贯彻日喀则市党建工作推进会精神，专题研究桑珠孜区贯彻落实意见，安排部署近期重点工作。

二届桑珠孜区委第69次常委会会议 市委常委、区委书记葛庆敏主持召开二届桑珠孜区委第69次常委会会议，研究审议《关于在区委组织部加挂中共桑珠孜区委员会非公有制经济组织和社会组织工作委员会牌子及调整充实区委“两新”工委组成人员的请示》《中共桑珠孜区人民政府党组关于与日喀则珠峰农牧产业集团有限公司成立合资公司运营岚泰大棚资产的请示》《关于桑珠孜区曲美乡那塘村党员次仁旺拉就违纪违法问题处理建议的请示》《关于桑珠孜区曲美乡桑珠普村党员边巴违纪违法问题处理建议的请示》安排部署相关工作。

二届桑珠孜区委第70次常委会会议 市委常委、区委书记葛庆敏主持召开二届桑珠孜区委第70次常委会会议，传达学习《自治区党委巡视办关于对桑珠孜区开展巡视的通知》《中国共产党巡视工作条例》《被巡视党组织配合中央巡视工作规定》《中共西藏自治区委员会巡视工作实施办法》《关于规范被巡视党组织准备工作的意见（试行）》，研究《中共桑珠孜区委员会关于自治区党委巡视一组巡视我区准备工作任务分解方案》，专题安排部署自治区党委巡视一组巡视桑珠孜区相关事宜。

二届桑珠孜区委第71次常委会会议 市委常委、区委书记葛庆敏主持召开二届桑珠孜区委第71次常委会会议，研究《中共桑珠孜区委员会工作材料》《中共桑珠孜区关于向自治区党委巡视整改落实情况的专题情况材料》《桑珠孜区纪委监委专题汇报材料》《桑珠孜区委组织部专题汇报材料》《桑珠孜区委巡察机构专题汇报材料》，研究审议《中共桑珠孜区人民政府党组关于研究审议桑珠孜区A级景区污水垃圾处理设施建设方案及费用的请示》《中共桑珠孜区人民政府党组关于拆除桑珠孜区人民医院老院区宗地建筑物的请示》，安排部署近期重点工作。

二届桑珠孜区委第72次常委会会议 市委常委、区委书记葛庆敏主持召开二届桑珠孜区委第72次常委会会议，传达学习习近平总书记重要回信、讲话、指示精神，听取全区2020年上半年经济运行情况分析报告，研究审议《桑珠孜区深入学习〈习近平谈治国理政〉第三卷的实施方案及计划》《桑珠孜区学习贯彻实施〈中华人民共和国民法典〉的实施方案》《桑珠孜区市域社会治理现代化（试点）实施意见》，安排部署下步工作。

二届桑珠孜区委第73次常委会会议 市委常委、区委书记葛庆敏主持召开二届桑珠孜区委第73次常委会会议，传达学习习近平总书记重要回信、讲话、指示、贺信精神和汪洋主席在西藏调研时的讲话精神，安排部署下步工作。

二届桑珠孜区委第74次常委会会议 市委常委、区委书记葛庆敏主持召开二届桑珠孜区委第74次常委会会议，传达学习《退休不等于安全“着陆”——关于自治区交通运输厅原党委委员、巡视员索朗群佩严重违纪案件的通报》，研究审议《中共桑珠孜区人民政府党组关于对桑珠孜区城发投资有限公司认缴出资的请示》《中共桑珠孜区人民政府党组关于桑珠孜区城发投资有限公司与西藏旺达路桥有限责任公司合作开发建设教武场贸易市场相关问题的请示》《中共桑珠孜区人民政府党组关于解决桑珠孜区文化产业与全域旅游发展规划等编制资金的请示》安排部署下步工作。

二届桑珠孜区委第75次常委会会议 市委常委、区委书记葛庆敏主持召开二届桑珠孜区委第75次常委会会议，传达学习中央第七次西藏工作座谈会精神、习近平总书记在经济社会领域专家座谈会上的重要讲话精神、习近平总书记在安徽考察时的重要讲话精神；传达学习《关于印发〈关于转发湖北省武汉市新冠肺炎疫情常态化防控工作做法经验〉的通知》《罗布顿珠常委在全区秋冬季新冠肺炎疫情防控工作电视电话会议上的讲话》《关于印发〈关于做好日喀则市进藏人员健康管理实施意见〉的通知》《关于全面应用“西藏健康码”推进精准防控的通告》，听取桑珠孜区疫情防控工作开展情况，研究审议《桑珠孜区关于进一步做好常态化下新冠肺炎疫情防控工作的实施方案》《桑珠孜区关于严防聚集性做好秋冬季节疫情常态化防控工作方案》《桑珠孜区应对可能发生的新冠肺炎疫情防控工作方案》，研究审议《桑珠孜区委教育工作领导小组关于召开2020年教师节表彰大会的请示》。

二届桑珠孜区委第76次常委会会议 市委常委、区委书记葛庆敏主持召开二届桑珠孜区委第76次常委会会议，听取全区教育领域疫情防控工作汇报，研究审议《中共桑珠孜区人民政府党组关于预借300万元解决曲夏社区苗圃基地改良种植费用的请示》《中共桑珠孜区人民政府党组关于招聘聘用制书记员、司法警察的请示》《中共桑珠孜区人民政府党组关于解决区人民法院江当乡人民法庭民生法治教育基地建设资金的请示》，研究干部事宜，安排部署近期工作。

二届桑珠孜区委第77次常委会会议 市委常委、区委书记葛庆敏主持召开二届桑珠孜区委第77次常委会会议，听取如何做好脱贫攻坚大普查结束后后续工作的几点思考和建议，安排部署迎接自治区2020年脱贫攻坚成效考核相关工作；传达学习习近平总书记在中央党的群团工作会议上的重要讲话精神，听取全区工青妇工作汇报；传达学习西藏自治区全面推行河长制工作领导小组和自治区级河（湖）长会议精神，听取全区河长制落实情况汇报；传达学习《中共中央 国务院 中央军委关于新时代加强党政军警民合力强边固防的意见》，研究审议《关于成立桑珠孜区委边防委员会的请示》；传达学习习近平总书记向中国人民警察队伍授旗并致训词精神，研究审议《桑珠孜区公安局党委关于成立“坚持政治建警 全面从严治警”领导小组及其办公室的请示》《关于研究审议桑珠孜区公安局开展“坚持政治建警 全面从严治警”教育整顿试点工作实施方案的请示》；研究审议《中共桑珠孜区委组织部关于旦增旺拉申请辞职的请示》，安排部署下步工作。

二届桑珠孜区委第78次常委会会议 市委常委、区委书记葛庆敏主持召开二届桑珠孜区委第78次常委会会议，传达学习《习近平谈治国理政》第三卷第二章《坚持和加强党的全面领导》内容、习近平总书记在十九届中央政治局第二十一次集体学习时的重要讲话；传达学习《习近平谈治国理政》第三卷第十九章《不忘初心、牢记使命，把党的自我革命推向深入》内容、习近平总书记在十九届中央纪律检查委员会第四次全体会议上的重要讲话精神；传达学习习近平总书记在第36个教师节来临之际作出的重要指示精神、习近平总书记在教育文化卫生体育领域专家代表座谈会上的重要讲话精神、习近平总书记在纪念中国人民抗日战争暨世界反法西斯战争胜利75周年座谈会上的重要讲话精神、习近平总书记在全国抗击新冠疫情表彰大会上的重要讲话精神；传达学习9月2日西藏自治区省级干部大会会议精神、9月3日西藏自治区党委常委会（扩大）会议精神、9月23日吴英杰书记在西藏自治区党委学习贯彻中央第七次工作座谈会精神干部大会上的讲话精神；研究审议《关于召开桑珠孜区妇联第一届妇女代表大会第一次会议的请示》；安排部署近期工作。

二届桑珠孜区委第79次常委会会议 市委常委、区委书记葛庆敏主持召开二届桑珠孜区委第79次常委会会议，研究审议《桑珠孜区学习宣传中央第七次西藏工作座谈会精神工作方案》《中共桑珠孜区委巡察成果运用办法（试行）》《中共桑珠孜区委巡察整改督查督办工作办法（试行）》《中共桑珠孜区委巡察干部抽调暂行办法（试行）》《中共桑珠孜区委巡察干部鉴定评估办法（试行）》《桑珠孜区2021年换届前巡察工作计划安排》《桑珠孜区机关事业单位工作人员提前退休和离岗休养实施工作领导小组办公室关于旦增等32名事业干部及工勤人员拟申报64号文件提前退休的请示》，安排部署区属国有企业改革相关工作，研究干部事宜。

二届桑珠孜区委第80次常委会会议 市委常委、区委书记葛庆敏主持召开二届桑珠孜区委第80次常委会会议，传达学习吴英杰书记在听取九届自治区党委第八轮巡视汇报会时的讲话精神、扎西白珍向桑珠孜区委主要领导反馈巡视情况时的讲话精神、扎西白珍在巡视日喀则市桑珠孜区情况反馈会上的讲话精神，通报《关于巡视日喀则市桑珠孜区的反馈意见》，研究审议《关于成立中共桑珠孜区委整改落实九届自治区党委第八轮巡视反馈意见工作领导小组的请示》《关于研究审议九届自治区党委第八轮巡视反馈意见的任务分工方案的请示》，安排部署巡视整改工作；传达学习《中共西藏自治区党委组织部关于进一步加强党员政治审查和党员政治教育管理工作的通知》，研究《关于曲美乡违规发展党员核查情况报告》。

二届桑珠孜区委第81次常委会会议 市委常委、区委书记葛庆敏主持召开二届桑珠孜区委第81次常委会会议，传达学习张延清在日喀则市委议军会上的讲话精神，通报日喀则市委议军会议定事项落实情况，研究《日喀则市军分局关于翻修维护礼堂资金的请示》《区消防救援大队关于申请拨付下半年业务经费的请示》《武警桑珠孜区中队建设所需资金的请示》《空军场站关于垃圾转运及设立平交道口交通指示灯的请示》，安排部署下步工作。

二届桑珠孜区委第82次常委会会议 市委常委、区委书记葛庆敏主持召开二届桑珠孜区委第82次常委会会议，传达学习习近平总书记在参观“铭记伟大胜利 捍卫和平正义——纪念中国人民志愿军抗美援朝出国作战70周年主题展览”时的重要讲话精神、习近平总书记在纪念中国人民志愿军抗美援朝出国作战70周年大会上的重要讲话精神、习近平总书记在中央党校（国家行政学院）中青年干部培训班开班仪式上的重要讲话精神、习近平总书记在中央政治局第二十四次集体学习时的重要讲话精神、习近平总书记在广东考察时的重要讲话精神、习近平总书记在联合国大会纪念北京世界妇女大会25周年高级别会议上的重要讲话精神、习近平总书记在深圳经济特区建立40周年庆祝大会上的重要讲话精神；传达学习九届自治区党委第八次全会精神、一届日喀则市委第十二次全体会议精神；传达学习习近平总书记对脱贫攻坚工作作出的重要指示批示精神，研究《桑珠孜区关于迎接自治区2020年度脱贫攻坚成效考核工作方案》，安排部署脱贫攻坚工作；研究审议《中共桑珠孜区委配合做好中央巡视指导督导的工作方案》《中共桑珠孜区委落实中央第七次西藏工作座谈会精神推进巡察工作高质量发展的实施意见》；研究审议《政协桑珠孜区委员会党组关于召开政协第二届桑珠孜区委员会第四次会议的请示》；研究审议《关于桑珠孜区第一届妇女代表大会主席、副主席（兼职副主席）候选人的请示》；研究《中共桑珠孜区委组织部关于调整下派村居党支部书记的请示》。

二届桑珠孜区委第83次常委会会议 市委常委、区委书记葛庆敏主持召开二届桑珠孜区委第83次常委会会议，传达学习《中国共产党机构编制工作条例》《党政领导干部选拔任用工作条例》；传达学习中国共产党第十九届中央委员会第五次全体会议公报；传达学习习近平总书记在湖南考察时重要讲话精神、习近平总书记在科学家座谈会上的重要讲话精神、习近平总书记在基层代表座谈会上的重要讲话精神、习近平总书记向中国广大农民和工作在“三农”战线上的同志们致以节日的祝贺和诚挚的慰问精神、习近平总书记在中央第三次新疆工作座谈会上的重要讲话精神、习近平总书记在中央政治局第二十三次集体学习时的重要讲话精神；研究《关于机关行政编制工人分流的建议》。

二届桑珠孜区委第84次常委会会议 市委常委、区委书记葛庆敏主持召开二届桑珠孜区委第84次常委会会议，传达学习习近平总书记给四川革命伤残军人休养院全体同志的重要回信精神、习近平总书记给中国戏曲学院师生的重要回信精神和中共中央政治局会议精神、中共中央政治局常务委员会会议精神;传达学习《学习时报》评论员文章《对国之大者要心中有数》;传达学习《党委（党组）落实全面从严治党主体责任规定》《西藏自治区党委落实党风廉政建设领导小组办公室关于印发〈党委（党组）落实党风廉政建设主体责任清单〉〈纪委（纪检监察组）落实党风廉政建设监督责任清单〉的通知》《中共西藏自治区委员会办公厅 西藏自治区人民政府办公厅关于印发〈中共西藏自治区委员会贯彻落实中央八项规定精神的实施办法〉的通知》《中共日喀则市委员会办公室 日喀则市人民政府办公室印发〈关于进一步贯彻落实中央八项规定精神自治区党委实施办法的实施细则〉的通知》；传达学习一届市委212次常委会会议精神，听取二届区委82次常委会部署脱贫攻坚事项落实情况汇报；传达学习张延清在听取桑珠孜区巡视整改工作汇报会上的讲话精神，安排部署下步工作。

二届桑珠孜区委第85次常委会会议 市委常委、区委书记葛庆敏主持召开二届桑珠孜区委第85次常委会会议，研究审议《中共桑珠孜区人民政府党组关于盘活存量资金统筹使用的请示》《中共桑珠孜区人民政府党组关于解决桑珠孜区甲措雄乡夏鲁村基础设施建设项目资金的请示》《中共桑珠孜区人民政府党组关于解决聂日雄乡和曲美乡生活垃圾转运站相关运行经费的请示》《中共桑珠孜区人民政府党组关于盘活区人民法院两年以上结余结转资金统筹使用的请示》。

二届桑珠孜区委第86次常委会会议 市委常委、区委书记葛庆敏主持召开二届桑珠孜区委第86次常委会会议，传达学习习近平总书记在党外人士座谈会上的重要讲话精神、习近平总书记在中央全面深化改革委员会第十六次会议上的重要讲话精神、习近平总书记对农村土地制度改革、做好农村承包地管理工作作出的重要指示精神；传达学习自治区党委常委会会议精神；传达学习习近平总书记在参加第七次全国人口普查时的重要指示精神，听取桑珠孜区第七次全国人口普查进展情况汇报；听取自治区党委巡视反馈问题整改情况汇报，研究审议《中共桑珠孜区委关于九届自治区党委第八轮巡视第一巡视组反馈意见的整改方案》《中共桑珠孜区人民政府党组关于审议桑珠孜区2019年财政决算和2020年上半年财政预算执行情况的请示》，安排部署下步工作。

二届桑珠孜区委第87次常委会会议 市委常委、区委书记葛庆敏主持召开二届桑珠孜区委第87次常委会会议，传达学习习近平总书记对川藏铁路开工建设作出的重要指示精神、习近平总书记在亚太经合组织第二十七次领导人非正式会议上的重要讲话精神、习近平总书记对关心下一代工作作出的重要指示精神；传达学习习近平总书记关于扶贫工作的重要论述，听取自治区2020年脱贫攻坚成效考核工作汇报，安排部署迎接国务院脱贫攻坚成效考核相关工作；研究审议《中共桑珠孜区人大常委会党组关于召开桑珠孜区第二届人民代表大会第四次会议的请示》；研究审议《中共桑珠孜区纪委关于清理议事协调机构的请示》；研究《关于成立桑珠孜区2021年村（居）“两委”换届工作领导小组及专班的请示》；研究审议《关于日喀则市2020年优秀村（居）党组织书记招录公务员、招聘事业编制人员推荐人选情况的请示》。

二届桑珠孜区委第88次常委会会议 区委书记葛庆敏主持召开二届桑珠孜区委第88次常委会会议，传达学习习近平总书记在第三届中国国际进口博览会开幕式上发表的主旨演讲、在浦东开发开放30周年庆祝大会上的讲话、在中央全面依法治国工作会议上的讲话精神，听取九届自治区党委第八轮巡视桑珠孜区反馈意见整改情况汇报，研究审议《关于审议〈中共桑珠孜区委宗教工作领导小组工作规则〉〈中共桑珠孜区委宗教工作领导小组办公室工作规则〉的请示》《关于审议桑珠孜区2020年下半年“遵行四条标准争做先进僧尼”教育实践活动评选推荐先进集体和先进个人的请示》《中共桑珠孜区委政法委关于召开2020年度桑珠孜区“先进双联户”表彰大会的请示》《中共桑珠孜区人民政府党组关于盘活2017年及之前财政存量资金统筹使用的请示》《中共桑珠孜区人民政府党组关于审定桑珠孜区行政事业单位公务车辆配备使用管理办法的请示》《中共桑珠孜区人民政府党组关于解决市区两级政务中心综合窗口建设及信息化水平提升项目经费的请示》，并就相关工作进行了安排部署。

二届桑珠孜区委第89次常委会会议 区委书记葛庆敏主持召开二届桑珠孜区委第89次常委会会议，传达学习习近平总书记在全国劳动模范和先进工作者表彰大会上的重要讲话、对平安中国建设作出的重要指示，研究审议《关于研究审议〈桑珠孜区2020年软弱涣散基层党组织整顿验收报告〉的请示》《中共桑珠孜区人民政府党组关于退还西藏旺达路桥有限责任公司2013年预交土地款的请示》《中国共产党日喀则市第二次代表大会代表候选人初步人选建议名单》，对近期重点工作进行了安排部署。

二届桑珠孜区委第90次常委会会议 区委书记葛庆敏主持召开二届桑珠孜区委第90次常委会会议，传达学习习近平总书记在江苏考察时的讲话、在全面推动长江经济带发展座谈会上的重要讲话精神；通报《日喀则市政协副主席次仁顿珠涉嫌严重违纪违法接受自治区纪委监委纪律审查和监察调查情况》，传达学习一届市委第215次常委会会议精神；研究审议《中共桑珠孜区委落实全面从严治党主体责任清单》《桑珠孜区农牧民专业合作社三年发展规划（送审稿）》《中共桑珠孜区人民政府党组关于解决藏缆项目历史遗留问题的请示》《中共桑珠孜区人民政府党组关于提前偿还部分区娘麦扶贫公司涉政债务（2021年计划偿还款项）的请示》《中共桑珠孜区人民政府党组关于核销历史遗留其他应收款的请示》《中共桑珠孜区人民政府党组关于研究解决原市政府旧址（现达热瓦后藏庄园）土地办证问题的请示》，并就相关工作进行了安排部署。

二届桑珠孜区委第91次常委会会议 桑珠孜区委书记葛庆敏主持召开二届桑珠孜区委第91次常委会会议暨2020年援藏项目建设领导小组会议，传达学习自治区党委书记吴英杰，山东省委副书记、省长李干杰和山东省委常委、青岛市委书记王清宪对援藏工作提出的要求，听取2020年度青岛市对口支援工作开展情况及下步工作打算，研究《桑珠孜区发展改革委关于援藏“十四五”项目规划编制工作的请示》《桑珠孜区财政局关于使用援藏结余资金的请示》《2020年青岛市各区捐赠资金使用计划的请示》事宜，并就有关工作进行了安排部署。

二届桑珠孜区委第92次常委会会议 区委书记葛庆敏主持召开二届桑珠孜区委第92次常委会会议，听取区委二届四次全会筹备情况汇报，研究审议《桑珠孜区出席日喀则市第二届人民代表大会第一次会议的代表初步人选名单》《桑珠孜区出席中国人民政治协商会议第二届日喀则市委员会第一次会议的委员初步人选名单》，安排部署自治区党委巡视一组巡视桑珠孜区反馈问题整改工作。

二届桑珠孜区委第93次常委会会议 区委书记葛庆敏主持召开二届桑珠孜区委第93次常委会会议，研究审议《日喀则市主城区新冠肺炎疫情常态化防控网格化管理实施方案》《中共桑珠孜区委理论学习中心组学习制度》《桑珠孜区关于进一步贯彻落实中央八项规定精神自治区党委实施办法的具体措施》《中共桑珠孜区人民政府党组关于桑珠孜区2020年财政预算调整的请示》《中共桑珠孜区人民政府党组解决桑珠孜区自然资源评价评估及制定征收农用地区片综合地价工作所需经费的请示》《中共桑珠孜区人民政府党组关于解决易地扶贫搬迁安置房有关前期费用的请示》《中共桑珠孜区人民政府党组关于审定〈桑珠孜区国有企业改革方案〉的请示》《中共桑珠孜区人民政府党组关于审定〈桑珠孜区城发投资有限公司改革实施方案〉的请示》《中共桑珠孜区人民政府党组关于解决桑珠孜区鲁藏产业协作示范园基础设施建设项目森林植被恢复和水土保持补偿费的请示》《中共桑珠孜区人民政府党组关于解除桑珠孜区城南街道办事处卡热社区综合服务区及配套设施建设项目合同的请示》对相关工作进行安排部署。

二届桑珠孜区委第94次常委会会议 区委书记葛庆敏主持召开二届桑珠孜区委第94次常委会会议，传达学习习近平总书记在二十国集团领导人利雅得峰会“守护地球”主题边会上的致辞、在中央政治局第二十六次集体学习时的重要讲话、给人民教育出版社老同志的回信精神，传达学习中央政治局会议、中共中央政治局常务委员会会议、中央经济工作会议精神，听取巡视反馈问题整改情况，研究审议《桑珠孜区关于开展“冬闲变冬忙 交流促提升”活动的实施方案》《中共桑珠孜区人民政府党组关于变更桑珠孜区城南、城北街道办事处行政区划，重新设立城南、城北、城东、城西街道办事处的请示》，对相关工作进行安排部署。

二届桑珠孜区委第95次常委会会议 区

委书记葛庆敏主持召开二届桑珠孜区委第95次常委会会议，传达学习习近平总书记在中共中央政治局民主生活会上的重要讲话精神，研究审议《桑珠孜区纪检监察机关片区协作工作机制实施办法（试行）》《桑珠孜区2021年元旦春节藏历新年“三大节日”期间慰问活动方案》《中共日喀则市桑珠孜区委常委会会议议题设定制度》《自治区级创先争优强基础惠民生活动先进集体 先进个人拟推荐名单》《日喀则市级创先争优强基础惠民生活动先进集体 先进个人拟推荐名单》《关于开展桑珠孜区创先争优强基础惠民生活动第九批先进集体 先进个人评选表彰工作的请示》《关于进一步规范机关事业单位请休假制度的通知》，听取桑珠孜区强基础惠民生活动工作汇报，对相关工作进行安排部署。

区委办公室工作

【政务服务】 全年，办公室（政研室）起草、审改各类材料400余篇450多万字。2020年，在收文方面，共收办上级来文735份、本级来文388份，办公室严格按照办理时限，及时呈送，按时限反馈，未出现延误件的现象。在发文方面，各类渠道共下发各类文件157份（其中区委下发118份、办公室下发39份），及时高效的文件办理确保上传下达精准到位。2020年，共办理各类会议245场次，办理区委常委会48次、区委专题会21次，其中召开纳入统计范围的全区性会议31次，占全年计划的77.5%（计划是40次），完成各类会议的方案起草、会场布置等工作。

【机要保密】 2020年，桑珠孜区委办公室（机要局）传发办理电报1614份、19368页，其中特提279份、3348页，发文电报81份、648页，未出现事故；为各级党委、政府提供加密视频会议服务53次，时长约4750分钟；全区电子政务内网通用业务应用系统上报信息634条；电子文件交换系统收文1884条、发文69条。全年，赴52家区直单位，查阅密码电报、县乡党政信息网管理制度、台账103个（本），检查设备58台、配套设备42台,抽查电报90余份，指导解决问题20个。

【督查督办】 年内，起草《关于进一步加强督查工作的实施意见》，完成市督查办交办的各类督查事项。全年，共收到市督查办交办督查事项67条，按照规定时间，定期完成上报落实情况89次，完成区委常委会、区委专题会等区委重要会议精神落实情况的督查工作，对二届区委43~87次常委会753项议定事项进行分解立项，列成督办要点，下发至各乡（街道）、区直各单位，开展督办检查。对二届区委常委会会议进行了3次回顾督查，先后参与了疫情防控、脱贫攻坚、2020年新续建项目、人居环境卫生、中央八项规定、一园一镇、环境卫生、文山会海整治、主题教育、重要节点维稳、创城等工作的督查。上报督查专报46期，领导批示94期，下发督查交办单33期。

【信息工作】 2020年，向市委信息中心报送《桑珠孜区信息》727条，信息直报点上报信息166篇，信息工作在全市18个县（区）中排名第二。

【史志工作】 年内，《日喀则市志（2001—2010）》形成初审稿，并交付市委党史研究室（地方志办公室）进行初稿审查。6月3日，组织桑珠孜区地方志编纂委员会成员及其相关领域专家召开《日喀则市志（2001—2010）》初审会。通过《日喀则市志（2001—2010）》初稿。6月初至8月初，桑珠孜区方志办继续对《日喀则市志（2001—2010）》进行资料补充，并交付市委党史研究室（地方志办公室）进行复审审查。按照市委党史研究室（地方志办公室）审查意见，9月中旬至12月底，继续对《日喀则市志（2001—2010）》相关缺失内容进行补充，字数约48万字。

2020年4月，下发《中共桑珠孜区委办公室关于报送〈桑珠孜年鉴（2020）〉资料的通知》。11月，进行资料编辑工作，并于12月形成《桑珠孜年鉴（2020）》资料长编稿，字数约25万字。

组织工作

【党的建设】 年内，组织106名村党支部书记，153名党员干部，开展3期专题培训班，组织“党的光辉照边疆 边疆人民心向党”演讲比赛。强化机制体制建设。健全完善干部请销假、驻村干部管理办法、机关干部上下班等基本制度，先后出台了公务员日常考核实施意见、公务员日常行为负面清单等文件，进一步明确标准、画出底线。健全惩防体系，盯住“关键人”“关键事”“关键领域”，制定领导干部离任交接制度，严肃开展主要领导、主要岗位离岗审计，把党管干部落到实处，使政治标准覆盖全域，让纪律规矩发令生威，增强事业发展进步持久力。强化党员干部作风建设。制定出台干部作风问题整改工作方案，以铁腕整治干部“庸懒散浮拖”等作风问题，让无责任心者、不学习无思路者、平庸者、观望者、负能量者、自私自利者没有市场。全年，对7名履职不力的主要领导进行提醒谈话。

【干部队伍建设】 全年，共提拔调整干部8批405人次，其中从基层一线提拔调整或晋升职级153人、围绕经济发展需要提拔调整或晋升职级45人、围绕脱贫攻坚需要提拔调整或晋升职级121人、围绕维护稳定需要提拔调整或晋升职级71名政法干部和寺管会干部、围绕疫情防控需要提拔调整或晋升职级12名，将93名具备忠诚、干净、担当政治品格的优秀干部直接提拔到领导岗位；对30名发挥作用不明显、不适宜担任现职的干部免去领导职务，转任职级；对6名违纪影响期满、表现较好的干部重新重用。配合纪委批评教育和处理干部116人次，对4名履职不力的科级领导干部在年度考核中评定为基本称职等次，对109名履职不力的普通党员干部在日常考核中评定为较差等次。

【基层组织建设】 年内，整顿提升软弱涣散基层党组织33个、巩固提升村级党组织48个，完成进位升级工作；新设25个党组织，创新成立务工人员拉萨流动党支部和69个小区功能型党支部、4个商圈功能型党支部，其中功能型党支部建设工作被自治区党委、区委组织部宣传推广；实现101家“三有”企业党的工作全覆盖；将19名表现优秀的乡村振兴专干及时吸收入党，选拔13名优秀乡村振兴专干进入村（社区）“两委”班子，调整充实9名机关工委委员。推动辖区1所初中、18所小学、9所幼儿园实现书记、校长“一肩挑”，比例达到90.3%。选派11名优秀干部充实调整到驻寺机构，推荐4名优秀村（社区）党组织书记作为转录公务员、事业编制候选人。选派19名社区干部到青岛开展体悟实训，推动桑珠孜区8个社区与青岛市8个社区结成友好社区。构建28名县级领导包12个乡（街道）、131名科级干部包176个村（居）、1004名村（居）干部包1004个片区、3479名党员包32032户双联户、2222名双联户长包83417人的“三包”体系。建立“大党建”格局，定期开展党组织和党员“双报到”。落实乡村振兴专干、村（居）干部报酬待遇，落实每村每年10万元村级组织党建工作经费。

【人才队伍建设】 全年，干部休假率达94.6%，较2019年提高23.2%；看望慰问重病住院干部14人；引进行政干部4人、教育和卫生领域人才8人；对2020年新录用的176名乡村振兴专干开展入职培训；聘任15人任教育系统事业管理岗，聘任17人任文化、农牧、卫生等事业领导岗位；向市委组织部申报经济、审计、农牧、教育、医疗、宣传、文化等紧缺人才21人。

【公务员管理】 年内，规范完善桑珠孜区请销假制度，出台《关于进一步规范机关事业单位干部职工请（休）假制度》，全年，辖区干部休假率达94.6%，较2019年度提高23.2%。首次开展季度考核，四个季度共评选出“好”等次1767人次，“一般、较差”等次219人次，充分发挥考核激励监督作用；年度考核，参与人数1491人，优秀373人，称职1055人，基本称职10人，不称职8人，不定等次45人。提拔正科级领导职务27人，进一步使用正科级领导职务6人，兼任正科级领导职务1人，聘任正科级事业管理岗1人，正科级领导职务平职交流12人，免去正科级领导职务，转任职级干部6人，免去正科级领导职务晋升职级2人，免去正科级领导职务2人；提任副科级领导职务20人，进一步使用副科级领导职务55人，兼任副科级领导职务7人，聘任副科级事业管理岗34人，副科级领导职务平职调整29人，副科级领导职务转任职级23人，免去副科级领导职务晋升职级4人，免去副科级领导职务9人；晋升职级干部100人，平职调整职级干部12人，兼任各级党委（党组）副书记、委员7人。

【机构编制工作】 年内，出台《中共日喀则市桑珠孜区委员会机构编制委员会工作规则》《中共日喀则市桑珠孜区委员会机构编制委员会办公室工作细则》，印发完成全区“三定规定”；完成区妇联首次换届，推动群团组织一体化建设，实现村级工会、团支部、妇联100%覆盖，逐步形成“大群团”组织格局；成立桑珠孜区江当现代生态产业园区管委会，推动园区管理向标准化、规模化、开放化迈进；推进区城发投资有限公司改组，变更经营范围为城镇化建设等25项；建立市区两级人大联动监督机制，开展人大户挂牌、人大监督电话公示等举措，积极助推全区经济社会发展；完善机构编制实名制系统，完成实名制信息更新1123人次，清理22名工人占用行政编制问题，对参加公开遴选、调出人员不设限制关口。

【老干部工作】 年内，组织离退休干部支部学习10余次，发放学习资料8份，1名老干部在中学发表新旧对比感悟，3名参与珠峰口述视频拍摄，结合亲身经历，讲党恩、感党恩。落实“两项待遇”。各类节假日，走访慰问461人，“59328” 11人，召开座谈会3场次，兑现完成离退休干部职工健康体检费。年内，走访慰问患病住院离退休干部职工7人1190元，离退休干部遗属4人2000元；累计接待老干部来访、来电40余件次，并解决答复。

宣传工作

【意识形态领域工作】 年内，调整充实桑珠孜区委意识形态工作责任制领导小组成员，配齐宣传部门领导班子，配备基层宣传委员和文化服务中心主任。建立《中共桑珠孜区委宣传部领导干部联系指导乡（街道）宣传思想文化工作制度》，印发《桑珠孜区2020年宣传思想文化工作要点》，制定意识形态工作规划、年度计划、年底考核指标体系、任务清单等。3次专题研究意识形态工作，安排部署相关工作，听取意识形态工作报告1次。

【阵地建设】 加强对报刊图书、讲台课堂、会议会场、电影电视、广播电台、讲座论坛、户外公益广告的引导和管理，建立并严格落实报告制度，完善审批程序，强化全程管理，大力实施“西新工程”，推动党报党刊“村村通”“寺寺通”和广播电视“户户通”“寺寺通”，积极推进电影、电视新闻进村（居）、进寺庙、进学校工作。

【“扫黄打非”】 充实桑珠孜区“扫黄打非”工作领导小组，在交通要道、人员密集场所悬挂宣传标语；通过“三微一端”网宣平台发布“扫黄打非”专题信息54条；发放宣传手册及“扫黄打非”进基层工作手册1028本，发放西藏自治区“扫黄打非”工作举报奖励办法564本，各村（居）、各中小学校发放“伟大历程 辉煌成就——庆祝中华人民共和国成立70周年”手册1066本。开展流动售书进社区活动，满足疫情期间学生、群众文化需求。开展专项行动，印制发放扫黄打非“护苗2020”海报和书签31200份。配合市文化市场综合执法支队检查各类文化市场经营场所471家；查缴非法出版物57本（册），排查安全隐患11处，现场处置9处，下达限期整改通知书2份。开展“扫黄打非”专项整治行动，共检查各类出版物5000余册，检查经营场所、打字复印店、KTV、网吧（网咖）31家，检查寺庙17座、僧舍300余间、寺庙活动场所3处。

【理论武装】 年内，制定《2020年桑珠孜区委理论学习中心组学习实施方案》《桑珠孜区委理论学习中心组2020年度理论学习重点内容安排意见》《桑珠孜区委理论学习中心组制度》，印发《桑珠孜区党委（党组）理论学习中心组2020年第一、二季度理论学习安排意见》。向中心组成员推荐《习近平扶贫论述摘编》《习近平谈治国理政》《习近平新时代中国特色社会主义思想学习纲要》《习近平关于“不忘初心、牢记使命”论述摘编》《“不忘初心、牢记使命”专题十讲》《新中国发展面对面》等书籍。组织集中观看《作风建设在西藏》《一抓到底正风纪》《孔繁森》等影片，全年共举办25次习近平总书记系列重要讲话精神等内容的学习会。

【网信工作】 年内，制定《中共桑珠孜区互联网工作委员会关于网络系统党建工作的规定》《三审三校制度》《桑珠孜区网络安全事件应急预案》等相关制度。区网信、网安等部门开展以“网络安全为人民 网络安全靠人民”为主题的网络安全宣传周活动，共发放宣传单6000余份、书籍600多本，张贴网络安全宣传海报700余张，悬挂横幅20多条；利用“云MAS”和“智慧+”分别发送网络安全宣传短信30万条。

【理论宣传】 年内，召开桑珠孜区意识形态工作会议暨“四讲四爱”群众教育实践动员部署会、推进会、区级骨干宣讲员巡回示范宣讲部署会。各县级领导、各级党组织书记分别到包乡点、包村点开展宣讲活动累计360余场次。区级宣讲团以“强化群众思想教育，助推精神脱贫、精准扶贫”宣讲活动为载体，深入山沟村，重点宣讲勤劳才能创造幸福生活。

【社会面宣传】 年内，借助户外广告牌、LED电子显示屏、建筑围墙、宣传栏等各类宣传阵地和社会面宣传载体，在城区主干道、火车站、汽车站、318国道、204省道沿线、村（居）、学校、寺庙、国企等人员密集场所，悬挂横幅86条。发放藏语宣传单2万余份，增加“四讲四爱”宣传标语20条，制作发放“四讲四爱”暖水瓶、烧水壶等290个、彩旗500面、国旗2000面，下发2020年藏语和汉语宣讲提纲1300余本（纯藏语版1100本），向176个村（居）累计发放《习近平讲故事》《平语近人》《习仲勋画册》500余本。深入乡（街道）、村（居）、学校、寺庙、国有企业开展督导500余次。

【思想道德建设】 年内，成立未成年人思想道德建设工作领导小组，定期召开专题会议研究部署相关工作，各中小学建立和完善德育工作网络，制订《未成年人思想道德建设工作方案》，推进“传统文化进校园”工作，开设生理卫生课和心理健康课，引导学生认识自身成长过程。年内，开展中小学“经典诗词诵读”、“厉害了我的国”、3月学雷锋、“3·28”西藏百万农奴翻身解放纪念日、“4·5”清明祭英烈、“五四”青年节、“六一”童心向党等系列活动，举行入团仪式，重温入团誓词。开展“文明校园”创建活动和“诚信文化进校园”工作，加强环保教育，开展“绿色出行”活动及“美德小少年”评选活动。

【文化发展】 全年，开展以“决战脱贫攻坚 决胜全面小康——桑珠孜区文艺下乡演出活动”为主题的文艺下乡活动和“党的光辉照边疆 边疆人民心向党——桑珠孜区艺术团中央第七次西藏工作座谈会精神文艺宣讲巡演”活动61场、电影下乡活动1178场，受众达82810人次；开展新时代文明文艺辅导培训7次，参训近2900人；其他主题送文艺下乡演出活动42场，受众26000余人；全年，创作作品10个（语言类3个、舞蹈类3个、歌曲类4个）。组织宣传文化系统干部职工前往青岛、成都、甘南、济南、拉萨、林芝、山南等地考察交流学习。举办“青稞之乡 最美庄园”桑珠孜区专场文艺演出、“青岛最动听”原创音乐大赛、城市互动游洽谈、历史文化丛书编纂考察学习、合作社运营考察学习、成都招商引资推介等活动。合理调整新华书店图书品种结构，全年购置图书661种、31640册，累计销售图书41234册，销售额918056.44 元，接待读者达95210人次。推进非遗文化保护和传承项目工作，积极争取援藏资金120万元，其中投资80万元实施非遗文化普查项目，年内该项目已完成桑珠孜区所辖的12个乡（街道）176个行政村（社区）非物质文化遗产普查工作，普查中新发现不可移动文物遗存点和非物质文化遗产点共计137项。

【精神文明创建】 年内，制定《桑珠孜区新时代文明实践活动工作联席制度》，成立以区委、区政府主要领导为组长的工作领导小组。新时代文明实践中心（所、站）组建区、乡（街道）、村（居）三级志愿服务队伍202支，在中国志愿服务网注册志愿者4097名，配备志愿者马甲、帽子500余件（项）。组织各乡宣传委员举办为期5天的志愿者业务培训，组织全区230多名志愿者召开新时代文明实践中心志愿服务者业务培训。

【“四讲四爱”群众教育实践】 年内，动员各级各类宣讲组推进宣讲教育工作。深化“五比”竞赛活动，持续开展月、季、年评选活动，筹备并组织召开近四年“四讲四爱”群众教育实践活动涌现的先进集体和优秀宣讲员表彰大会，完善督导机制，确保督导工作制度化、常态化，严查群众教育实践活动开展情况。

【疫情防控宣传】 年内，发动区、乡、村三级宣讲员，采取广播、入户等多种形式开展防疫微宣讲5.6万余次，受众15.9万余人次，开展美丽乡村清洁行动4404场次，参与6.1万余人次，发放倡议书、宣传单7.5万余份，发送疫情防控宣传短信969条，制作悬挂、滚动播放防疫横幅标语9200余条。利用“三微一端”推送防疫新闻、音频、视频等320余条，创作一批防疫歌曲、公益宣传片等作品，涌现出“不忘初心 带头捐款”东嘎乡同热村70岁老人普布次仁、“取消婚礼的新娘”社区工作人员次仁曲珍等一批典型人物。

统一战线

【服务经济】 年内，组织召开1次民营经济工作座谈会和2次推进会，全面推进民营经济发展。全年，全区民营经济主体发展16262户，注册资金（本）9459.35万元，其中民营企业1439家，新增107家。年内，深入会员企业开展工作调研，摸清党员底数，更新完善党员个人信息数据库，与党员签订不信仰宗教承诺书。与行业部门和企业对接联系，加强政策宣传和调查，指导帮助企业复工复产，恢复扩大产能。

【党外人士队伍建设】 年内，组织召开统战爱国人士暨宗教界代表、民营经济代表人士迎新座谈会，宣传党的统战民族宗教政策，共谋桑珠孜新的发展。在各大节假日开展爱国统战人士和寺庙僧尼走访慰问活动，送去慰问礼金2.6万元。

【宗教领域】 年内，全区宗教领域认真学习贯彻落实中共十九大、十九届五中全会、中央第七次西藏工作座谈会精神，全面贯彻落实党的宗教工作基本方针和中央统战工作会议、全国宗教工作会议精神，以及各级党委、政府关于统战宗教工作一系列决策部署。加强和创新寺庙管理，提高干部驻寺工作规范化水平，落实利寺惠僧政策措施，依法审批、有序管理各类传统宗教活动。推进宗教界代表人士队伍建设，提高、改善僧尼生活水平和居住条件。

【政策宣传】 年内，开展宗教领域“四讲四爱”“四条标准”教育实践活动，完成党的十九届五中全会、中央第七次西藏工作座谈会精神、《西藏自治区民族团结进步模范区创建条例》《中华人民共和国民法典》在僧尼中巡回宣讲全覆盖。

【利寺惠僧政策】 年内，协调区民族宗教局、住建局对辖区危房僧舍开展全面排查，委托专业工程质量检测鉴定公司对纳塘寺等10座寺庙僧舍进行安全性鉴定，共鉴定出受损僧舍111间。年内，投资709万余元完善寺庙道路、水、电等基础设施建设；投资391万元新建色多坚寺、帕索寺等7座寺庙景区污水垃圾处理设施。

【表彰活动】 全年，共评选表彰桑珠孜区级“遵行四条标准、争做先进僧尼”教育实践活动模范寺庙10座，优秀组织单位10个，优秀僧尼380名，先进寺管干部12名；推荐表彰日喀则市级模范寺庙4座，优秀组织单位4个，优秀僧尼181名，先进寺管干部5名；推荐表彰自治区级优秀僧尼6名，先进寺管干部1名，兑现奖励资金86.4万元。

【寺庙管理】 年内，将6名优秀驻寺干部提拔交流到区直机关部门和乡级党委重要岗位上工作，选派14名优秀干部充实到9个寺庙管理机构，占驻寺干部总人数的27%。

【寺庙建章立制】 年内，组织全区寺庙管理机构驻寺干部和僧尼130余人分5批前往谢通门县扎西吉培寺实地学习先进经验做法，将扎西吉培寺先进经验做法全面复制推广到桑珠孜区，制定下发《桑珠孜区寺庙僧尼综合考评机制》，完成僧尼考核，健全完善驻寺机构管理制度102条和寺规僧约17条。

【“两个规划”教育培训】 年内，分批次组织22名干部、38名僧尼参加自治区、日喀则市级院校培训班，举办桑珠孜区40名宗教教职人员教育培训班。

【示范点创建】 年内，打造民族团结进步示范单位国家级1个（江洛康萨社区）、自治区级3个（区委、区政府，德勒社区，区二小），民族通婚模范家庭566户，科技路打造为“民族团结一条街”，上海广场打造为“民族团结进步广场”，《西藏日报》刊登10余篇专题报道，2020年底桑珠孜区成功创建为全国第八批民族团结进步示范区。

3月17日，市委常委、统战部部长巴桑（中间），区委常委、统战部部长扎西罗布（左二）深入东嘎乡曲龙村对寺庙未登记场所进行调研

【境外藏胞服务管理】 年内，不断规范境外藏胞接待、服务工作，健全完善147名藏胞信息库，争取上级业务部门支持藏胞工作经费4万元，协调甲措雄乡政府，帮助藏胞解决居住困难。

党校工作

【干部培训】 年内，桑珠孜区委党校联合桑珠孜区委组织部、区纪委等部门围绕乡村振兴、生态文明、中共十九届四中和五中全会精神、中央第七次西藏工作座谈会精神等重点内容开展了11期专题培训，共培训党员干部1800余人。

4月，组织举办桑珠孜区2020年乡村振兴专干、驻村工作队长能力素质提升培训班，共计344名乡村振兴专干参加培训。

5月，联合桑珠孜区妇联举办基层妇联主席、骨干宣讲员、劳务输出大村妇联专干业务、法治、理论专题培训班，共有妇联专干27人参加培训。

6月，联合区委组织部、区生态环境分局举办了2020年度生态文明教育专题培训班，全区12乡（街道）、区直各部门分管环保工作的负责人及环保专职人员80人参加培训。

7月，联合区委组织部在桑珠孜市民活动中心举办了第二期、第三期全区科级干部学习贯彻中共十九届四中全会精神专题研讨班，全区153名科级干部参加培训。

10月，举办中央第七次西藏工作座谈会专题培训班，桑珠孜区各乡、街道宣传委员，农牧民骨干宣讲员，统战、教育、国资系统骨干宣讲员，176个驻村工作队队长或副队长，共计370人参加培训。11月，举办为期4天的村党支部书记学习贯彻中央第七次西藏工作座谈会精神培训研讨班，全区100余名党支部书记参加培训。11月20日至11月24日，分两批次对全区共计381名村务监督员进行了业务培训指导。

12月11日，桑珠孜区委党校在市民活动中心举行科级干部学习贯彻党的十九届五中全会暨中央第七次西藏工作座谈会精神专题研讨会

11月23日，组织骨干教师为离退休干部专题传达学习中共十九届五中全会精神，全区离退休各党支部班子成员及部分离退休党员干部代表共40余人参会。

12月，联合区委组织部、区委宣传部举办2020年桑珠孜区科级干部学习贯彻中共十九届五中全会精神和中央第七次西藏工作座谈会精神培训班，共有440名干部参加了此次培训。

【流动党校】 年内，区委党校赴全区12个乡（街道）开办“流动党校”38场次，组织开展以习近平新时代中国特色社会主义思想、习近平系列治藏方略和中共十九届四中和五中全会精神、中央第七次西藏工作座谈会精神以及党的各项利民惠民政策等群众性形势政策宣传教育活动，受教育农牧民党员群众达5.8万余人次。

【基础设施建设】 桑珠孜区委党校基础设施条件较差，在区行政大楼安排有2间办公室，1间校长办公室和1间教师工作人员办公室，没有单独的办学场所，举办各类培训都需借用区委会议室。办公基础设施有6台联网的电脑供教师搜集相关备课资料、网上学习和办公室日常上传下达文字材料工作。

档案工作

【档案整理和开发利用】 年内，7家单位的永久、长期保存价值档案进行接收、进馆、入库工作，共接收345卷，4100件，收集实物档案3件。协助立档单位提供了1600余个文书档案盒和归档目录盒，为立档单位提供便利。修补不规范、不完整的归档文件目录3700条。全年，区档案馆共接待查阅利用者98人次，查阅999卷（件）次，为利用者复印档案资料850件。

【档案工作宣传】 年内，按照《各级各类档案馆收集档案范围的规定)》，采取多种方式大力宣传并贯彻落实，提升立档单位对档案管理工作的必要性和重要性意识；围绕“国际档案日”，通过微信等方式，发送档案法治宣传教育重点内容230余份。

【开展业务指导】 年内，开展疫情档案、生育档案、文书档案整理、专题档案、档案统计等整理填报指导服务，共500多次，参与90多人，采取接一个教会一个，以打电话、实地指导、发微信等多种方式进行指导。

桑珠孜区人民代表大会

【依法监督】 **聚焦发展领域开展监督**。年内，动员四级人大代表开展“战疫在基层，代表在行动”活动。组织开展文明执法、药品管理、野生动物保护等相关法律法规贯彻情况执法检查。年内，听取区人民政府关于2019年度环境状况和环境保护目标完成情况报告、关于2020年招商引资工作情况报告、关于贯彻落实《西藏自治区民族团结进步模范区创建条例》情况报告，听取区人民政府关于2020年重大项目引进和建设情况报告，并对解放干渠、藏医院、联乡梯田风景区建设等重点项目进行专题调研，召开2次高质量询问会。年内，听取和审议区人民政府关于2020年上半年国民经济和社会发展计划执行情况和下半年国民经济和社会发展计划安排的报告、2019年财政决算草案和2020年上半年财政预算执行情况的报告、审查批准2019年财政决算、2020年预算调整、2017年及之前财政存量资金统筹使用方案和盘活财政存量资金统筹使用方案。听取桑珠孜区国有资产管理情况的报告，提出加强国有资产管理的意见和建议。

聚焦民生领域开展监督。年内，协同区政协组织代表、委员对12个乡（街道）的部分村（社区），共抽查了230余个建档立卡户，开展脱贫攻坚专题调研，形成专题调研报告并转交政府进行整改。围绕“两不愁三保障”，饮水安全、残疾学生送教上门、贫困户医疗保障、人居环境整治、大学生就业创业、易地扶贫搬迁、专合组织和结对帮扶等17项内容，首次召开脱贫攻坚专题询问会，助推全区脱贫攻坚工作。组织人大代表、工青妇及社区负责人赴15个社区160户贫困家庭及低保户，开展为期25天的城区困难群众生活状况调研。协同区政协对各乡（街道）开展“关于我区高校大学生家长对大学生就业择业观念”情况专题调研。对公检法司和部分派出所开展社会治安综合治理工作专题调研。组织30余名代表深入机关食堂开展制止餐饮浪费行为监督检查。对各学校、江洛康萨居委会开展民族团结专题调研。对西藏藏雄特色产品科技发展有限公司、西藏德勒藏香有限责任公司等民营企业开展调研并召开座谈会。

聚焦法治领域开展监督。年内，听取扫黑除恶专项工作报告和“七五”普法工作开展情况；听取两院2020年上半年工作开展情况报告，刑事审判、民事诉讼和执行工作的监督，选派代表、人大干部参加重要会议、旁听案件审理、调解信访事项；推行在“一府两院”16家窗口服务单位公开人大监督电话，受理意见建议5条；深入两院开展专题调研，了解法院诉讼服务中心一站式建设、“12368”诉讼服务热线、执行指挥中心实体化运行、“12309”检察服务中心等科室的实际功能和发挥作用情况。年内，制定《桑珠孜区人大常委会关于市、区两级人大常委会联动监督机制》，提出市区监督一体化思路，组织市区34名人大代表，对城市管理、社区治理、城区困难群体帮扶等方面进行联合调研，形成两篇质量较高的调研报告。联合市人大教科委在桑珠孜区、白朗县开展《中华人民共和国公共文化服务保障法》实施情况执法检查，提出4条意见建议。

【重要会议述要】 依法召开区二届人大三次、四次会议，党组专题会议13次，常委会会议8次，党组理论学习中心组学习14次。听取和审议“一府两院”专项工作报告17项，执法检查3 次，专题调研12次，专题询问2次，作出决议决定10项。

【决定任免工作】 全年依法任免国家机关工作人员21名，组织任命的国家工作人员任前法律考试并向宪法宣誓，坚持程序规范，任免严谨，确保党委推荐的人选通过法定程序顺利履职。

【代表工作】 **办理建议提高质量**。对区二届人大三次会议期间代表提出的49件建议，通过交办、督办、推进、通报会和满意度测评等形式，督促承办单位认真办理和答复。年内，代表建议意见答复率达100%，已办结44件，办结率达89.8%。

拓展平台依法履职。开展“人大代表户”挂牌活动，在67个区级人大代表家门口悬挂“人大代表户”牌，亮出人大代表姓名、职务、电话。53名代表听取选民38条意见，依法选举市二届人大代表29名，补选区级人大代表8名。建立健全区乡两级代表履职电子档案558个，规范代表管理，提升代表履职能力。落实人大代表列席常委会会议制度，邀请50余名区乡两级人大代表参加市、区重大活动，重要会议，执法检查及视察调研活动。

深化机制提升水平。年内，听取各乡人大主席团半年和全年工作述职报告，创建“人大代表之家”“代表小组活动室”推进，强化指导。在聂日雄乡率先打造信息智能“人大代表之家”，规范“代表小组活动室”，提升基层人大工作智能化水平。邀请市人大业务骨干对常委会组成人员、各乡人大主席、人大干事及区乡两级部分人大代表进行业务培训。

丰富活动发挥作用。年内，组织动员200余名区乡两级人大代表参与基层矛盾纠纷排查，调解家庭、土地等纠纷70余起；动员四级人大代表以选区为单位，宣传各类惠农政策和区委二届三次全会、各级“两会”精神、防疫抗疫、民族团结等内容，解读环保、脱贫、卫生等政策，充分发挥了人大代表同人民群众的桥梁纽带作用；组织区乡两级人大代表100余人在江洛康萨社区开展文体活动。

桑珠孜区人民政府

【决策概要】 年内，面对突发疫情、艰难挑战，在自治区党委、政府，市委、市政府和区委的坚强领导下，区政府坚持以习近平新时代中国特色社会主义思想为指导，深入学习贯彻中共十九大和十九届历次全会及中央第七次西藏工作座谈会精神，坚决执行区委“用好改革创新两种方法，发起‘八个攻势’，建设‘四地四区’，发挥‘八个首位度’作用，在全市全面创先争优”的工作思路，坚持统筹疫情防控和经济社会发展，团结各族干部群众，扎实做好“六稳”工作，全面落实“六保”任务，着力做好“八篇文章”，桑珠孜区经济社会发展逆势上扬，各项事业开启崭新局面，在空前考验中交出了合格答卷。2020年，完成地区生产总值124.88亿元，同比增长7%；受新冠肺炎疫情冲击和减税降费影响，地方财政一般公共预算收入完成2.52亿元，同比下降2.7%；社会固定资产投资完成35.69亿元，同比增长6.47%；社会消费品总额实现38.48亿元，同比增长9%；城乡居民人均可支配收入分别达40465元、16795元，分别同比增长11%、13.1%，分别较全市平均水平高出473元、3715元。

【区政府党组会议】 **第1次党组会议** 1月15日，区委副书记、区政府党组书记、区长索朗罗布在区行政中心七楼会议室主持召开，会议通报了区政府党组2019年第16次会议决定事项办理落实情况。

第2次党组会议 2月22日，区委副书记、区政府党组书记、区长索朗罗布在区行政中心七楼会议室主持召开，会议听取了江当乡光伏产业园温室大棚恢复生产工作情况汇报，研究审议了《2019年政府工作报告》《桑珠孜区2019年国民经济和社会发展计划执行情况与2020年国民经济和社会发展计划草案的报告》《桑珠孜区2020年财政预算安排情况报告》等相关事宜。

第3次党组会议 3月10日，区委副书记、区政府党组书记、区长索朗罗布在区行政中心七楼会议室主持召开，会议审议了《2019年政府工作报告》《桑珠孜区2019年国民经济和社会发展计划执行情况与2020年国民经济和社会发展计划草案的报告》《桑珠孜区2019年财政预算执行情况和2020年财政预算（草案）报告》《关于解决光伏小镇3亿元贷款2020年度利息的请示》《关于桑珠孜区粮食公司与日喀则圣康饭店实物资产置换的请示》。

第4次党组会议 3月15日，区委副书记、区政府党组书记、区长索朗罗布在区行政中心七楼会议室主持召开，会议研究审议了《桑珠孜区2020年财政涉农资金统筹整合使用实施方案（审议稿）》《关于研究解决边雄乡林村房屋重建补助资金的请示》《关于江当乡易地扶贫搬迁集中安置点纳入郭加新村的请示》《关于解决甲措雄乡特色小城镇棚户区改造项目（一期）工程征地费用的请示》《关于研究解决社保费和非税收入征管人员资金的请示》等相关事宜。

第5次党组会议 3月27日，区委副书记、区政府党组书记、区长索朗罗布在区行政中心七楼会议室主持召开，会议分别听取了脱贫攻坚自查自纠工作开展情况报告、娘麦扶贫公司近期工作开展情况及下一步工作打算报告、城投公司运营情况报告、甲措特色小城镇土地开发建设情况报告、城南街道卡热社区萨玛组新农村建设有关情况报告，会议研究审议了《关于解决光伏小镇项目部分资金缺口的请示》《关于审议市城管局〈关于理顺城区环卫管理体制的函〉函请事项的请示》等相关事宜。

第6次党组会议 4月15日，区委副书记、区政府党组书记、区长索朗罗布在区行政中心七楼会议室主持召开，会议分别听取了“七五”普法工作开展情况暨2020年度工作计划的汇报、桑珠孜区农村劳动力转移就业工作情况的汇报、2018年度卫片执法违法图斑整改工作情况的汇报、农牧业工作开展情况的汇报、农村饮用水安全水质检测工作开展情况的汇报、桑珠孜区安全生产形势分析报告，会议审议了《关于研究解决西藏德朗玛冰川矿泉水有限公司建设项目用地相关事宜》。

第7次党组会议 4月23日，区委副书记、区政府党组书记、区长索朗罗布在区行政中心七楼会议室主持召开，会议通报了区政府党组2020年第6次及区政府常务第5次会议议定事项办理落实情况，会议研究审议了《关于研究审议江当乡江当村与龙桑村土地权属纠纷拟处理意见的请示》《关于研究审议曲布雄乡顶村与甲措雄乡上强久村与地那村土地权属纠纷拟调查处理意见的请示》等相关事宜。

第8次党组会议 4月30日，区委副书记、区政府党组书记、区长索朗罗布在区行政中心七楼会议室主持召开，会议听取了区脱贫攻坚专项巡视“回头看”和2019年脱贫攻坚成效考核反馈意见整改落实工作开展情况的汇报，会议研究审议了《关于解决原市政府旧址（现达热瓦后藏庄园宗地）土地办证问题的请示》《关于向区政府预借300万元资金用于解决曲夏社区苗圃基地改良种植费用的请示》等相关事宜。

第9次党组会议 5月6日，区委副书记、区政府党组书记、区长索朗罗布在区行政中心七楼会议室主持召开，会议分别听取了桑珠孜区农牧民转移就业工作开展情况汇报、桑珠孜区自然保护地生态红线优化调整工作进展情况汇报、桑珠孜区2020年脱贫攻坚涉农整合资金本级安排项目工作开展情况汇报、桑珠孜区2020年项目工作开展情况汇报、日喀则市桑珠孜区帮佳孔社区棚户区改造工作进展情况、教武场贸易市场升级改造工作进展情况、卡热社区萨玛组新农村示范点安置区建设项目工作进展情况汇报，会议审议了《桑珠孜区A级景区污水垃圾处理设施费用及建设方案的请示》《区林业和草原局关于解决2018—2019年度集体林权制度改革经费的请示》《关于研究审议岚泰公司产权、经营权、债权转让申请》。

第10次党组会议 5月19日，区委副书记、区政府党组书记、区长索朗罗布在区行政中心七楼会议室主持召开，会议研究部署了岚泰公司温室大棚项目产权、经营权、债权债务接管、产业扶贫项目贷款担保梳理整改、解决达热瓦后藏庄园宗地土地办证、调解昌都八宿县群众信访矛盾纠纷》等相关事宜。

第11次党组会议 6月4日，区委副书记、区政府党组书记、区长索朗罗布在区行政中心七楼会议室主持召开，会议听取了桑珠孜区扫黑除恶专项斗争工作汇报，研究审议了《关于18名公益性岗位人员进行定岗的请示》《关于接收达娃加布等2名公益性岗位人员到我区工作的请示》《桑珠孜区专业技术人员初级职务任职资格评聘工作事宜的请示》《桑珠孜区专业技术人员试用期满考核定职相关工作事宜的请示》《桑珠孜区关于毕秋枝等9名合同制工人退休事宜的请示》《关于推进教武场市场合作开发的请示》《区消防救援大队关于解决修建训练塔项目所需资金的请示》《教育财政配套资金及往年结转资金使用方案的请示》《桑珠孜区教育局关于预借桑珠孜区第四小学设备购置经费的请示》《关于解决光伏小镇项目部分资金缺口的请示》《关于解决甲根村56.67公顷枸杞种植项目建设资金的请示》《关于呈请解决恢复武警桑珠孜区中队训练及附属工程设施款的请示》等相关事宜。

第12次党组会议 7月16日，区委副书记、区政府党组书记、区长索朗罗布在区行政中心七楼会议室主持召开，会议分别听取了桑珠孜区新冠疫情防控工作开展情况的汇报、桑珠孜区农牧民专业合作社工作开展情况的汇报、桑珠孜区项目推进情况的汇报、桑珠孜区农牧民转移就业工作开展情况的汇报、桑珠孜区禁牧工作开展情况的汇报、桑珠孜区防汛工作开展情况的汇报、桑珠孜区信访工作开展情况的汇报、桑珠孜区安全生产及应急管理工作开展情况的汇报、桑珠孜区土地例行督查反馈问题整改情况的汇报、桑珠孜区环保督察反馈问题整改情况的汇报、桑珠孜区森林督查及产业扶贫专项审计相关问题整改情况的汇报，会议审议了《关于研究审议桑珠孜区A级景区污水垃圾处理设施费用及建设方案的请示》《关于拆除桑珠孜区人民医院老院区宗地建筑物的请示》。

第13次党组会议 7月26日，区委副书记、区政府党组书记、区长索朗罗布在区行政中心七楼会议室主持召开，会议研究审议了《桑珠孜区财政局关于足额缴纳桑珠孜区城发投资有限公司认缴出资额的请示》《关于桑珠孜区城区经营性闲置资产注入至区城投公司的请示》《关于推进教武场市场合作开发事宜的请示》《桑珠孜区财政局(国资委)关于审议桑珠孜区城发投资有限公司重要制度的请示》《桑珠孜区财政局（国资委）关于与日喀则珠峰农牧产业投资集团有限公司成立合资公司运营岚泰大棚资产的请示》等相关事宜。

第14次党组会议 8月11日，区委副书记、区政府党组书记、区长索朗罗布在区行政中心七楼会议室主持召开，会议分别听取了桑珠孜区2020年上半年经济运行分析汇报、桑珠孜区“互联网+政务服务”工作汇报，会议研究审议了《桑珠孜区2021年脱贫攻坚统筹整合资金产业项目计划的请示》《桑珠孜区2021年脱贫攻坚统筹整合资金“十项提升”工程项目计划的请示》《关于解决编制文化产业和全域旅游发展规划等资金的请示》《关于解决聂日雄乡和曲美乡生活垃圾转运站相关运行经费的请示》《关于解决桑珠孜区甲措雄乡夏鲁村基础设施建设项目缺口资金的请示》《关于盘活财政存量资金统筹使用的请示》《桑珠孜区人民法院江当乡人民法庭民生项目法治广场建设资金的请示》《桑珠孜区人民法院关于招聘聘用制书记员、司法警察的请示》《桑珠孜区财政局桑珠孜区法院关于法院两年以上结余结转资金重新分配的请示》等相关事宜。

第15次党组会议　8月13日，区委副书记、区政府党组书记、区长索朗罗布在区行政中心七楼会议室主持召开，会议研究审议了《关于对桑珠孜区城发投资有限公司认缴出资的请示》《关于对桑珠孜区城发投资有限公司与西藏旺达路桥工程有限责任公司合作开发建设教武场贸易市场相关问题的请示》《关于研究解决原市政府旧址（现达热瓦后藏庄园宗地）土地办证问题的请示》等相关事宜。

第16次党组会议　9月2日，区委副书记、区政府党组书记、区长索朗罗布在区行政中心七楼会议室主持召开，会议通报了区党委第一巡视组反馈关于全面清查《2018年扶贫领域明察暗访反馈意见》《2020年6月以来拖欠民工工资等款项》落实情况的问题，会议审议了《关于与水发兴业能源（珠海）有限公司、威海广泰空港设备股份有限公司签订合作协议的请示》《关于申请向区政府预借300万元解决曲夏社区苗圃基地改良种植费用的请示》。

第17次党组会议　10月12日，区委副书记、区政府党组书记、区长索朗罗布在区行政中心七楼会议室主持召开，会议听取了关于2019年财政决算和2020年上半年财政预算执行情况的报告，通报了区党委第一巡视组关于巡视日喀则市桑珠孜区的反馈意见，研究审议了《关于成立中共桑珠孜区人民政府党组整改落实九届自治区党委第八轮巡视反馈意见工作领导小组的请示》《中共桑珠孜区人民政府党组整改落实九届自治区党委第八轮巡视反馈意见的任务分工方案的请示》《关于与威海广泰空港设备股份有限公司签订框架协议的请示》。

第18次党组会议　10月27日，区委副书记、区政府党组书记、区长索朗罗布在区行政中心七楼会议室主持召开，会议听取了桑珠孜区疫情防控工作近期情况汇报、桑珠孜区2020年项目工作情况的汇报、中共桑珠孜区人民政府党组关于自治区党委第一巡视组反馈问题整改阶段性推进情况的汇报及环保、国土、森林督察整改情况汇报，研究审议了《关于召开2020年度青岛市援藏医疗工作表彰座谈会的请示》《农村宅基地“房地一体”不动产确权登记发证工作实施方案》等相关事宜，根据二届区委第82次常委会会议和区扶贫开发领导小组第9次会议要求，对自治区2020年脱贫攻坚成效考核工作进行再安排、再部署。

第19次党组会议　11月27日，区委副书记、区政府党组书记、区长索朗罗布在区行政中心七楼会议室主持召开，会议研究审议了《桑珠孜区财政局关于盘活2017年及之前财政存量资金统筹使用的请示》《桑珠孜区干部职工以个人名义借用公款未在规定期限内完成冲缴的处理意见》《关于进一步完善桑珠孜区光伏小镇规划的请示》《关于提交审议区属国有企业改革方案及相关制度、办法的请示》《桑珠孜区娘麦扶贫公司债务化解方案》《关于退还西藏旺达路桥工程有限责任公司2013年预交土地款的请示》等相关事宜。

第20次党组会议 12月14日，区委副书记、区政府党组书记、区长索朗罗布在区行政中心七楼会议室主持召开，会议分别听取了桑珠孜区2020年经济指标分析汇报、桑珠孜区2020年根治拖欠农民工工资支付工作开展情况汇报、桑珠孜区2020年土壤污染防治落实情况报告、桑珠孜区“互联网+政务服务”工作开展情况汇报、桑珠孜区信访局2020年度工作开展情况汇报，研究审议了《财政局关于研究审议〈桑珠孜区地方政府债务管理及风险预警机制〉的请示》《关于审议〈桑珠孜区江当现代生态产业园区相关工作情况报告〉的请示》《关于解决易地扶贫搬迁安置房有关前期费用的请示》《关于解决桑珠孜区自然资源评价评估及制定征收农用地区片综合地价工作所需经费的请示》《财政局关于提前偿还2021年区娘麦扶贫公司涉及政府债务的请示》《财政局关于核销其他应收款的请示》《关于解除桑珠孜区城南街道办事处卡热社区综合服务区及配套设施建设项目合同的请示》《关于解决西藏藏缆电缆股份有限公司项目历史遗留问题意见建议的请示》《关于审议解决原市政府旧址（现达热瓦后藏庄园宗地）土地办证问题的请示》等相关事宜。

第21次党组会议 12月20日，区委副书记、区政府党组书记、区长索朗罗布在区行政中心七楼会议室主持召开，会议分别听取中共桑珠孜区人民政府党组巡视整改工作进展情况报告、桑珠孜区2021年增加财税工作计划及措施汇报，研究审议了《关于桑珠孜区2020年财政预算调整的请示》《关于审议〈“十四五”期间青岛市对口支援桑珠孜区经济社会发展项目投资计划（审阅稿）〉的请示》《关于解决东嘎乡德朗玛水厂10千伏配电安装工程设计费的请示》《关于解决桑珠孜区鲁藏产业协作示范园基础设施建设项目森林植被恢复和水土保持补偿费用的请示》《关于审议聂日雄乡楚松村境内宗地征地相关事宜的请示》《关于审议甲措雄乡塔杰村境内宗地征地相关事宜的请示》《关于审议曲布雄乡顶村境内宗地征地相关事宜的请示》《关于审议边雄乡扎西岗村境内宗地征地相关事宜的请示》。

【区政府常务会议】 **第1次常务会议** 2月22日，区委副书记、区政府党组书记、区长索朗罗布在区行政中心七楼会议室主持召开，会议研究审议了《关于成立脱贫攻坚普查领导小组及脱贫攻坚领导小组办公室的请示》。

第2次常务会议 3月10日，区委副书记、区政府党组书记、区长索朗罗布在区行政中心七楼会议室主持召开，会议研究审议了《关于解决日喀则市精神病人福利机构项目建设用地的请示》。

第3次常务会议 3月15日，区委副书记、区政府党组书记、区长索朗罗布在区行政中心七楼会议室主持召开，会议通报了区政府党组2020年第2次、3次及区政府常务第1次、2次会议议定事项办理落实情况，研究审议了《关于开展第七次全国人口普查工作的通知》《桑珠孜区项目前期经费使用暂行管理办法（审议稿）》《桑珠孜区政府投资项目审批暂行管理办法（审议稿）》《关于解决日喀则市精神病人福利机构项目建设用地的请示》。

第4次常务会议 3月27日，区委副书记、区政府党组书记、区长索朗罗布在区行政中心七楼会议室主持召开，会议通报了区政府党组2020年第4次及区政府常务第3次会议议定事项办理落实情况，研究审议了《关于研究解决农村饮用水水质检测费用的请示》《关于研究"一园一镇"绿化方案的请示》。

第5次常务会议 4月15日，区委副书记、区政府党组书记、区长索朗罗布在区行政中心七楼会议室主持召开，会议通报了区政府党组2020年第4、5次及区政府常务第4次会议议定事项办理落实情况，会议研究审议了《关于研究审议桑珠孜区2020年招商引资指标分解和考核工作方案的请示》《桑珠孜区关于开展紧密型区域医疗卫生共同体建设的实施方案》《桑珠孜区强化主体责任完善网格化自然资源监管体系实施方案》《日喀则市桑珠孜区帮佳孔社区棚户区改造工程征收补偿安置暂行办法》《关于研究解决区政协专委会办公设备费用的请示》《关于研究审议关于桑珠孜区城南街道办事处及相关社区行政区划调整的请示》《桑珠孜区农村劳动力转移就业工作实施方案》。

第6次常务会议 5月6日，区委副书记、区政府党组书记、区长索朗罗布在区行政中心七楼会议室主持召开，会议通报了区政府党组会议、常务会议、专题会议议定事项办理落实情况，研究审议了《桑珠孜区发改委关于试点推行建设项目电子档案管理系统的请示》《城南街道办事处关于解决购置卡热社区变压器资金的请示》《关于解决城北街道办事处三居委、四居委10千伏变压器增容工程费用的请示》。

第7次常务会议 6月4日，区委副书记、区政府党组书记、区长索朗罗布在区行政中心七楼会议室主持召开，会议通报了区政府党组会议、常务会议、专题会议议定事项办理落实情况，研究审议了《桑珠孜区质量强区工作实施方案的请示》《日喀则市桑珠孜区"中国好粮油"示范工程实施方案的请示》《日喀则市桑珠孜区生态环境保护工作目标考核办法（送审稿）的请示》《日喀则市桑珠孜区生态环境保护网格化管理工作方案的请示》《桑珠孜区贯彻落实〈地方党政领导干部安全生产责任制规定〉实施办法（送审稿）的请示》。

第8次常务会议 7月16日，区委副书记、区政府党组书记、区长索朗罗布在区行政中心七楼会议室主持召开，会议通报了区政府党组会议、常务会议、专题会议议定事项办理落实情况，研究审议了《桑珠孜区农村饮用水安全工程运行管理办法（试行）的请示》《桑珠孜区农村饮用水安全工程水费收缴工作方案的请示》《关于桑珠孜区农村宅基地"房地一体"不动产登记确权发证面积执行标准事宜的请示》。

第9次常务会议 8月11日，区委副书记、区政府党组书记、区长索朗罗布在区行政中心七楼会议室主持召开，会议通报了以往区政府党组会议、常务会议、专题会议议定事项落实情况，研究审议《关于解决购买农牧民专业合作社财务软件资金的请示》《关于推进生活垃圾分类工作的实施方案的请示》《关于解除桑珠孜区城南街道卡热社区综合服务区及配套设施建设项目合同的请示》《城南街道办事处关于解决购置卡热社区变压器资金的请示》。

第10次常务会议 12月14日，区委副书记、区政府党组书记、区长索朗罗布在区行政中心七楼会议室主持召开，会议通报了以往区政府党组会议、常务会议、专题会议议定事项落实情况，研究审议了《关于审议〈桑珠孜区城乡建设用地增减挂钩项目实施方案〉的请示》《关于解决边雄乡孔布林村农机专业合作社扶持项目森林督查反馈问题整改所需相关资金的请示》。

第11次常务会议 12月20日，区委副书记、区政府党组书记、区长索朗罗布在区行政中心七楼会议室主持召开，会议研究审议了《关于审议〈桑珠孜区城乡建设用地增减挂钩项目实施方案〉的请示》《关于拨付边雄乡甲根村枸杞种植项目机械租赁费的请示》《关于授权桑珠孜区水利队审批监督管理塔曲河清淤工作的请示》。

第12次常务会议 12月28日，区委副书记、区政府党组书记、区长索朗罗布在区行政中心七楼会议室主持召开，会议研究审议《关于审议〈桑珠孜区财政局关于公职人员借用公款的管理办法（试行）〉的请示》《关于进一步做好桑珠孜区2021年财税工作的实施意见》《关于审议〈桑珠孜区人民政府关于加快推进违建违占整治工作方案〉的请示》《关于审议〈桑珠孜区政府职工一期周转房历史遗留问题解决方案〉的请示》《关于审议〈桑珠孜区强基惠民工作经费使用管理办法（试行）〉的请示》《关于审议〈桑珠孜区2021年元旦春节藏历新年“三大节日”期间慰问活动方案〉的请示》。

区政府办公室工作

【政务服务】 年内，实行“一站式受理、一条龙服务”，深入推进“互联网+政务服务”，全年网办件5910件，网上用户注册总量52446户，电子证照录入总量123970件，签发总量103276件。

【政务信息】 年内，区政府办公室向市人民政府办公室报送信息854期，下发政务信息摘要37期，市政府采用政务信息115条，其中标题信息采用31条，专报1篇，自治区办公厅采用桑珠孜区政务信息5条，全年桑珠孜区累计得分832分，在18个县区中排名第一。

【政务督查】 年内，区政府办指定专人负责督查督办工作，建立健全督查督办制度，对《政府工作报告》《2020年经济工作部署》进行目标责任分解，明确目标任务、完成时限、承办单位、办公室督查人员不定期督促检查；通过实地督、电话督和行文督等方式共督办落实区政府各类会议议定事项260次，实地督查30余次；下发督办通知45份；建立每周听取督办事项、领导批示督办落实情况制度，共督办领导批示件120余件；对九届区党委第八轮第一巡视组巡视反馈意见中涉及政府部门牵头20项整改内容，办公室明确专人建立专档督查督办，并建立牵头责任单位每周一报制度，不定期开展调度、检查、督导，组织召开6次专题推进会。

【政府网站】 2020年12月15日，桑珠孜区人民政府门户网站正式上线运行，门户网站试运行网址sangzhuzi.gov.cn。网站设置政府、要闻、公开、服务、互动、走进桑珠孜等6个一级栏目，36个二级栏目，34个三级栏目，20个四级栏目。通过网站可以了解政府领导相关信息、人事任免信息、政府会议，政府工作报告、每年本级财政预决算、重大项目进展情况、招商引资等相关政策文件，也可以进行社保查询、公积金查询、企业信誉查询等。

信访工作

【办信接访】 全年，桑珠孜区信访接待中心共接待群众来信来访（本级登录）61起，680人次（其中，5人以上集体访25起、564人次；个体访36起、116人次）。已全部妥善调处化解完毕，调处率100%。年内，桑珠孜区共开展排查矛盾纠纷隐患15次，排查出矛盾纠纷隐患68起，其中，不属于桑珠孜区职权范畴的矛盾纠纷11起，均已向市政府相关职能部门移交；属于区职权范畴内的57起矛盾纠纷隐患中，妥善调处化解46起。

【积案化解】 全年，对11批疑难信访隐患进行包案化解，妥善调处化解5批。全年，区信访局共调处疑难信访问题6件，化解各类来信来访61件。

【体制机制创新】 年内，完善领导接访包案机制，实行首接负责制，谁接访的案件，谁负责包案，一包到底。全年，共召开6次调度会，8次专题信访件分析会，并将相关情况形成文字材料下发各信访联席会议成员单位。年内，制定并完善《桑珠孜区信访工作目标责任书》和《提升信访三率专项工作目标责任书》，实行严格的信访工作责任追究制度。

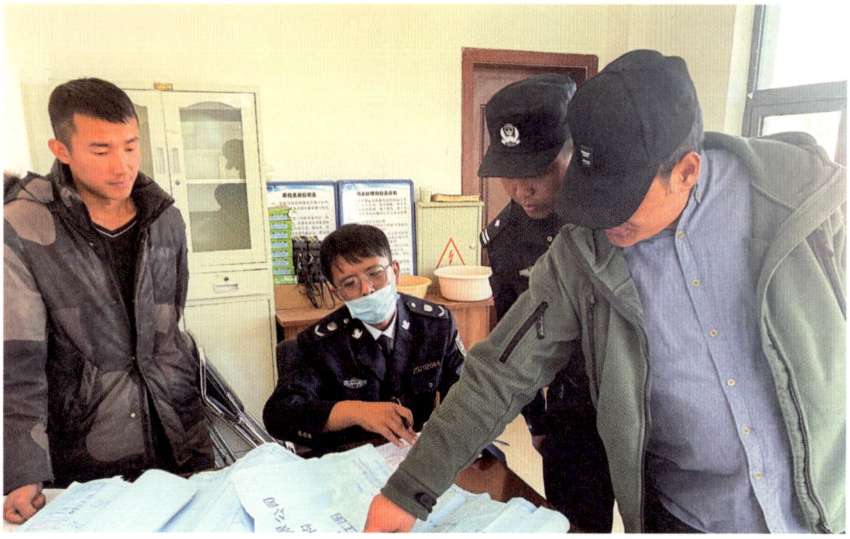

11月2日，桑珠孜区信访局联合相关职能部门开展矛盾纠纷隐患大排查工作

【基础设施建设】 年内，对接访室、党建工作室、区级领导接访室进行改建，增设座椅，饮水机等便民设施，配备新的办公电脑、彩色打印机、传真机等设备，并在党建办公室安装LED屏，局内安装档案壁柜4个，按照档案管理要求对来访人进行一人一档分类管理，将归档资料分门别类装订成册或组卷入盒，编号存档。

【法规宣传】 年内，在全区举办信访工作培训班一期，共培训各部门、乡（镇）专兼职信访干部48人，依托宣传日等各类宣传平台，发放《信访条例》手册1200余份。

行政审批和便民服务

【简政放权】 全年，桑珠孜区26家单位及各乡（街道）、社区、行政村共梳理实施事项1471项，全流程网办事项1130项，最多跑一次事项279项，互联网申报事项62项。政务服务效率平均承诺时间5.45天，平均材料数3.05个。推进“最多跑一次”和“一次不用跑”改革。全面清理烦扰企业和群众的各类“奇葩”证明、循环证明、重复证明。对要求办事群众提供的证明材料和盖章环节进行摸底，厘清证明种类、具体用途、法律法规依据、开具部门、开具数量等情况，提出拟保留和取消的意见。保留的证明事项实行清单管理，必须具有法律法规依据，除法律法规规定和市委、市政府，区委、区政府重大决策外，一律不得擅自调整和增设证明种类，无法律法规依据的一律取消。

【品牌建设】 年内，根据《西藏自治区实体政务大厅建设与服务指南》文件要求，结合桑珠孜区实际，区行政审批和便民服务局与市行政审批局及时沟通对接，致力打造市区一体化政务服务中心。

【政务服务】 年内，推进“互联网+政务服务”工作。成立“互联网+政务服务”工作领导小组，与各相关职能部门协调配合开展桑珠孜区“互联网+政务服务”工作。进一步完善运行体制机制，在确保“线下”顺畅运行的同时，加快“线上”服务推广普及，实现线上线下有效融合，确保改革目标圆满实现。与“互联网+政务服务”平台进行对接，配合完成平台测试和网络对接工作。全年，区行政审批和便民服务局干部职工共参加自治区、市政务服务培训2次，组织桑珠孜区各相关职能部门、各乡（街道）、社区、行政村开展“互联网+政务服务”业务培训2次，到各相关职能部门、乡（社区）业务指导40余次。全区12个乡（街道），176个社区、村（社区）已完成“互联网+政务服务”平台账号注册工作及事项初步梳理发布工作。桑珠孜区网办件总量累计为133279件，电子政务平台累计注册用户52516个，电子证照采集量125001件，签发总量124283件，情形化梳理达到95.42%。

机关后勤服务

【服务保障】 全年，确保“两会”、各级视频会、区委、区政府、各部门等大小会议450余场次会议顺利召开，服务参会人数2.5万人次，保障自治区、市两级赴桑珠孜区开展重要活动的服务工作。年内，组织保安人员定期进行巡逻，检查大楼各区域实时状况，各类节假日期间实行全体保安24小时值班带班制度。年内，组织行政中心安保人员开展消防安全等培训2次。为干部职工新办补办饭卡200余张，保障职工用餐7500余人次。全年机关后勤干部职工未出现一例“公车私用”情况，公务车辆运行费同比上一年下降幅度明显。组织驾驶、保洁、保安、电工等领域人员，做好急需物品采购供应、物资转运、车辆调配等后勤保障工作。年内，累计保障职工就餐36000余人次，保障应急盒饭1万余份。年内，先后处置32辆超标超编公务用车，完成公务车辆超标超编问题巡视整改工作，倾向基层调配4辆公务车辆，解决部分乡（街道）车辆不足的问题。与驾驶员签订安全责任书，定期开展安全教育，保障全区各部门重大活动、调研、下乡等用车1300余车次，安全行驶180余万千米。

【行政中心大楼综合管理】 年内，组织施工队对行政中心大楼、财政楼、民宗统战楼和司法民政楼等出现的墙体裂缝、掉砖、漏雨漏水等进行常规维修。年内，统筹资金20余万元对行政中心前院4000余平方米进行土地平整、草坪修复和补植补栽，组织区后勤干部职工累计150余人次，对绿化区进行除草、修剪、浇水等日常养护。年内，投入资金50余万元，对一至三楼及部分楼层共计45间办公室实施安装地暖及改造线路工程。

【制度规范】 年内，制定实施《桑珠孜区公务车辆管理办法》，制定《公务车辆调度使用流程》《公务车辆维修保养工作流程》《桑珠孜区机关后勤服务中心内部财务管理制度》《桑珠孜区行政中心保安管理制度》。

国企及园区运营

【国企改革】 年内，结合区情实际，开展国有企业改革。根据企业资产状况、发展前景、功能定位、改革目标和业务范围，以“清理、整顿、化解、规范、增效”为总方针，按照“一母N子”模式，进行市场化运作。整合调配政府及企业闲置资产，按照资产属性划转给3家企业。14处资产以作价出资的方式注资给城投公司；9处资产以作价出资的方式注资给娘麦公司；4处资产确权给娘麦公司。由区政府牵头制定化解娘麦公司光伏小镇、美食城、边雄乡甲根村枸杞种植项目所有遗留债务，减轻企业负担；由区政府牵头制定娘麦公司实施的风险补偿基金担保贷款业务贷款企业违约应急预案，剥离娘麦公司因贷款企业违约需承担的担保责任；将曲美乡热旦林沙场项目（包括遗留问题）交由城投公司进行处理；待日喀则市乡土植物科技创新有限责任公司正式运营后，将区财政局（国资委）所持有的股权划转至娘麦公司，壮大娘麦公司实力；推进粮食公司人事制度改革，提升企业活力。由区人社局结合粮食公司现有人员结构和企业发展需要，牵头制定该企业现有职工提前退休和新员工招录方案，报区委、区政府审批；完善国资监管体制机制，健全公司各项内控制度。

【城发投资】 截至年底，城投账面余额5303.83万元，资产总计14954.99万元，流动资产6440.44万元（上缴国库854.96万元，项目资金5585.48万元），非流动资产8514.55万元（固定资产8464.43万元，应收娘麦公司账款197.93万元，应收文达广告公司账款177.81万元，应收市民活动中心30万元）；总收入8.7万元，总成本147.21万元，净利润-138.51万元。文达广告公司账面余额80.1万元，资产总计233.16万元，流动资产137.77万元，非流动资产95.39万元（固定资产88.35万元，长期待摊费用7.04万元），账面余额80.09万元。未开票收入211.56万元，总收入64.85万元，总成本30.77万元，净利润34.08万元。年内，城投公司对高标准农田建设项目进行招标，确定监理单位。该项目总投资4500万元。完成清淤前期工作，已通过市场确定合作方，购置机械。

【娘麦公司】 年内，公司实施光伏小镇3.03兆瓦分布式光伏项目。项目总投资2595.32万元（援藏投资782.11万元，1813.21万元为本级财政配套）；启动中以农业光伏科技园普惠式专利温室设施及配套设施项目。项目总投资5000万元，资金来源为产业扶贫资金，占地20公顷。该项目于2020年12月完工，80个棚已全面投产。年内，投资1400万元，实施江当乡光伏小镇易地搬迁户（包含跨县搬迁户）娟姗牛养殖产业项目，工程已完成90%，资金拨付4688057.68元。实施江当乡光伏特色小镇建设项目，安置房部分建设总投资3.6亿元，共建民房331户。市政工程部分建设总投资6.9亿元，已完成基础设施建设并投入使用。

【江当现代生态产业园区管理委员会】 2016年—2019年，园区由临时管委会负责管理。至2020年，成立江当现代生态产业园区党工委和园区管委会。园区党工委设置书记1名，由区委常委、副区长兼任；设置副书记3名，分别由政府副区长、园区管委会主任、江当乡书记兼任；设置委员3名，分别由商务局2名副局长和区国有公司董事长兼任。园区管委会为桑珠孜区人民政府派出机构，正科级建制，设置行政编制4名，2名科级领导职数。管委会主要负责园区招商引资、规划建设、监督管理等职责。管委会实际配备主任1名，副主任1名，抽调工作人员5名。2020年5月8日，报市委常委会研究同意（1届183号），将原“光伏小镇”和“光伏+生态设施农业”产业示范园进行整合提升，统一建设江当现代生态产业园区。园区坚持打造幸福田园板块、幸福乐园板块、幸福工场板块、幸福家园板块四大板块，着力建设现代农业示范推广基地、青稞全产业链基地、光伏产业示范基地、研学旅游养生基地、藏家风情体验基地、空港服务产业基地等六大基地，初步形成南园北镇的产业发展格局。

【江当空巷田园小镇】 小镇位于江当乡郭加新村，G318北侧。规划占地面积185.4 公顷，主要包括配套居住、公共服务、商务中心、居民安置、空港新区、分布式扶贫光伏等六大功能区。共安置8个县和桑珠孜区9个乡易地扶贫搬迁人口351户1561人，在各级资金和青岛市援藏资金的支持下，已完成自来水厂、污水处理厂、垃圾中转站、便民服务中心、旅游集散中心、幼儿园等基础设施配套。实施了德琴3900青稞深加工、分布式扶贫光伏电站2个产业配套项目。小镇累计投入资金12.85亿元，其中小镇基础设施和易地扶贫搬迁投资10.82亿元（前期费用0.54亿元、易地搬迁房屋及土石方3.68亿元、市政工程建设6.6亿元），德琴3900青稞深加工项目投资1.42亿元（桑珠孜区娘麦公司委托中国银行放贷3000万元，市珠峰扶贫公司投入4000万元，定日、昂仁两县以“飞地经济”方式各投入3600万元），分布式扶贫光伏电站项目投资2628万元（援藏资金800万元、本级财政配套1828万元），援藏投资基础设施建设3500万元（小镇10千伏电力配套项目2000万元、幼儿园200万元、便民服务中心500万元、旅游集散中心800万元）。

【江当现代农业示范园】 园区位于江当乡郭加新村，G318南侧。规划占地面积4333.33公顷，其中占用林地面积2785.68公顷（2级公益林2187.56公顷、3级公益林581.51公顷、4级公益林16.61公顷）。2019年已入驻润藏苗圃、种树人苗圃、珠峰绵羊短期育肥、中以农业、岚泰农业科技等5家企业。其中，润藏苗圃项目总投资7800万元（区级产业扶贫资金3900万元、企业自筹3900万元），种树人苗圃项目总投资8500万元（市级产业扶贫资金4000万元、企业自筹4500万元），珠峰绵羊短期育肥项目总投资1200万元（区级产业扶贫资金720万元、企业自筹480万元），中以农业项目投入市级产业扶贫资金5000万元，以上4家企业累计投入22500万元，为园区经济发展注入了活力，有效带动贫困户就业，助力桑珠孜区顺利脱贫。2020年，引进山东水发兴业50兆瓦“光伏+储能”项目，总投资约4.5亿元，占地109.73公顷，年发电量1亿千瓦时。年内成功并网发电，雇佣当地工人约7200人次，日平均工资为200元/天，带动农民工增收约144万元。

中国人民政治协商会议桑珠孜区委员会

【重要会议】 2020年1月9日下午，中共桑珠孜区委召开政协工作会议。市委常委、区委书记葛庆敏出席并讲话。区委副书记多拉主持会议。区委副书记、人大常委会主任田世新，政协党组书记、主席普布及区委在家常委出席会议。以区委名义召开政协工作会议，在区委、区政协历史上都是第一次，也是进入新时代，区委站在新的历史起点上，为进一步加强党对人民政协工作的领导，团结区委各族各界人士，统一思想、凝聚力量，谋定政协新时代篇章的一次重要会议。会议传达学习了中央政协工作会议暨庆祝人民政协成立70周年大会精神、自治区党委政协工作会议暨庆祝自治区政协成立60周年大会精神及市委政协工作会议暨日喀则政协成立60周年大会精神，书面传达了《中共桑珠孜区委员会关于新时代加强和改进桑珠孜区政协工作的实施意见》征求意见稿。

政协第二届桑珠孜区委员会第三次会议 政协第二届桑珠孜区委员会第三次会议于2020年3月20日至22日在区行政中心召开。大会应到人数124人，实到委员115人，因事、因病请假人数9人。政协党组书记、主席普布代表政协第二届桑珠孜区委员会常务委员会向大会作报告；政协副主席次仁作二届二次会议以来提案工作情况报告。

政协第二届桑珠孜区委员会第四次会议 政协第二届桑珠孜区委员会第四次会议于2020年10月26日召开，区政协党组书记、主席普布主持会议，区政协副主席次仁、扎西次仁、洛萨加措出席会议，全体政协委员参加会议。大会应到委员124人，实到委员88人，符合选举规定。会议按照《中华人民共和国全国人民代表大会和地方各级人民代表大会选举法》以无记名投票的方式等额选举产生政协二届桑珠孜区委员会1名副主席，扎西次仁全票当选为政协二届桑珠孜区委员会副主席。

【常务委员会会议】 **政协第二届桑珠孜区委员会第七次常务委员会会议** 政协第二届桑珠孜区委员会第七次常务委员会会议于2020年3月17日召开。会议审议通过《政协第二届桑珠孜区委员会常务委员会关于审议张建平同志辞去二届政协桑珠孜区委员会副主席的备案意见》《二届政协桑珠孜区委员会常务委员会关于审议普布次仁同志辞去二届政协桑珠孜区委员会委员的备案意见》《政协第二届桑珠孜区委员会第三次会议议程、日程（草案）及委员提案截止时间》《政协第二届桑珠孜区委员会常务委员会工作报告（草案）及报告人（草案）》《政协第二届桑珠孜区委员会常务委员会关于二届二次会议以来提案工作情况报告（草案）及报告人（草案）》《政协第二届桑珠孜区委员会第三次会议提案审查委员会组成人员名单》《政协第二届桑珠孜区委员会第三次会议委员分组及小组召集人名单（草案）》。

政协第二届桑珠孜区委员会第八次常务委员会会议 政协第二届桑珠孜区委员会常务委员会第八次常委会会议于2020年3月22日召开。区政协党组书记、主席普布主持会议，区政协主席班子及政协常委参加会议。会议听取各小组讨论区政协二届三次会议常务委员会工作报告、区政协二届二次会议以来提案工作情况报告，听取政府工作报告及其他工作报告；审议通过《政协第二届桑珠孜区委员会提案审查委员会关于政协二届三次会议提案审查情况报告（草案）》《政协第二届桑珠孜区委员会第三次会议三项决议（草案）》。

政协第二届桑珠孜区委员会第九次常务委员会会议 政协第二届桑珠孜区委员会常务委员会第九次常务委员会会议于2020年6月29日召开，区委常委、统战部部长、区政协党组副书记扎西罗布列席会议，区政协党组成员、副主席次仁，副主席洛萨加措，政协二届常委参加会议，会议由政协党组书记、主席普布主持并作讲话。会议传达学习了《新时代人民政协工作知识要点》《全国政协第十三届三次会议精神》《西藏自治区民族团结进步模范区创建条例》《葛庆敏同志在创建全国民族团结进步示范区工作实施方案》。

【重要活动】 **政协第二届桑珠孜区委员会第三次会议提案交办会** 区委于2020年4月7日召开人大代表政协委员意见建议提案交办会，田世新、郝信斌、杨志强、边巴次仁、次仁出席会议。区直各部门负责人、基层政协委员联络办负责人、部分政协委员参加会议。区政协二届三次会议共收到提案65件，其中立案53件，意见建议7件，撤案5件。

青稞种植发展和高标准农田建设协商座谈会 2020年4月27日，桑珠孜区政协组织召开青稞种植产业发展和实施高标准农田建设项目专题协商座谈会。区政协党组书记、主席普布主持会议。会议听取次旦扎西所作的全区青稞种植产业发展和高标准农田项目建设情况汇报，与会委员结合前期视察调研情况，就部分乡、村在建的高标准农田项目中存在的困难问题和下一步如何推动青稞产业发展作交流发言。

桑珠孜区政协开展加快城乡医疗卫生事业发展、进一步提高全民健康意识、建设健康桑珠孜区协商座谈会 2020年8月19日，组织医疗卫生界政协委员、区政协办、专委会、卫健委、医保局、卫生服务中心、疾控中心、各乡（街道）、卫生院（卫生服务中心）负责人参加会议。协商座谈会上，分析桑珠孜区城乡医疗卫生事业运行情况，查找存在的困难和问题，分别作汇报，部分医疗卫生界政协委员作交流发言，提出

5月28日，桑珠孜区政协组织部分委员开展“落实乡村生态环境保护责任机制，改善农村环境治理情况”视察调研，入户察看人畜分离情况

20条区城乡医疗事业工作中存在的困难问题及9条意见建议。

“农村人畜饮水安全保障管理运行情况”视察调研及协商民主座谈会 区政协组织委员采取实地察看、听取汇报、入户调查、座谈协商等形式，就桑珠孜区农村人畜饮水安全运行管理工作的供水现状、工程建设情况、运行管理情况以及存在的困难问题、下一步工作意见建议开展视察调研并召开协商座谈会。

“加强和提高提案办理质量及成果转化”协商座谈会 2020年10月15日，区委常委、政府副区长秦立国出席会议，区政协党组成员、副主席次仁主持会议，会上，区委常委、政府副区长秦立国就区政协二届三次会议提案办理工作从办理情况、主要做法、存在问题、下一步改进措施作总的汇报，各提案承办单位、部分政协委员结合提案办理及办结满意度方面作交流发言。区政协党组成员、副主席次仁对提案各承办单位提案办理工作给予充分的肯定并提出意见。区政协二届三次会议转交立案提案53件，已办结38件，办结率达71%，列入计划办理15件，委员满意度100%。

“遵行四条标准、争做先进僧尼，更好地发挥宗教委员履职能力情况”协商座谈会 区政府副区长、曲布雄乡党委书记张建平、区政协副主席洛萨加措出席会议。会上传达学习中央第七次西藏工作座谈会精神，听取由区委统战部作的全区宗教领域开展“遵行四条标准、争做先进僧尼，更好地发挥宗教委员履行职能”情况汇报。7名宗教界政协委员作了交流发言。

“加强农牧民劳动技能培训，提高劳动者技能水平”协商民主座谈会 会议听取人社局、区农业农村局作的全区农牧民劳动技能培训工作开展情况汇报，部分政协委员作了交流发言。

年度视察调研活动 全年，完成自治区政协、市政协视察调研16次。区政协组织开展“关于我区青稞种植产业发展和高标准农田建设及水利重点建设项目实施情况”视察调研，组织委员开展“关于我区巩固脱贫成果情况”联合调研，“桑珠孜区高校毕业家长对大学生就业观念的情况”视察调研，关于“农村人畜饮水安全保障管理运行工作”的视察调研等4次视察调研。

各乡（街道）视察政协联络办组织委

员开展学习考察、视察调研共计6次。年内，共计完成15篇专题报告，正逐步转化成为参与基层社会治理的工作实效，政协工作从民主监督向协商民主、建言资政、凝聚共识转变。《全区湿地保护工作开展情况》《脱贫攻坚巩固提升工作情况》《桑珠孜区农牧区学前教育调研报告》《关于如何发挥政协独特优势作用、不断提升政协整体工作水平》《关于做好新时期政协专题调研工作的思考》《浅谈中共党员委员在基层政协中的作用发挥》《区政协组织委员赴青岛市学习考察情况》等11篇视察调研和学习考察报告，一些重要建议，已转化为区发展思路和具体工作措施。

【文史资料编撰】 年内，配合市政协设立了桑珠孜区文史专栏，报送《谿卡·桑珠孜》《致富人物经历》《政协年鉴》《宗教文化掠影》《后藏服饰与民间传统娱乐游戏》等5本桑珠孜文史资料。

【考察调研】 完成自治区政协、市政协在桑珠孜区围绕‘十四五’规划及西藏农牧业发展”“依法治理民族事务、促进民族团结”“做大做强天然饮用水产业”“抓好精准扶贫产业后续发展”等主题调研8次。协同兄弟县（市）政协开展专题调研、学习考察8次。

纪检监察

综 述

【重要会议】 召开中共桑珠孜区第二届纪律检查委员会第三次全体会议和3次乡（街道）纪委书记工作会议（纪委书记扶贫工作），统筹安排、一体推进全区纪检监察各项工作，召开区纪委班子（扩大）会议90余次，党支部会议10余次。

【落实“两个责任”】 落实“双重”领导体制和请示报告制度，协助区委履行全面从严治党主体责任，就重大事项向区委、市纪委请示汇报50余次。

【政治生态】 年内，向上级纪委监委、区委书记及区委常委会请示汇报20余次。重要时段出动60余人次开展督查30余次，对3家落实维稳工作不力的单位进行通报处理；以明察暗访、专项抽查等方式对全区12个乡（街道）、17座寺庙（拉康）进行督导检查；深入全区17座寺庙（拉康）和2个学经点排查“未批先建”“批小建大”问题，及时将排查发现的5条问题反馈上报市纪委；对13家驻寺管理机构落实党的宗教政策、上级党委重大决策部署和“遵行四条标准,争做先进僧尼”教育实践活动开展监督检查，反馈意见3条。疫情防控工作开展监督检查20余次，受理疫情类问题线索8件，处分3人，诫勉3人、约谈7人。受理涉恶问题线索3件，有力服务保障扫黑除恶专项斗争。牵头组织水利、发改等部门对全区12个乡（街道）1399户6133名建档立卡户和13个集中安置点安全饮水情况进行监督检查，检查发现并反馈相关单位整改问题6类，提出建议8条。强化扶贫领域项目实施和资金管理使用的监督检查，共受理涉及扶贫领域的问题线索3件。

【学习培训】 年内，参加上级纪委、组织部、普法办等单位组织的各类法律、业务知识测试10余次。开展纪检监察干部全员培训活动10余次；选派纪检监察干部到内地学习、到上级业务部门跟班跟案、以案代训共10余人次。邀请组织部、财政局、农业农村局等单位业务骨干集中授课辅导前后2批对382名村务监督员进行集中培训。

【党风廉政建设】 年内，开展违反中央八项规定精神，形式主义、官僚主义等“四风”突出问题的专项整治和自查清理纠治工作，发现问题85个（其中一个问题线索已上报市纪委监委）。草拟《桑珠孜区关于进一步贯彻落实中央八项规定精神自治区党委实施办法的实施细则（试行）》，协同督促相关部门就领导调查研究、公务差旅、公务接待、公车管理等方面具体规定进行细化。开展公款吃喝、公车私用、违规发放津贴补贴、收受红包礼金、上级通报文件学习等情况监督检查40余次，对16家单位餐饮浪费等问题监督检查4次，受理涉嫌违反中央八项规定精神问题线索3件。

【执纪审查】 全年，区纪委监委受理问题线索86件，立案审查调查17件，给予党纪处分20人，诫勉17人，约谈54人。运用“四种形态”处理110人次，其中，第一种形态处理90人次，占比81.8%，第二种形态处理9人次，占比8.2%，第三种形态处理3人次，占比2.7%，第四种形态处理8人次，占比7.3%。

【监察体制改革】 年内，补充3名行政编制进入纪检队伍。区纪委监委牵头或参与的议事协调机构共计40个，清理退出议事协调机构29个，保留或继续参与议事协调机构11个。探索实行片区乡（街道）纪委协同办案，对反映问题严重、情况相对复杂的问题线索由“区纪委监委指导、片区内主办、问题发生地协办，”交由乡（街道）纪（工）委交叉办案6次。

【巡察监督】 全年，开展3轮巡察，共巡察了39家单位，发现问题660件，向纪委监委移交问题线索6件8人，清退资金96650.5元，规范资金234.04万元。全力做好自治区党委巡视一组反馈意见的整改工作和监督工作，涉及区纪委监委牵头整改的8个问题，已整改完成。年内，联合区委组织部、区委巡察办对全区50余家单位各级巡视巡察反馈意见整改工作开展监督检查9次，其中针对九届自治区党委第一巡视组反馈意见整改监督检查6次，检查单位40家。

【专项监督检查】 年内，将发现的3起疑似违反中央八项规定精神问题线索移送市纪委监委；受理公职人员参与赌博或带有赌博性质的娱乐活动问题线索1件，诫勉谈话1人；对履职不力、失职失责的2名领导人员，给予党内警告。开展维稳督导检查140次，累计出动检查321人次，在全区范围内通报4起，涉及6人。联合相关部门开展扶贫领域专项监督检查20次，其中，扶贫领域安全饮水专项监督检查反馈整改问题6件，提出意见建议8条。受理市纪委移交的涉恶个案的“一案三查”查办12件；受理“微腐败”问题线索14件、给予党纪处分1人、提醒谈话5人。受理检察院移送问题线索35件、公安局移送问题线索1件，向市纪委监委移交问题线索30件。区纪委监委组织9个乡（街道）纪委干部对桑珠孜辖区内13个寺管会落实党的宗教政策和对宗教领域工作决策部署的落实情况等进行专项监督检查，提出反馈意见3条。

10月25日，区委常委、纪委书记、监委主任胡文宣讲中央第七次西藏工作座谈会精神报告

对口援藏

青岛援藏工作

【概况】 年内，青岛援藏组认真贯彻习近平新时代中国特色社会主义思想和新时代党的治藏方略，全面落实鲁藏两地党委政府各项决策部署，提出并践行“融入融合、深情深耕、自律自强”的工作理念，在工作中，瞄准关键领域的关键问题，充分运用改革、创新两种方法，聚焦产业援藏、民生援藏、智力援藏、生态援藏。2020年，共投入1.05亿元实施了12类83个项目（其中，计划内援藏资金7223万元，实施了11类50个项目，争取3300万元社会资金，实施了33个项目），计划内11类援藏项目中，5类12个建设项目均已完成验收工作，6类38个费用项目均在10月底完成。进藏以来，累计投入1.91亿元实施了26类158个项目。按照区委要求，援藏组还会同商务局、园区管委办等部门主抓招商引资工作，经过近1年努力，全区完成实际到位资金11.67亿元，完成年度目标的194.5%。

【工作综述】 **聚焦产业援藏，大力实施产业提质行动，构筑产业融合新模式。**突出一个园区，打造江当现代生态产业示范园。针对国家政策调整，西藏光伏产业划为红色限定区域，援藏组提出将原“光伏小镇”和“光伏+生态设施农业”产业园整合提升，建设江当现代生态产业示范园。坚持“引进一批、培育一批、建设一批”理念，年内引进项目7个，计划总投资6.75亿元，其中引进水发集团投资4.5亿元建设西藏最大50兆瓦光伏储能项目，实现当年签约、当年开工、当年并网发电，该项目1650亩农村流转土地预计可为当地百姓每年增收约30万元，为当地每年增加税收约400万元。2020年，援藏资金在该区域投入3550万元实施电力等基础设施配套和绿化提升项目，累计投入1.03亿元促进园区基础设施完善。投资6500万元（援藏资金3500万元）的日喀则·青岛双创大厦，已竣工验收，将纳入园区统一管理，形成城乡互动，为园区发展提供支撑。

突出一个产业，打造青稞全产业链基地。对青稞产业链条进行全面梳理，在小镇规划了一期约450亩土地，建设以技术研发、市场拓展、文化体验为带动，集青稞种植、加工、研发、展示、销售、文化体验为一体的青稞全产业链基地。援藏组助推青稞产业发展的成果被中央电视台《新闻联播》栏目报道。基地年内落户和即将落户项目3个，计划投资额2亿元。青稞产业化研发实验室在青岛蔚蓝生物集团挂牌成立，青稞产品研发不断得到新升级。以青稞产品体验馆为抓手，依托青岛邮政集团，打造青稞产品体验馆。9月24日云霄路等3个体验馆开馆，一个月的销售额约30万元。

突出“一乡一业”发展，打造产业特色小镇。采取“市场+龙头企业+基地+合作社+农户”的利益联结模式，着力打通市场端和农户端，投入350万元，累计投资2110万元，打造特色小镇，东嘎乡土豆小镇、边雄乡萝卜小镇初具规模，正在重点打造奶牛、珠峰绵羊等特色小镇，直接带动农牧民就业708人，间接带动就业733人，实现增收228.2万元。累计直接带动农牧民就业2301人，间接带动就业9000人，实现增收6053万元。

聚焦民生援藏，大力实施幸福民生行动，实现生活品质新提升。坚持教育优先发展。推出学前教育春苗计划，在西藏开创性提出并实施学前教育三个100%的工作目标。现已率先实现3～6岁适龄儿童入园率100%和乡村幼儿园大学生教师配置率100%的目标。年内，乡村幼儿入园人数由2342人增加到3555人，新配备大学生教师125名。实施乡村幼儿园建设标准化100%目标，援藏组组织编写了《小规模村级幼儿园建设标准》，既保证幼儿园功能完备，又极大地减少了投资。年内，中铁十四局等爱心企业参与了29所幼儿园的捐建工作，现已完成8所，已开工11所。3个100%的实施，在西藏属于首创，得到了各级领导的肯定。该项工作已被自治区作为“民族教育优秀成果”上报到教育部，央视一套《晚间新闻》进行了报道。同步实施“5+X”特色教育及经典诵读、书法、足球、非遗文化和科普五大课程进校园活动，投资7300万元建设青少年科普实践基地，已完成选址和规划设计方案，2021年开工建设。举办了日喀则市首届科技节、日喀则首届青少年人工智能一级方程式大赛，中央电视台《晚间新闻》等栏目给予专题报道，青少年科技节活动在新华网、“学习强国”等多家媒体上点击量超过100万人次。

提升医疗服务水平。围绕争创三乙标准医院，从硬件设施和技术能力双向提升，2020年，投入600万元配备医疗设备。成立“山海情·红马甲”医疗志愿者服务队。开展重大疾病预防筛查、义诊巡诊等活动，惠及群众6000余人次，对4388名儿童进行先心病筛查，确诊21例，符合手术指征7名患儿送至内地进行免费救治，均康复返藏。疫情防控期间，帮助桑珠孜区募集防护服、一次性医用口罩等防疫物资36.28万余件，价值100余万元。携手桑珠孜区抗击疫情的事迹得到《大众日报》、“学习强国”、新华网、山东省委组织部灯塔在线等9家媒体的报道。

打造党建服务品牌。投入300万元，累计投入2400万元，为甲根村等19个村居配套相关设备，建成市民活动中心和2个村级规范化基层党建活动中心，村级标准化活动场所实现100%覆盖。

聚焦文化援藏，大力实施智慧点亮行动，增添区域发展新动力。实施品牌共建。通过联系内地世界500强企业、知名品牌与日喀则当地企业、品牌联创联建，共同拓展市场渠道，促进日喀则企业快速健康成长。联系正大集团、青岛丹香食品等公司与辖区德琴庄园有限公司进行合作，多款产品已成功上市，短短几个月时间，销售额达到近900万元，品牌认知度逐步提高。

实施文化共建。积极争取社会资金支持，围绕青岛海洋文化与日喀则珠峰文化的共建共融，推出青青之音——青岛·日喀则原创音乐培育计划。加大保护和传承非物质文化遗产力度，投入专项资金开展非物质文化遗产普查工作，共取得成果近150项。加快江当田园小镇建设，助力桑珠孜区全国全域旅游示范区创建工作。

实施机制共建。引入企业+管委会的管理模式，成立江当现代生态示范园区管委会，提升管理水平。组织部分乡与青岛各区市交流活动，探索建立青岛各区市与桑珠孜乡街共建工作机制。组织30余家企业赴青岛开展消费扶贫展、城阳区市民节等活动，销售额达100余万元。

实施人才共建。2020年9月，桑珠孜区首批50名党政干部人才赴青岛相关区市街道、社区进行体悟实训，取得了非常好的效果。建设西藏首家乡村振兴学院，学院围绕乡村振兴人才培训，服务重点群众在家门口的就业，服务村级合作社规范升级，服务大学生创业就业。借助平台汇聚高校、龙头企业、行业协会等，建立战略联盟，年内已挂牌运行。成立了乡村振兴学院组成机构，制定了运营机制，正在组织开展首期培训班。同时，年内援藏资金累计投入490万元培训13班次300余人。

聚焦生态援藏，大力实施绿水青山行动，展现宜居和谐新面貌。进行生态林建设。投入2650万元实施生态林、沙化治理、经济林建设，投入500万元用于苗圃扶持，建设人工林地面积2000余亩，苗圃基地促进增收近300万元。同步规范提升生态合作社，实现创收159.6万元。

挖掘黑颈鹤文化。建设黑颈鹤保护基地，进一步丰富区域旅游资源。年内，项目已完成选址和设计，2021年开工。

年内，青岛第九批援藏组紧紧围绕“融入融合、深情深耕、自律自强”的12字工作理念，突出政治历练、能力训练、岗位磨炼和作风锤炼，坚持学习、开展讨论，在山东省援藏系统庆“七一”党建知识比赛中勇夺冠军，在全市援藏系统乒乓球赛中获团体冠军和个人赛亚军。青岛援藏工作被中央电视台、新华网、中组部援藏公众号等媒体报道50余次。山东省省长李干杰，西藏自治区主席齐扎拉、纪委书记王卫东，青岛市委书记王清宪对青岛援藏相关工作也给予肯定和鼓励，并对今后援藏工作提出了更高的要求。

人民团体

桑珠孜区总工会

【概况】 2020年，全区共有工会会员14943名，其中，女会员8420名。共建工会组织309个，其中，区直部门工会组织46个，乡（街道）工会组织12个，国有企业工会组织2个，基层工会组织249个（行政村176个、非公企业13个）。共有劳模9人，在档困难职工10户。

【劳模服务管理】 年内，起草《桑珠孜区弘扬劳模精神、劳动精神、工匠精神努力建设高素质劳动队伍实施方案》，动员先进模范人物开展宣传、示范、组织引领工作，并做好劳模推进评选工作。年内，邀请自治区级劳模旦增向企业、乡（街道）工会主席（干事）100余人开展劳模宣讲。“五一”期间，慰问劳模，发放慰问金1000元，为7名劳模发放床上用品价值3500元。

【维护职工权益】 年内，在各类节假日期间慰问在档困难职工15户，劳模7人，每人发放价值500元慰问品，折合人民币11000元。在“五一”期间，慰问企业6个，每个企业发放慰问金1000元，共计发放慰问金6000元。慰问15名在档困难职工和23名先进工作者，发放慰问金22600元；年内，对各乡（街道）职业培训需求进行摸底，做好职业培训相关服务工作。年内，走访慰问疫情防控一线单位59家，慰问参与疫情防控干部职工1547人次，发放慰问金25万余元。开展疫情防控常态化下的困难职工帮扶工作，向15名受疫情影响的困难职工发放中央专项疫情防控救助资金3万元。年内，为135名职工会员发放2019年6月至2020年11月生病住院、直系亲属去世慰问金10.82万元。为2778名干部职工（含公益性、辅警）工会会员发放生日蛋糕券。为2310名干部职工发放东嘎土豆、藏鸡蛋、清油、粽子等端午集体福利。为154名干部职工发放结婚、生育慰问品烤箱和床上用品四件套，折合6.16万元。为2179名干部职工发放中秋、国庆节集体福利米、面、油、大礼包共计1052818.7元。投入资金25万元用于城南街道办事处、纳尔乡、聂日雄乡、联乡职工活动场所建设。

年内，制作工会会旗，为12个乡（街道）和176个行政村（居）发放，组织全区800余名干部观看爱国主义教育片《八佰》，共投入资金2.5万余元；组织28名干部职工前往拉萨、林芝开展2020年第一批疗（休）养活动。年内，联合区委党校，深入纳尔乡、曲美乡多仁村开展送温暖、送文化、送法律、送政策、送医送药“五送”主题实践活动，共发放宣传资料190余份，问诊人数190余人，发放常用药30种，价值15400元，受益群众190余人。年内，联合区应急管理局、区消防大队，在桑珠孜区饭店对西藏塔杰林工贸有限公司、桑珠孜区饭店、城投公司85名企业职工开展“安康杯”消防知识讲座暨消防安全演练活动。

【帮扶救助】 年内，开展调查摸底和精准识别，入户调查覆盖率达到100%。对2019年已脱困的8名困难职工进行精准入户调查，防止返贫现象发生。年内，对2020年申报的困难职工进行入户调查，联合住建、公安、民政等部门对申报材料真实性进行审核。年内，为2019年以来国家级在档困难职工发放渐退期生活救助金，涉及人数40人，每人发放救助金2000元，共计发放救助金8万元，并对清退人员开展回访工作；为4名国家级在档困难职工发放中央财政专项困难职工基本生活支出补贴，每人发放资金5082元，共计发放金额20328元。对新申报的困难职工进行入户核查，将符合条件的3户分别纳入国家级和自治区级困难职工系统。年内，经动态调整后，桑珠孜区共有困难职工10户，其中国家级困难职工5户、自治区级困难职工5户。

【工会经费收缴管理】 按照《中华人民共和国工会法》要求，2020年提取工会经费共计6441176元，完成上解工会经费2576470元，剩余3871246元。

共青团桑珠孜区委员会

【概况】 2020年，全区共有团组织215个。其中，基层团委15个，团支部200个，团员人数为2945人，新发展团员130人。

【青年志愿者工作】 年内，打造“共青团+返乡实践”品牌。组织动员返乡大学生以“三下乡”为主题，深入党政机关、企业、志愿单位开展系列实践活动，以“一株水滴”青年志愿者协会为依托，成立团属青年组织，吸纳志愿者共20余名，构建以团组织为核心、团员青年为主力、全社会共同参与的志愿服务格局。年内，一株水滴协会共开展“尽己之力,温暖一座城”等主题活动7次。打造“共青团+青创协会”品牌。组建一个青年创业者协会，共有会员人数16人。

【青少年思想工作】 年内，共参与网上主题团课共计4000余人；走街串巷、走村入户开展宣讲10余次；开展有奖知识竞赛1场；赴全国各地考察学习5次。以单位推荐+个人自荐的形式，选拔12名青年组成讲师团，开展“青年讲师团”进学校、进农村、进社区等活动，用喜闻乐见的方式，讲好先进理念、讲好战疫故事。开展“育苗计划”，开展思想教育活动，以更高站位延续关心下一代系列活动。年内，开展民族团结为主题的系列活动4场次。开展育苗计划4期。年内，共开展法治宣传活动10余次。

【青年创业】 年内，选取2名未就业大学生进行结对帮扶，送去就业政策；组织1家符合条件的青年创业者推荐成为西藏自治区青年企业家协会会员，并创建桑珠孜区青年创业者协会，为青创者开展系列政策宣传活动，组织青创者开展系列公益活动。开展政策宣讲活动3次，开展考察学习活动1次，争取赴内地培训机会2次，开展公益活动1次。

【服务青少年工作】 年内，给2户家庭困难的3名未成年子女送去文具等折合人民币1825元的慰问物品。在学校、社区开展以“中华民族一家亲，同心共筑中国梦”为主题的系列活动，共开展民族团结为主题的系列活动4场。年内，桑珠孜团区委落实国务院国资委党费专项资助贫困大学生政策，共向15名大学生落实资助金7.5万元，以及国酒茅台助学金，共向5名大学生落实资助金2.5万元。

【青少年志愿者服务】 年内，共招募3名志愿者，并对志愿者们的生活予以保障，在各类节假日对3名志愿者进行慰问，并由团委书记主持召开5次座谈会，给志愿者们提出建议、解决问题。年内，举办“桑珠孜区团委青年志愿者”授旗仪式，为12个乡办颁发青年志愿服务队队旗。全年，共开展慰问活动4次、卫生清扫活动3次，以及其他宣讲活动5次。

桑珠孜区妇女联合会

【重要会议】 2020年10月27日至29日召开桑珠孜区第一届妇女代表大会第一次会议，选举产生新一届妇女代表95人，新一届妇联班子专职主席1人、专职副主席1人、兼职副主席5人、常委11名、执委17名。

10月28日，桑珠孜区第一届妇女代表大会第一次全体会议召开

【妇女创业就业（双创）】 年内，组织辖区“妇”字号企业、合作社、女大学生、妇女创业人参加上海市、自治区妇联、日喀则市妇联举办的相关培训共3次。

【妇儿维权】 全年，县级层面成功处理维权案件5起；开展青少年青春期教育工作，深入辖区各学校开展法治、健康、安全常识专题宣传活动10次，受益人数达600人。

【技能培训】 年内，争取日喀则市妇联培训经费6.05万元在曲布雄乡仁嘎村组织建档立卡贫困户32户妇女开展日喀则市首次家政服务培训，并通过市级验收颁发证书。

【民生项目】 年内，落实农村户籍“两癌”女性医疗救助资金国家层面5人，共计5万元，市级层面5人，共计2500元；协助卫生部门开展妇科免费健康体检工作。

【妇女儿童工作】 年内，在重大节日向辖区单亲母亲、孤寡老人、留守儿童、贫困母亲以及特殊岗位女性员工开展走访慰问活动，共计200人、8.56万元。通过市级“十三五”期间“两规”验收工作。

【帮扶救助】 年内，开展干部结对帮扶及“4321”结对帮扶工作，对12名结对帮扶对象送去慰问物资折合人民币4500元。

【“三八红旗手（标兵、集体）”和“平安家庭”等评选工作】 年内，城南街道德勒社区加央被评选为全国“五好文明家庭”先进个人；城北岗多社区次仁旺姆家庭被评选为自治区级“五好文明家庭”；江当乡郭加新村被评选为自治区“美丽家园 幸福人家”示范点；城北波姆庆社区妇联被评选为自治区“最美基层妇联组织”；曲美乡中心小学副校长扎西普赤、纳尔乡芝萨村妇联主席、桑珠孜区公安局15号警务站分别被评选为市级“三八红旗手、三八红旗标兵、三八红旗集体”；城南街道德勒社区加央、区卫生综合服务中心卓嘎和曲布雄乡边玛村拉旺三个家庭分别被评选为市级“最美家庭”“五好文明家庭”；城北彭确社区被评选为日喀则市“家家幸福安康工程”示范点；10户被评选为桑珠孜区“平安家庭”。

【基层妇联组织改革】 年内，完成176个行政村、12个乡（街道）“区域化改革”工作；辖区同和医院、民生管业有限公司、纳尔三八羊毛加工厂、桑珠孜饭店、藏康医院5家“两新”组织中组建妇委会组织。

军事

桑珠孜区人民武装部

【战备演练】 年内，狠抓战备工作，完成国防潜力数据调查，制订完善预储预征等计划；落实“三分四定”，规范战备物资，修订完善各类方（预）案32份；严格落实一线战备值班制度，做到值班按时到位、全时在岗。

【征兵工作】 年内，借助地方媒体，制作桑珠孜区多媒体征兵宣传片；联合区委宣传部，采取张贴标语、通告，下乡指导等方法，进行宣传教育。共设立宣传点13个，下发宣传单1万份、张贴标语120余幅、编写并下发宣传教育提纲2份、下乡检查指导工作20余次。

【实弹战术演练】 桑珠孜区严格民兵军事训练计划，采取“挂靠训、捆绑训、辐射训、拉动训”的方式组织好民兵军事训练，并对参训的民兵建档立卡，实施规范化管理。

【拥军爱民】 年内，开展党的创新理论“四进入”（进社区、进寺庙、进乡村、进学校）活动。紧紧围绕维护国家主权、安全、发展利益，共为党政机关干部、民兵骨干和农牧民群众进行国防教育宣讲10余场次；参与桑珠孜区“全国双拥模范市”“六城共建”“民族团结进步创建示范市（区）”等活动。同时，协助协调解决退役军人落户、就业安置、完善登记等具体问题；坚持物资帮扶与思想帮扶相结合，共计投入经费5万元，积极与联乡“两村三户”和8名贫困学生进行结对帮扶。

退役军人事务

【政策保障】 年内，完善全区伤残人员档案和完成换证工作。落实重点优抚对象抚恤补助150.68万元。精准识别生活困难的退役军人和其他优抚对象家庭，建立困难家庭帮扶机制，不断健全社会优待体系，确保困难退役军人和其他优抚对象家庭生活水平稳步提升。全年，区退役军人事务局救助6名优抚对象医疗补助6.04万元。落实军休干部2020年1—12月的工资；落实义务兵家庭优待金和自主就业一次性经济补助，本级财政已落实义务兵优待金和一次性经济补助费用，2019年之前退伍的义务兵优待金和一次性经济补助由市级财政拨付。为2019年新接收军队退休干部（士官）补缴医疗保

7月30日，在八一建军节来临之际，桑珠孜区举办庆祝中国人民解放军建军93周年"拥军优属 拥政爱民"慰问演出和系列走访慰问活动

险费用，为居住在区外的军队退休干部报销医疗费用、办理特殊门诊。

【双拥优抚】 2020年，在"三大节日"期间开展慰问困难退役军人活动，发放慰问金6.46万元。在庆祝中国人民解放军建军93周年活动中，专门调集近17万元慰问金开展拥军优属活动，走访慰问辖区人武部，市、区两级消防救援大队等并举办演出活动，发放慰问金2.6万元。开展困难退役士兵入户走访调研活动，发放慰问金。解决现役军人"三后"问题，推动落实现役军人退役后的安置，现役军人家属就业、子女入学入托和享受农牧民子女教育"三包"政策。

法治

政治与法治

【平安法治建设】 年内，开展反邪教、反走私、禁毒、禁赌、爱路护路、打击非法传销、增强国防意识等法治、政法、平安建设（综治）宣传教育。年内，共开展宣传活动8场，发放各类宣传材料420余种，出动宣传车辆54台次，接受法律咨询350余人，共派出宣传人员234人次，发放宣传材料5683份，悬挂宣传横幅350余条，制作展板259块。利用便民警务站便利平台，滚动播出政法、平安建设（综治）及“双联户”宣传知识。

【“双联户”工作】 年内，对全区2020年“双联户”三册（格长信息、户长信息、家庭信息）进行更新完善，确保底数清、情况明。年内，举办两期户长培训，讲解相关双联户知识。兑现2020年度双联户长补助资金603.6万元。全年，全区享受区级“先进双联户”家庭直系子女参加全区高校毕业公开招录考试的有44名；享受市级“先进双联户”家庭直系子女参加全区高校毕业公开招录考试的有18名；享受自治区级“先进双联户”家庭直系子女高考加分的有1名。年内，桑珠孜区共推荐36个县（区）级先进联户单位351户，11个市级先进联户单位109户；推选16个县（区）级双联户工作先进集体村（居），4个市级双联户工作先进集体村居，4个县（区）级双联户工作先进集体乡（办）、2个市级双联户工作先进集体乡（办）。召集乡（办）负责人和村（居）负责人传达资金使用办法，兑现奖励资金197.98万元。

【铁路护路联防】 年内，共召开铁路护路联防工作专题会议10余次，研究铁路护路工作动态，分析铁路护路工作形势，查找铁路护路工作漏洞。根据铁路沿线维稳工作实际，研究制订《桑珠孜区铁路护路联防应急处突预案》《铁路沿线防汛抗洪应急工作方案》等各重要节点工作方案8份。

【政法工作】 年内，实行“四个纳入”，即把政法、平安建设（综治）工作成效纳入各级各部门领导干部特别是党政主要领导年度岗位目标和政绩考核范畴；纳入区委考核，提拔、使用干部的必备条件；纳入全年目标管理考核的重要内容；纳入评先评优的重要依据。坚持“三个签状”。年初，区与乡（街道）、乡（街道）与村（居）、村（居）与户分别签订政法、平安建设（综治）目标责任书，形成了政法、平安建设（综治）工作分级管理、人人有责的责任体系和政法、平安建设（综治）工作纵向到底、责任到人的工作机制。为确保各项工作落到实处，加大对日常工作督促检查，组织“两次检查”，即半年检查和年度检查。检查中采取“听、查、看、议”等方式进行，对于督查中发现的问题予以指正。年内，区政法、平安建设（综治）对于各项工作落实到位，取得优异成绩的乡（街道）和区直部门予以奖励，充分调动了各级各部门关心法治、平安建设（综治），参与法治、平安建设（综治）的积极性。

公 安

【社会治安防控】 年内，新冠肺炎疫情防控维稳工作启动，成立疫情防控工作领导小组，组织召开疫情防控专项会议9次。疫情防控第一线成立党员突击队7支，成立临时党支部43个，局疫情办编报《疫情防控专刊》101期。组织“万人红袖标”“城区四张网”警民联合开展摸排监测，出动群防群治力量10630人次。累计劝导上路群众42030人次，劝导未佩戴口罩3.7万余人次，为群众提供免费口罩3373个，发放、张贴各类宣传单（倡议书）20237份。累计关停行业场所2013家。曲夏、联卓公安检查站累计检查车辆78.1万余台次，人员209.3万余人次，物品57.7万余件，配合医务人员体温检测外来人员1.3万余人。实行和平机场进藏人员梳理摸排点常态机制，共排查登记航班822班次，排查人员71008人次，向市人民医院转送发热门诊35人，向市分流点转送中、高风险地区人员1948人，提供便民服务250次。制作《战“疫”，桑珠孜公安在行动》《伉俪齐心 用爱守护，致敬抗疫一线最美“逆行者”》宣传片和公益宣传片《呼唤》等，“桑警在线”发布信息170余次，发布信息460余条，自治区公安厅“平安西藏”采纳2篇，日喀则报社采纳7篇，“日喀则发布”采纳1篇，“日喀则警方”采纳50余篇，“桑珠孜区发布”采纳70余篇；抖音号“平安桑珠孜”发布短视频24条，播放量达16万余次。通过云MAS向全区手机用户发送新型冠状病毒防控宣传短信22.5万余条。年内，查处涉疫情案件16起，其中赌博案件8起，拒不执行人民政府在紧急状态情况下依法发布的决定、命令8起；行政拘留25人（并处罚款11人）；行政罚款28人；收缴赌资35551元、违法所得2310元、

4月16日，桑珠孜区公安局组织召开2019年公安工作总结表彰暨2020年公安工作会议

自动麻将机8副。年内，向一线部门配发防护服246套，消毒液100余箱，口罩1.42万个，乳胶手套6291双，护目镜71副及防疫药囊、各类洗护用品等，配发反光背心140件、战术背心50件、宣传音响设备52台，印发《公安民警疫情身心健康手册》等。在城区重点防控区域设立现场指挥部、通信保障、外围封控、中心封控等8个组，实现“一线”高密度、大频率巡逻防控措施；先后完成相关活动安保勤务等，制定各项安保活动总体方案、分方案74份。

【执法服务】 年内，清理排查辖区持有效因私出入境证件人员225人（证件227本），更新国家工作人员数据5825条。共采集信息256059条，其中：标准地址25876条，实有房屋41644条，实有单位3020家，实有人口信息161892条，从业人员信息23627条；录入矛盾纠纷信息275条、办理居住登记卡31118份，实现信息录入应采尽采的目标要求。完成指挥中心规范化建设、办公楼电路改造、“新一代警务终端”、“公安局可视化电话”等项目的建设应用，举办相关业务培训3次。配备社区警务室20个，江当乡光伏产业园区警务室1个，警力共52人；发放警民联系卡7400份，走访入户1.5万余户，整治治安消防隐患270处，签订消防责任书4000余份。投入资金6万元，各派出所、办案中心等执法场所配备执法高拍仪18台；投入经费4.4731万元，完成区公安局案管中心改建项目；开展2020年季度案件考评工作，依法受理维权案件10起10人。年内，盘查人员19.8万余人次、车辆14356台次、物品7144件次。其中，输入型人员23673人；纠正交通违法行为3.11万次。核实信息并开具旅馆业住宿证明5020份，为外来人员出行及住宿提供便利。受理群众求助3718起（均已救助）；调解各类纠纷736起1700余人。

【户籍管理】 年内，协助区人社局、区教育局查询1903名大中专返藏学生人口信息；协助桑珠孜区统计局核实区内人口数据信息；协助人民武装部摸底查询全区参军青年的户籍信息。全年，桑珠孜区公安局共办理居民身份证13533张，其中本地居民身份证制证量达12903张，异地居民身份证制证量达630张。

【外来人口管理】 流动人员管理。全年，各派出所、便民警务站共办理居住登记卡23480张。年内，辖区派出所与招用外来务工人员单位逐一签订流动人口管理责任书。推动房屋出租人与公安派出所签订《出租房屋治安责任书》，履行治安责任以及违反规定应承担的法律责任，规范出租房屋一户一档制度。

境外人员管理。更新日喀则市公安局警务一体化信息平台数据1800余条。强化境外人员住宿登记申报管理，建立桑珠孜区涉外旅游酒店宾馆交流微信群，加强对旅店业的检查指导，针对从业人员开展专业培训95次。深入涉外三资企业、宾馆、社区，主动了解掌握辖区内所有外国人的底数和动态，重点对外国人“三非”情况进行梳理，向境外人员宣传《中华人民共和国出境入境管理法》《中华人民共和国外国人入境出境管理条例》等相关涉外法律法规。期间，共发放警民联系卡96张，受理各类求助212次，发放各类宣传资料300余份。

【交通管理】 全年，共排查交通安全隐患83

处，已整改81处，未整改2处。同时争取13980元，为辖区10个交通安全劝导站活动板房重新喷漆，并为10名专职劝导员购买了10件毛领防寒服，10个黑色作训帽。全年，桑珠孜区公安局共查处各类交通违法行为1895起，其中录入系统依法处理1149起，教育警告放行746起，共罚款38.5万余元。开展"一盔一带"主题交通安全宣传活动。启动宣传劝导站10个，投入专职交通劝导员10人，面对面劝导交通违法行为约1500起，累计开展宣传活动29次，悬挂宣传横幅89条，展出LED显示屏89块次，摆放宣传展板400块（次），发放各类交通安全宣传资料1万份，宣传教育群众达1.1万余人次。

【重点案件】 年内，召开扫黑除恶打非治乱专项斗争推进部署会8次，持续推进"六清"工作，发放"三个专项"应知应会手册500本，张贴宣传海报3800张。全年，区公安局共录入西藏自治区扫黑除恶分析研判云平台线索175条，总队审核通过31条；累计受理线索196条，已核查办结 196条。清查重点单位5176家、出租房屋5.6万余间、各类行业场所3.25万家、建筑工地1383余处、城乡结合部位330处；共清查24万余人次，排查整治安全隐患849处。群众主动上交及收缴子弹337发、枪支10支（双管猎枪1支、气枪5支、自制火药枪1支、藏式土枪3支）、弓弩1把、炸药1364公斤、雷管457枚、导线3264米；收缴管制刀具1178把、零散成品油350公升；工作中发现查获涉赌、涉黄案件94起 374人。治安部门受理治安案件1678起，查处1443起2987人（拘留373人，拘留并罚款240人，罚款525人，警告419人，其他1430人），累计罚款51.68余万元，查处率86%；年内，登记在册社区戒毒矫正人员116人，抓获吸毒人员11名（强制戒毒1人，行政拘留6人、行政罚款4人）。年内，办案中心成立专案专班依法查处：建筑领域扰乱公共秩序案件2起（拘留并处罚款16人、罚款1.05万元）；涉嫌非法持枪捕猎1起8人（移交市局刑警支队），依法收缴枪支2支。并通过寻线追踪，制造严打声势，深入曲布雄乡15个行政村，展开全方位的法制宣传、政策攻心等隐患清零行动，群众主动上交藏式土枪3支、藏式土枪枪管3支，铅弹6枚，黑火药181.4克，传统捕猎器6个；查获组织卖淫案件1起14人，移交市局刑警支队2人（已刑事拘留）、行政拘留12人；查获"5·23"以销售化妆品为由实施诈骗案件，涉案嫌疑人员8人（已移交市局刑警支队）。

检 察

【刑事案件办理】 全年，共办理各类刑事案件407件481人，其中受理提请批准逮捕案件93件132人、不捕10件15人，受理移送审查起诉285件342人、不诉30件31人。提前介入重大疑难案件7件，发出检察建议3件，改变定性3件，立案监督1件。服判息诉率100%。适用认罪认罚从宽制度办理案件275件297人，适用率96.5%，提出量刑建议266人（其中幅度刑量刑建议67人，确定刑量刑建议199人），采纳260人，采纳率97.7%。

【法律监督】 全年，对监管场所开展安全检查11次，督促纠正问题3条，开展羁押必要性审查18次，变更强制措施1件；刑事执行监督145次；监外执行监督124次；财产刑执行监督145次；对在押人员进行谈话3次7人；监督解除、入矫社区矫正134件134人次，对社区矫正人员开展集中教育1次；建立交付执行检察档案70件70人，建立财产刑执行检察档案104件104人；发现司法工作人员涉嫌职务犯罪线索2条，已初查完成1条，正在初查1条。发出纠正违法通知书1份并被采纳。共调取审查法院各类民事生效裁判文书累计300余份，调取民事案件卷宗22件，依当事人申请监督案件3件，其中立案监督案件1件，执行监督案件2件。民事诉讼程序违法监督立案18起，发出检察建议2份并得到回复；依职权对生效裁判文书监督立案1起；临场监督执行活动5次；实质性化解行政争议案件1件。

【公益诉讼】 全年，共梳理、收集、发现行政公益诉讼案件线索56件，已立案48件，完成诉前程序17件，发出检察建议17份，采纳率100%。督促恢复天然牧草地1.37亩；查处无中文标识一次性口罩49000余个，价值19600元；处置生活和建筑垃圾20余吨；督促相关部门对全市4家美容美发店出售的8种过期和无中文标识产品进行集中销毁，折合人民币6300元；查处破坏耕地案13件，涉及一般农田213.43亩、基本农田6.25亩；办理的其某、索某非法猎捕珍贵野生动物刑事附带民事公益诉讼案件，被最高人民检察院评为典型案件。

【队伍建设】 年内，组织干警参加上级检察机关组织的各类学习培训350余人次，组织干警参加线上知识测试6次，参与240余人次。派遣5名干警前往区外参加国家检察官学院等部门组织开展的各项业务知识培训。各业务部门干警参加中国检察教育培训网络学院线上培训6次23人，检察官课堂8次。年内，召开检委会研究讨论案件2件2次，业务态势分析6次，组织检委会和检察官联席会学习24次，举行公开听证会2次，法律文书复核70余份。采取闭卷形式对“三个规定”及实施办法内容知识测试1次；完成2018年以来36件九大类刑事案件和评查时办结的264件刑事案件线上质量评查。

【规范化及信息化建设】 年内，程序性文件公开532条，法律文书公开262件，案件信息审核400条，发布检察信息187期，推送的《桑珠孜区人民检察院对日喀则市首起“美容”诈骗案件作出批捕决定》等信息受到市、区两级主流新闻媒体推广。开展3次检察开放日活动，邀请人大代表、政协委员、学生代表、教师代表、家长代表、民营企业家等40余人参加。

【服务大局】 年内，召开全院干警大会14次，及时传达学习上级关于维稳工作指示精神，通报情况，分析形势，安排部署各项维稳工作。 开展应急处突演练2次，确保社会面安全稳定。在社会面开展宣传活动12次，发放宣传资料2400余份，解答群众法律咨询60余次，接受群众来信来访18件，3件已转办相关部门，15件已妥善处理，并在十乡两办、社区、村委会设立30个举报箱接受群众投诉举报。新冠疫情期间，组建5支党员突击队赴辖区警务站，协助一线公安民警做好疫情防控工作。选派干警深入酒店、宾馆等防疫一线，负责返藏隔离人员服务保障工作。共对其他省市返藏人员摸底排查50人次，在主要路段设点对流入人员及车辆进行严密防控，盘查车辆2000余辆，人员3000余人次。入户排查安全隐患240次，宣传疫情防控知识200余次，发放宣传材料1500余份。开展街面、村（居）及重点部位治安巡逻350余次，卫生消毒300次。依托“两微一端”等新媒体，积极推送各类疫情防控信息100余条。

【司法体制改革】 年内，建立符合职业特点的员额检察官和司法行政人员分类管理制度，临时设置第一检察部(刑事检察)、第二检察部(民事行政、公益诉讼检察)、第三检察部（刑事执行检察）、第四检察部（控告申诉、案件管理）、检察综合部5个内设机构。年内，2名班子成员、11名员额检察官完成按期晋升，5名聘任制书记员已招聘到岗，检察官、检察官助理、书记员的配比更加规范。年内，配合人大常委会开展专题调研和执法检查，听取人大代表、政协委员、企业代表、教师及学生代表的意见建议，向区人大及其常委会就公益诉讼检察和认罪认罚从宽制度适用工作专题汇报2次。2020年，院领导带头办理30起刑事案件。

【“扫黑除恶、打非治乱”专项斗争】 2020年，对已经上报区扫黑办的7起线索，责令专人跟进了解办理情况，做到一线一档，确保线索底数清、进展情况明；对已办理的恶势力案件财产刑执行情况跟踪监督，彻底打掉恶势力的黑财源。

【未成年人保护工作】 年内，会同教育局、团区委等部门签订《桑珠孜区侵害未成年人案件强制报告制度》，并参加全国检察机关未成年人检察网络培训1次。年内，共受理涉未成年人案件12件12人，依法批准逮捕4件4人，提起公诉6件6人，附条件不起诉1件1人，相对不起诉1件1人。向区教育局发出检察建议1份，已收到书面回复。围绕《中华人民共和国未成年人保护法》、食品及道路安全等知识，开展法治进校园活动18次，受教人数3500余人，发放宣传材料3000余份。

【阳光检察】 年内，协同有关部门有计划开展了检察工作进乡村、进社区、进企业、进校园活动，征求意见、建议5次。5月31日以“同舟共济 检护明天”为主题，10月23日以“服务‘六稳’‘六保’护航民企发展”为主题，12月4日以“学习习近平法治思想，强化新时代法律监督”为主题开展检察开放日活动，邀请人大代表、政协委员、学生代表、教师代表、家长代表、民营企业家等40余人参加。

法 院

【概况】 全年，共受理各类案件2727件，审执结2379件，结案率87.24%，受案数、结案数同比上升30.41%、32.05%，结案标的达6.45亿余元。结案占比全市两级法院34.05%，受案数全市18个县区排名第一，高出第二名3.94倍，受案量、结案率再创历史新高，18名员额法官人均办案132件。

【刑事审判】 年内，受理各类刑事案件271件，审结264件，结案率97.42%，受案数、结案数同比分别上升24.88%和30.69%。严格贯彻执行罪刑法定、证据裁判等原则，判处267件295人。适用速裁程序审理案件79件。在东嘎人民法庭依法审结两起首例非法猎捕、收购、出售珍贵、濒危野生动物刑事附带民事公益诉讼案件。依法审结全市首例拒不支付劳动报酬罪案件。聚焦社会关注的“醉驾”和交通肇事等违法犯罪行为，审结危害公共安全犯罪152件152人，其中危险驾驶罪案件145件145人，占比95.39%，其中国家公职人员为11件11人，占比7.59%。重视未成年人权益司法保护，依法从轻、减轻判处未成年被告人6件6人。

【扫黑除恶】 年内，成立领导小组，研究制定10余项扫黑除恶专项行动工作方案等，组织干警参加专题学习5次。依法公开开庭审理并在疫情期间通过远程法庭和提讯室对被告人边某某某等8人恶势力犯罪案件进行公开宣判，8名涉恶被告人均服判息诉。开展“打财断血”“黑财清底”专项行动，选派执行干警先后前往四川大邑县、峨边彝族自治县等地依法对涉恶被执行人吉某某某等人名下财产进行了线下查询，2020年，桑珠孜区人民法院受理的3起27人涉恶案件财产刑执行案件均全部执结完毕，涉恶案件总罚金20.9万元。

【民事审判】 全年，受理各类民商事案件1699件，审结1466件，结案率86.28%，调解、撤诉881件，调撤率60.09%。受案数、结案数同比上升16.13%和17.65%，结案标的达3.58亿余元。审结借贷、劳务、买卖、承揽等各类合同纠纷案件1254件；审结侵权责任纠纷案件52件，物权纠纷案件7件，劳动争议案件26件，维护广大人民群众的合法权益；“简案快审、繁案精审”，适用小额诉讼程序审理案件60件，简易程序审理案件686件，简易程序适用率达54.27%，受理各类家事案件107件，审结99件，其中判决15件，调撤84件，调撤率84.85%，发出离婚证明书27份，家事案件服判息诉率达90%以上。

【案件执行】 全年，受理各类执行案件752件，执结647件，执结率86.04%，受案数、执结数同比上升83.41%、90.85%，执行质效“3+1”核心指标稳中有进、持续向好，有财产可供执行案件法定审限内结案率达94.36%，无财产可供执行案件终本合格率达100%，执行信访办结率达100%，法定审限内执结率为100%，执结标的达2.87亿余元。借助网络执行查控系统，查控被执行人及其财产，查询案件900余件次，冻结、扣划被执行人存款、工程款等2亿余元。年内，依法将符合条件的172名自然人和18家公司及其法定代表人纳入最高人民法院失信被执行人名单库，并采取了限制高消费措施。对5名抗拒执行、推诿履行的被执行人依法采取拘留措施，与公安部门协同布控44人次，促成21名被执行人主动履行生效法律文书所确定的义务，履行金额301万余元。年内，选派精干执行干警前往云南、贵州、四川等地对35件无财产可供执行案件进行线下查询175次，其中22件执行不能的案件以终结本次执行程序方式结案。全力执结拉某某某等123人与岚泰公司、胡某某合同纠纷系列案，所有案款均全部执行到位并兑现完毕，执行到位金额1.93亿余元。

【审判管理】 年内，开展上网裁判文书评查，累计评查已上网裁判文书1425篇。全年，评查各类案件共计1132件，重点评查899件。利用电子卷宗生成系统，实现案件及时录入和监管，数据质量每天通报，电子卷宗随案同步率达100%。推进司法网络拍卖，提高财产处置效率，率先发布全市首起“网拍公告”，最终以96800元的价格顺利成交，高出起拍价15200元，溢价率高达18.63%。

【司法改革】 年内，院庭长带头办理重大疑难案件1620件，占结案总数的68.09%。开展第三批法官入额考试、考核工作。修改完善《三类人员绩效考核办法》，实现业绩评级与激励机制的配套衔接，完成5名员额法官择优选升工作。发挥法官专业委员会的职能作用，研判疑难案件10余件。

年内，新收案件当场立案2100余件。推进家事审判方式改革，发挥藏式家事法庭温馨和谐氛围和人文布局特色，家事矛盾纠纷化解率不断提升。深入推进以审判为中心的刑事诉讼制度改革，依法对受理的被告人顿某涉嫌强迫交易罪一案，检察院以证据发生变化为由向桑珠孜区人民法院递交撤回起诉决定书，区人民法院作出准予检察院撤诉裁定。推进认罪认罚从宽制度改革，审结认罪认罚案件217件232人。推进人民陪审员制度改革，人民陪审员参与审理、调解案件469件，参审率达74.21%。深化司法辅助人员聘用制改革，完成第二批10名聘用制书记员、司法警察招录工作。

【基础设施建设】 年内，结合江当人民法庭布局现状，经区政府党组会议和区委常委会会议研究同意，桑珠孜区人民法院江当人民法庭民生法治教育基地已完成建设。

2020 年桑珠孜区人民法院案件收结存情况表

表 1

旧存（件）	新收（件）	未结（件）	已结（件）	总计（件）	结案率（%）	法定审限结案率（%）
303	2424	348	2379	2727	87.24	100.00

司法行政

【法治建设】 年内，推动《党政主要负责人履行推进法治建设第一责任人职责规定》。进行法治政府建设第一责任人述职报告，推动各级领导干部带头尊法学法守法用法。

【法治宣传】 年内，开展法治讲座、“开学法治第一课”、法治文艺会演、法律知识竞赛、模拟法庭等活动。组织社区矫正对象开展“5个1”集中警示教育活动。年内，制订《桑珠孜区民法典学习贯彻实施方案》，开展民法典学习宣传实施情况督查。组织开展“法律进宗教场所”法治宣讲17场次，举办“法律进企业”法治讲座1次，对全区11家民营企业进行了法律体检。组织援助律师赴学校开展“预防青少年违法犯罪”专题讲座3次，联合区武装部开展“法律进军营”法治讲座2次。联合20余家单位开展“4·15”“综治宣传月”等系列街面法治宣传活动18次，悬挂布标30幅，制作展板16块。联合公检法、人社等部门赴各乡（办）进行宪法、农民工维权、扫黑除恶、民法典等相关法律法规的法制讲座36场次。面向青少年学生、农牧民和社区居民、领导干部、宗教教职人员和机关单位等购买发放法治书籍1.2万余册。制作法治宣传小礼品1.2万套（条、个）。推送普法短信55000人次，每周二、四定期通过普法公众号推送普法信息。年内，汇编藏汉双语的桑珠孜区新型冠状病毒感染肺炎相关法律知识，并制定桑珠孜区新型冠状病毒感染肺炎防控工作有关法律知识问答书5000份，防疫宣传单5000份，向全区普法成员单位及12个乡（办）、36个警务站、各疫情防控酒店发放。开展送法下乡、法治书法比赛、编送普法短信、刊发普法文章等活动。开展“3·15”消费者权益日、“3·28”西藏百万农奴解放纪念日、3月综治宣传月、“6·2”民族团结进步日、9月民族团结宣传月、“12·4”宪法宣传周等系列宣传活动。

【人民调解】 全年，桑珠孜区有基层调委会199个，乡（街道）调委会12个，企业调委会3个，8个专业性行业性调委会。2020

年，桑珠孜区各级调委会共调解案件177件，调解成功160件，调解率100%，调解成功率87%。开展各类矛盾纠纷排查530次，预防纠纷218件。全年，累计为628名人民调解员开展调解方法、调解过程中应注意事项以及调解卷宗规范填写等方面的培训。年内，召开2020年度优秀人民调解组织、优秀人民调解员表彰大会。

【社区矫正】 全年，桑珠孜区在册社区矫正对象143人。共开展集中教育7次，集中公益劳动5次，个别谈话2500余次，开展“扫黑除恶、打非治乱”专项教育5次。

【安置帮教】 全年，桑珠孜区刑满释放人员共有267人。

全年，各级帮教小组共开展走访刑满释放人员1800余人次，其中区安帮办采取当面走访、电话走访的方式集中走访260余人次，各乡（街道）、村（居）安帮小组累计走访1000余人次。

【公共法律服务】 全年，共接待法律咨询1200余人次，受理各类法律援助案件共计31件，办结16件（其中民事6件、刑事10件）。办理认罪认罚案件262件。

年内，已完成甲措雄乡司法所项目建设并已完成竣工验收。在“十四五”规划项目中，区司法局上报东嘎乡、曲美乡、江当乡、联乡4个乡（镇）司法所项目建设及桑珠孜区公共法律援助中心建设项目。

经济管理

发展和改革

【参谋服务】 年内，撰写经济运行情况分析4篇，编写《桑珠孜区2019年国民经济和社会发展计划执行情况报告》1篇，组织开展桑珠孜区“十四五”规划编制，为区委区政府决策提供参考依据。

【项目建设】 全年，开复工项目146个，总投资69.58亿元，青岛援藏投资7223万元实施项目11个，总投资2799.98万元的解放干渠节水改造工程竣工验收，总投资1967.72万元的甲列水库项目完成总工程量的30%。农村安全饮水、农村公路、电力网络实现全覆盖，123个分散自然村水质全部合格。“十四五”规划初步编制完成，谋划项目400多个，总投资200亿余元。江当现代生态产业园区管委会成立，园区定位和规划布局重新调整，总投资4.5亿元的朗明50兆瓦光伏储能示范项目落地园区且顺利并网发电，成为西藏最大的“光伏+储能”综合能源示范项目。招商引资到位资金12.6亿元，完成年度目标任务的210%。年内，社会固定资产投资完成35.69亿元，同比增长6.47%。

【改革开放】 年内，试点推行项目电子档案管理，实施“财政核心业务一体化系统”改革，国企改革迈出历史性步伐，城区行政区划调整工作开始启动。持续深化“放管服”改革，政务服务事项网办率达100%，新增市场主体2368家，完成年度目标任务的157.8%。投入138.5万元实施科技创新项目8个，兑现创业奖补资金205.2万元。制定《桑珠孜区招商引资政策汇编》，企业证照申办时限压缩至2天之内、个体户当场领照，开展企业走访座谈和困难企业帮扶，落实减税降费3657.53万元。制定与拉萨城关区友好合作框架协议，实施“青岛行”“青青之音”等交流交往活动。疫情期间为友好城市尼泊尔巴尼帕市捐赠各类防疫物资3.18万件，价值15万元。

【产业支撑】 全年，利用温室大棚达2146座播种农作物面积达21.06万亩。新生仔畜成活率达95%，重大动物疫病免疫率均达到100%，牛羊从第四季度集中出栏向四季出栏转变。成功申报规模以上企业3家，桑珠孜区规模以上企业达16家。餐饮、批发、住宿等行业逐渐克服疫情影响，呈现稳定上升的态势。旅游总接待251.3万人次、收入17.4亿元，与上一年同期相比降幅较大。

【民生事业】 全年，实现城镇新增就业2120人，完成市级下达目标任务的106%。实现农牧民转移就业2.69万人，完成市级下达目标任务的128.09%。3岁以上幼儿入园率及适龄儿童入学率100%，义务教育巩固率99%以上。

城乡居民医保缴费率达97.2%，建档立卡户医保缴费率达100%。日吉、日亚高等级公路和铁路正在开展各项前期工作。帮佳孔社区23户易地搬迁群众搬迁入住，依法拆除卡热社区20处违法建筑，拆除面积2万余平方米。开展背街小巷、城郊接合部等地环境升级改造，改善城市的面貌。年内，将上海南路卡热社区萨玛组新农村商品房作为搬迁点，配齐配全相关设施，完成老市场商户搬迁工作，相关改造升级工作已全面展开。

自然资源管理

【概况】 全区土地总面积366479.96公顷，其中耕地30692.35公顷，园地76.64公顷，林地25707.58，草地243003.44公顷，湿地23761.58公顷。城镇建设用地1988.68公顷，乡村建设用地1036.21公顷，区域基础设施建设用地1849.09公顷，其他建设用地1001.88公顷，农业设施建设用地1278.04公顷，陆地水域6471.9公顷，其他土地29612.57公顷。年内，审批各类行政许可事项7项。

【自然资源调查与监测】 年内，开展自然资源部下发的2020年土地变更调查工作，实地核查了自然资源部下发的307个土地变更调查图斑。

【自然资源确权登记】 年内，完成10个乡农村宅基地不动产权证书房地一体修补测工作，涉及面积12平方千米、7231宗。年内，区自然资源局按照国家易地搬迁安置不动产权证书“应发尽发”工作要求，采取统一受理、统一调查、统一测量、统一核查等工作模式，推进全区13个集中安置点2259户、131个分散点1375户易地扶贫搬迁安置群众住房不动产权登记发证工作。

【国土空间规划与管理】 年内，完成空间规划评估（城乡总体规划、土地利用规划）、城镇开发边界划定、县域村庄布局、基本农田和生态保护红线划定研究、全域国土空间综合整治与生态修复研究、双评价工作。完成空间规划用地指标预判上报工作。上报桑珠孜区规划区外9个乡（镇）总建设用地为1856.61公顷，其中乡（镇）建设用地763.56公顷，村庄建设用地976.4公顷，发展备用地116.65公顷。完成生态保护、永久基本农田保护和城镇开发边界三条控制线划定工作。

【地质勘查与地质灾害防治】 年内，开展桑珠孜区2020年“三查”工作。完成桑珠孜区辖10个乡和2个街道办事处、176个行政村所有地质灾害隐患点的排查，共调查地质灾害点209处，其中调查泥石流188处、崩塌18处、滑坡3处。

【耕地保护】 年内，签订2020年区、乡、村三级耕地保护目标责任书。2020年7月7日，桑珠孜区政府与各乡（街道）签订了《桑珠孜区坚决遏制农村乱占耕地建房及清理违规用地工作目标责任书》。

【发展用地保障】 年内，组织桑珠孜区2020年度村镇建设用地报建，并向自治区自然资源厅申报桑珠孜区2020年度村镇建设用地报建4个批次，1个城市批次，保障用地面积约330.69亩。

【地籍管理】 全年，完成全区13个集中安置点2259户、131个分散点1375户易地扶贫搬迁安置群众住房不动产权登记发证工作。

【土地确权】 年内，完成10个乡260宗集体建设用地使用权确权登记工作。

【城乡规划】 年内，配合做好桑珠孜区空间规划工作，研究部署实用性村庄规划编制工作，向自治区推荐“多规合一”实用性村庄规划编制试点村庄2个，着手开展162个行政村的实用性村庄规划编制。同时，执行“一书三证制度”，办理乡村建设规划许可证93件，办理选址意见书2件，建设用地规划许可证5件，工程规划许可证5件。

【国土资源监管】 年内，开展桑珠孜区辖区内矿产资源执法监督检查工作，联合水利、环保，对非法开采砂石进行查处，共查处非法开采8起，责令进行整改并处罚了4万元整。开展日常土地违法违规行为监管、巡查工作，区自然资源局查处农地非农化、违建违占行为共计32处，违法占地面积约225亩。对32处违占违建行为依法依规进行强制拆除。

【地质环境工作】 年内，加大地质环境生态保护工作力度，严厉打击无证开采、偷采盗采砂石等破坏山体行为，在全面禁采的基础上，开展地质环境治理，对聂日雄乡强林村废弃煤矿矿口的生态恢复保护进行调研，促进全区地质环境管理水平的稳步提升。

【地质灾害项目检查】 年内，做到汛前排查、汛中检查、汛后核查，全年没发生一起地质灾害事件。对区地质灾害项目点进行全面检查，年内，桑珠孜区18处地质灾害项目治理点，运行情况良好，起到防治作用。

7月2日，桑珠孜区易地扶贫搬迁住房不动产权证书颁证仪式在江当乡举行

【安全生产】 年内，以“12·4”国家宪法日、“4·22”地球日、“5·12”防灾减灾日、“6·5”环境宣传日和六月安全生产宣传月为契机，开展《中华人民共和国土地管理法》《中华人民共和国矿产资源法》《中华人民共和国城乡规划法》《中华人民共和国刑法》以及地质灾害防治等法律法规的宣传活动，共发放各种宣传资料360多份。对桑珠孜辖区重要道路沿线的露天采砂、取土等现象进行全面的排查整治。对辖区内已关停的挖沙、取土、采石点进行检查，了解整改情况，查看是否存在复工偷采现象。桑珠孜区矿产资源规划内共有29个拟设砂石土采矿点，其中持有环评手续并正在办理相关手续的2处。为彻底取缔无证非法开采活动，区自然资源局多次开展专项整治行动。全年，全区共查处非法开采8起，下发停工令行政告诫书等9起，责令进行整改并取得实效6起。构建地质灾害横向到边，纵向到底的群防群测体系，严密监控170个地质灾害隐患点。

审计

【经济责任审计】 年内，完成对区妇联原主席梅珍和区水利局原局长巴桑欧珠在水利局任期经济责任审计。此次经济责任审计共发现问题30条，提出了审计建议9条，其中责令退回财政资金共4.16万元。

【固定资产投资审计】 年内，对桑珠孜区2016—2019年1000万元以下3个产业扶贫项目开展专项审计，以及对符合条件的1个产业扶贫项目开展结算审计，审减资金15.67万元。

【专项资金审计】 年内，开展对桑珠孜区司法局2017—2019年法律援助专项资金专项调查审计，此次专项审计共发现问题5条，提出审计建议3条，其中责令退回财政资金0.33万元。涉及原渠道归还资金0.84万元。

【政策落实跟踪审计】 年内，对新型冠状病毒肺炎疫情防控财政资金和捐赠款物进行实时跟踪审计，报送疫情防控专项审计阶段性报告2篇、阶段性跟踪数据5次。

【审计管理改革】 年内，加强党对审计工作的领导，强化审计服务和监督职责，推进试点大数据审计运用，促进审计项目提质增效、推进廉政建设和履职尽责，并不断推动健全党领导审计工作制度建设。围绕审计“经济体检”作用发挥，切实把党的领导贯穿审计工作全过程，有力彰显审计机关政治属性。

统 计

【统计服务】 年内，做好各类专项调查和报表工作，按照市统计局要求及时统计上报地区生产总值、工业、固定资产投资、劳动工资、批零贸易、服务业、农业等年报、定报。搜集、整理和提供国民经济核算有关资料。会同有关部门组织完成全区人口、经济、农业等有关普查、专项调查，搜集、整理和提供有关统计数据等相关统计工作。坚持统计数据来源于基层，从而保证统计数据的质量。

【普查调查】 年内，选派58名人员作为普查指导员和普查员。6月17日开始组织58名普查员参加各级普查业务培训3次，并配合市脱普办组织举办仁布县、南木林县和谢通门县共280余名普查员共同参加的业务片区培训。摸清户籍普查对象的基本情况和分布状况。完成交叉县脱贫攻坚普查任务。完成江孜县19个乡（镇）2599户建档立卡户的入户普查工作任务。

【第七次全国人口普查】 年初，下发《关于做好第七次全国人口普查工作的通知》，对全区人口普查工作进行全面部署，成立由区长为组长，区发改委等 20个区直相关部门负责人员任成员的区第七次全国人口普查领导小组，普查领导小组办公室设在区统计局。年内，按照国务院普查办的统一部署和进度安排，于10月11日开展摸底工作，普查登记时点是2020年11月1日零时，定于11月1日至30日开展正式普查登记，12月25日前完成复查和质量抽查工作。截至12月7日，全区350名普查员共完成短表 60926户183840人、长表3552户15532人。

【基础建设】 开展《中华人民共和国统计法》《中华人民共和国统计法实施条例》学习和宣传，完成3个乡的基层统计站建设，购置办公设备。

市场监督管理

【概况】 全年，辖区共有市场主体18190户，注册资金1120036.08万元，其中，内资企业71家，注册资金89374.54万元；私营企业1423家，注册资金663559.62万元；农民专业合作社765家，出资总额72839.32万元，成员总数26168人；个体工商户15931户，注册资金294262.6万元。

年内，新增市场主体2368户（家），其中企业95家、个体2256户、农专17家。

【商事制度改革】 年内，全面推行“先照后证”“证照分离”“多证合一”改革，实现“准入”“准营”同提速，实行企业登记全程电子化。全年，通过全程电子化流程发放营业执照99张。全年受理咨询700余人次，按时答复、办结率100%。年内，对已不再开展经营活动的市场主体，及时告知其依法办理注销登记，避免因政策不清而被列入异常经营名录。对未开业企业和无债权债务企业以及个体工商户实行简易注销登记程序，简化申请材料，免去注销企业清算组备案登记手续，并由登记部门代企业履行公告义务，将报纸公告改为市监门户网站公示，公告时间由90天缩短至45天。全年，注销企业45家，其中简易注销企业20家。年内，发放电商营业执照3张。全年，辖区内已注册登记农民专业合作社765家，出资总额72839.32万元，成员总数26168人。

年内，将补报2018年度、2019年度报告的363家市场主体移出经营异常名录。2019年度各类市场主体应年报15817家，已年报8995家，年报率达56.87%，其中内资企业应年报68家，已年报67家，年报率达98.5%；私营企业应年报1331家，已年报1197家，年报率达89.9%，农专应年报743家，已年报722家，年报率达97.17%，个体工商户应年报13675家，已年报7009家，年报率达51.25%。

全年，下发告知单850份。年内，对符合立案条件的30家市场主体下达听证公告，依法吊销7家农民专业合作社和15家企业营业执照。启动本年度对辖区内长期停业未经营农民专业合作社开展专项清理行动，并为该类农民专业合作社开通绿色通道，提供注销登记全程咨询指导服务，共清理注销农民专业合作社 64家。

【市场监管】 年内，开展各类专项整治工作40余次，出动执法人员350余人次，执法车辆200余台次，检查市场主体4000余户次。下发《责令整改通知书》53份、限期办理食品经营许可证催办通知书25份，限期整改通知书26份。没收“三无”不合格塑料袋54公斤5000余个，收缴过期洗发、染发产品15种80余盒（瓶）。全年，共办理食品经营许可证768份，小作坊备案登记36家，完成药品不良反应监测22例，化妆品不良反应5例，医疗器械不良事件监测14例。

年内，开展辖区内边销茶产品摸底排查，现场查封4家233条（每条10公斤）“三无”产品。年内，组织开展“一盔一带”、停车场收费专项检查，组织开展转供电违规加价执法检查，自觉规范价格行为，发放宣传材料100余份。全年，共走访终端用户300余户，受理相关咨询26次；畅通“12315”消费者投诉举报渠道。全年，共受理消费者投诉举报330件，调解率100%，挽回经济损失90万元。

【产品质量安全监督】 年内，以辖区内加油（气）站、烟花爆竹销售点、农贸市场、消防器材销售点、宾馆等为重点场所，开

11月，桑珠孜区市场监督管理局精心组织执法人员在珠峰路开展2020年“全国安全用药月”宣传活动

展安全生产专项检查工作。以辖区内人流量大的3家超市、2家农贸市场为重点场所，以蔬菜10个品种32批次、肉制品8批次、粮油5批次为重点，检查农药残留、劣质油、注水肉、亚硝酸盐等高风险项目，同时在辖区2家农贸市场、3家大型超市配备食品安全快速检测设备。开展辖区药店、诊所专项整治行动，重点检查经营资质、药品和医疗器械来源、储存药品行为、药品和医疗器械的陈列。

【综合监管】 年内，完成辖区42户市场主体的“双随机、一公开”定向抽查任务，38户不定向抽查任务已认领完毕，在12月23日前完成抽查任务。年内，印发《2020年度日喀则市桑珠孜区部门联合“双随机、一公开”抽查工作计划的通知》，共定向抽查19家市场主体，抽查完成率为100%。

【知识产权保护】 实施商标品牌战略，培育具有桑珠孜区特色的商标品牌，对4个乡（镇）、3家企业、5家农民专业合作社开展商标调研工作，并开展品牌知识和商标法律法规的宣传。全年有效商标注册量达447件，共申请注册商标290件，已成功注册商标142件。

【食品安全监管】 年内，开展为期7天的“公筷公勺、光盘行动”，共建文明餐桌行动，累计发放“公筷公勺”行动倡议书600余份、张贴“光盘行动”宣传海报800余份；开展餐饮量化等级评定和“明厨亮灶”工程。根据辖区内餐饮服务单位食品安全管理状况和监督检查结果进行年度综合评价，评定出食品安全餐饮单位A级5家、B级75家、C级228家。全年，辖区学校“明厨亮灶”工程已达95%。与辖区内27所学校签订《2020年度食品安全工作责任书》。全年，排除食品安全隐患168个，没收不合格食品1590公斤。

【疫情检查】 为确保疫情防控工作的有序开展和各项防控任务的落实。年内，检查药店、医院、诊所、医疗器械经营户339户（次），没收“三无”一次性口罩80496只、价值8.29万元，无合格证红外线额温计300只；检查食品经营户1333户次，没收变质牛肚825.7公斤、过期酱油260件、价值3万元的过期食品（40余种2589包），价值920元的假冒伪劣产品（洗洁精）23桶，均已进行无害化处理。联合市市场监督管理局开展组织秋冬季新冠肺炎疫情防控工作进行监督检查。共检查市场主体1389家，其中，检查餐饮单位621家、商场超市205家、农贸市场4家、市场内经营主体365家、美容美发等服务行业91家、药品经营单位18家、娱乐业20家、其他零售行业65家；联合市、区两级卫健委、疾控中心等部门开展冷链食品核酸检测，年内共登记10个品种211批次的进口冷链食品相关信息，完成辖区68个冻库10个品种约340吨的进口冷链食品的核酸检测，共采样检测冷链食品相关样品347份，其中冷链食品样品（包含从业人员）278份、环境样品（包括菜刀、切肉机、操作台面、冻库空气等）69份，上述样品新冠病毒核酸检测结果均为阴性。开展劝阻取消群体性聚餐活动300多起，劝阻聚餐2000余台次，减少2万余人聚餐；严格落实主体责任，检查食品经营单位19341家次、农贸市场1653家次、餐饮服务单位17605家次、药品及医疗器械经营单位3803家次，发现并完成整改相关问题340余个。

工业信息化

【概况】 以抓好全区工业调度，指导规模以上企业经济运行为抓手，特别是做好了民族手工业产业的日常事务和招商引资落地企业的全面服务工作，形成民族手工业、农畜产品加工和建材业等为主导的产业体系。

【工业经济】 年内，成功申报规模以上企业3家，桑珠孜区规模以上企业达16家。总投资4.5亿元的朗明50兆瓦光伏储能示范项目落地桑珠孜区，成为西藏最大的“光伏+储能”综合能源示范项目。

【信息化建设】 年内，拓展销售渠道，克服疫情影响，推动工业生产企业开展信息化（数字化）建设，高争商砼、同盛建材等公司均启用了全电脑自动控制系统，确保生产的连续性，大大提高了市场竞争力；推动民族手工业企业探索信息科技应用，桑珠孜区场木庆家具公司采用电脑数控设备进行家具雕花，生产的产品深受广大群众喜爱，赢得了较高的市场认可。本级投入318.6万元资金专项用于电子政务外网的运营维护，完成65家单位电子政务外网维保服务及新增线路等相关工作。

【企业培育】 对企业运行情况进行常态化监测，帮助企业应对疫情等风险挑战，积极组织企业参与各类展销会拓展市场渠道。年内，成功培育规上企业3家（西藏甲努粮油食品加工有限公司、桑珠孜区德琴新能源科技有限公司、桑珠孜区同盛建材有限公司），并积极为区新上规企业申请奖励资金。

【产业培植】 年内，积极对接乡办申报桑珠孜区曲布雄乡康萨村落德工艺品加工专业合作加工厂建设项目，投资600万元。

【产业推进】 年内，完成桑珠孜区藏圣阁民族文化产业孵化基地建设项目（一期项目），实现了归口产业项目完工率达100%。至2020年底，各归口产业项目兑现分红47.55万元。

【项目建设】 年内，推进东嘎乡德朗玛天然饮用水项目，组建工作推进专班，专程前往山东德州投资方总部对接，达成了求同存异、继续合作的意向。帮助企业开展土地招拍挂、厂房建设等工作，现厂区已完成基础框架搭建。

【招商引资】 年内，配合商务部门引进总投资4.5亿元的朗明50兆瓦光伏储能示范项目，协调推进了边雄乡页岩多孔砖等项目。

【民族手工业发展】 年内，申请援藏资金100万元，扶持6家民族手工业企业（合作社）。组织7家民族手工业企业参加2020年珠峰产业大赛，其中2家企业荣获“藏式家具大王”“藏装大王”奖，4家企业荣获“扶贫突出带动”奖，取得了历史最好成绩。

物价管理

【物价调控】 年内，对旺家福超市及科技路菜市场实时监测，共计上报周报52期，月报12期。

【收费管理】 年内，对涉及公共服务的重大事项进行价格备案管理，共备案4家企业，其中幼儿园收费价格备案2家，停车场收费价格备案2家。

【价格公共服务】 年内，协助公安、纪委等相关单位，接收价格认定协助书99件，办结99件，案件办结率100%，未出现超期办理的事项，为公安、纪委等机关单位提供价格依据。

【全区居民消费价格指数对比】 2019年，居民消费价格指数总体上涨2.6%；2020年，居民消费价格指数保持在3.5%以内。

农牧林

农业农村工作

【概况】 全年，农作物播种面积为1.4万公顷，其中粮食作物面积0.99万公顷、青稞面积0.83万公顷；粮油总产量为9283.38万公斤，其中粮食产量8862万公斤，同2019年相比分别增长129.69万公斤、133.73万公斤。2020年底，牲畜存栏33.92万头（只、匹），其中大畜存栏6.74万头（匹）、羊存栏26.8只、生猪存栏3813头；牲畜总出栏15.21万头（只、匹），其中大畜出栏1.87万头、羊13.04万只、生猪出栏2992头；禽类存栏5.467万羽，出栏1.11万羽。2020年，肉产量4590.2吨，同比上一年的4116.42吨，增长473.78吨，增长11.5%，完成年初下达任务4650.24吨的98.7%；全年完成奶类总产24056.01吨，同比上一年的21836.32吨，增长2219.69吨，增长10.17%，完成年初下达任务24800吨的97%。

【种植业】 全年，共打造3个千亩千斤、11个百亩千斤绿色高质高效示范片，科学选定“喜拉22号”作为青稞繁育主要推广的品种，推广种植面积近0.67万公顷。将“四雄”和东嘎乡等打造为桑珠孜区良种繁育基地，共建设良种繁育基地570公顷。桑珠孜区种植业科技项目通过验收。实行技术人员区级包乡、乡级包村、村级包片的“三包”制度，深入田间地头累计开展现场指导1000余次，服务群众2.5万人次，培育打造的青稞良种繁育基地种子纯度、净度分别达95%、96%。

全年，全区共有各类温室大棚2146座，生产面积180公顷，主要种植品种20余种。年内，共修复废弃温室大棚197座，通过免费发放地膜、棚膜、蔬菜种子、蔬菜苗等物资，为群众共计增收46.9万元，转移就业900余人。设施蔬菜产量达14175吨。全年饲草种植面积达0.28万公顷，是目标任务的2.8倍。

【畜牧业】 全年，全区新生仔畜86991头（只、匹），仔畜成活82641头（只、匹），仔畜成活率为95%。检疫覆盖率达100%，受检率100%。全年重大动物疫病免疫率均达到100%。依托青岛援藏技术支撑以及市农科所、市畜牧技术推广服务中心等开展35个批次以上覆盖三级兽医、养殖大户、养殖合作社等培训，受益人数达1400余人次。

全年，以出栏方式淘汰黄牛共5447只，增收3540.5万元，淘汰老弱珠峰绵羊3万余只，群众增收达2100万元。完成黄牛改良冻配任务0.75万头。全年黄牛共出栏7526头，群众增收5644.5万元；珠峰绵羊出栏3.1万只，群众增收2480万元。

年内，开展鸡场基本建设，全年藏鸡总存栏达到54680羽（合作社加散养）。全区共有养鸡合作社11家，其中2020年新发展藏鸡合作社3个，藏鸡养殖合作社存栏3787羽。全年，出售藏鸡蛋29.3万枚，实现群众增收87.9万元。

【基础设施建设】 年内，整合脱贫攻坚资金对小型农田水利项目总投资1455.6万元，涉及桑珠孜区9个乡15个项目点。年内，实施2019年高标准农田建设项目，累计投资5859.53万元，建设高标准农田0.15万公顷，已完成实施。

【专合经济】 全年，共有合作社96家，其中养殖类64家，种植合作社32家。区养殖合作社及养殖基地共向百亚成公司出栏珠峰绵羊1639只，牛51头，实现群众收入100余万元。日喀则市娘雄现代农业发展合作联社分红130余万元，聂日雄乡楚松村种植等3家专业合作社兑现分红25万元，入社珠峰绵羊18000余只，入社牛1400余头。年内依法依规清理整治存在问题的合作社。共开展合作社规范提升行动38次、集中或点上培训23次，区“种养加”合作社规范提升完成占比40%。

【培训工作】 年内，实施农村集体产权制度改革工作，发放宣传资料2050余册，邀请专家开展业务培训。累计举办各类培训25次，参训人员2030余人次。年内按时完成了第二轮农村集体产权制度改革清产核资工作。启动农村集体产权制度改革身份确认工作。

【乡村治理】 年内，组织群众开展村庄清洁行动，动员3000余人参与村庄清洁行动，动用车辆200余台次，清理国道、省道、村道达400余千米，疏通河道、渠道300余千米，清理面积80余公顷。年内，辖区内4055户改厕工作完成，并完成县（区）级终验。

【特色农牧业品牌建设】 年内，打造娘麦青稞种子品牌。向其他兄弟县（区）外销青稞良种40.45万公斤，带动种植户增收258.848万元。根据桑珠孜区实际和农户需求分别从江孜、拉孜县调运“喜拉22号”原种田一级种子8750公斤，从萨迦县调运黑青稞种子8750公斤。按照西藏自治区农作物良种补贴制度改革方案要求，利用桑珠孜区2019年农作物良种推广结余资金208万元，用于高标准农田建设区域购种支出，促使区良种（青稞、小麦、马铃薯、油菜）在更大规模、更广范围、更高层次推广。

【农牧业生产监督管理】 年内，区农业农村局安排执法人员对辖区内的农药店，宠物店、农机销售公司等农资门店开展打假行动共16次。全年，发放食用农产品合格证3500余份，悬挂食用农产品相关宣传横幅20余条，发放相关禁限用药品宣传资料850余份。针对农贸市场、各大超市在售的各类农畜食品开展农产品质量安全快速检测20余次。

【强农惠农】 全年，兑现农药补贴金644.5万元，其中自治区配套290.03万元，市级配套161.13万元，本级配套128.9万元，群众自筹64.45万元。兑现2020年草原生态奖励补助资金788.14万元，补助标准为2元/亩。兑现2020年深耕深松作业补助资金456.5万元。

【农业机械化】 全年，辖区共有农机装备69451台（套），其中动力机械13917台（套）；在用耕整地机械14882台（套）；种植机械15550台；收获机械19442（套）；脱离机械

5560台(套);种子加工机械100台(套)。年内,开展0.07万公顷青稞良种繁育基地全程机械化服务。年内,完成2020年农机作业率任务,其中机耕1.07万公顷、机播0.88万公顷、机收0.8万公顷。

全区农用机械化情况表

表2

项目	单位	数量
(一)农用机械总动力合计	千瓦	473406
1. 柴油发动机动力	千瓦	446042
2. 汽油发动机动力	千瓦	18285
3. 电动机动力	千瓦	9078.75
(二)主要农业机械与设备	——	——
大中型拖拉机	台	1282
	千瓦	30741.6
小型拖拉机	台	14193
	千瓦	232260
大中型拖拉机配套农具	台	2934
小型拖拉机配套农具	台	19710
农用排灌电动机	台	778
	千瓦	9078.75
农用排灌柴油机	台	25
	千瓦	581
联合收割机	台	682
	千瓦	82960.6
自走式机动收割晒机	台	1261
	千瓦	18285

续表 2

项目	单位	数量
机动脱粒机	台	2697
	千瓦	36851.5
农用运输车	辆	2181
	千瓦	62647.1
机电井	眼	159
节水灌溉机械	套	36
农用水泵	台	61

【防灾减灾】 年内，区蝗发区域0.15余万公顷，累计投入人力达1700余人次、灭蝗农药800余箱、喷雾器135台，调动水车共40台次，雇用大型植保机90台次，将蝗发情况抑制在可控范围之内，未对大田农作物造成侵害。

【宣传教育】 年内，利用各类宣传活动日，开展科普宣传活动，发放各类宣传资料3220多册/张，覆盖161个行政村，1万余农户直接受益。围绕“决胜全面小康、践行科技为民”主题，开展“科普进社区、进学校、进寺庙”活动，科普文艺演出、科普成果展等活动。在科技周和各类活动期间展出科普宣传展板70余幅，发放科普书籍2万余本，发放印有“科普西藏”公众号二维码的购物袋、杯子、小书包等3000多件小礼品，共有200余名僧尼、1000余名学生、3800余名群众从中受益。发放科普机顶盒176个，176个行政村全覆盖，实现老百姓足不出户就能接收到现代科技信息。

【垃圾分类】 年内，投入资金30万元，购置“分类垃圾桶”124个、模压缩塑料桶31套，全部发放到江当乡郭加村、光伏小镇，江当乡金山生态保护专业合作社负责回收“可回收”垃圾并给群众兑换生活用品等，使408户、1844人直接受益，逐步提升老百姓的垃圾分类意识和环境保护意识。

【动植物检疫】 全年，屠宰检疫牛1378头、猪214头、鸡22841羽、鸭7286羽。动物及产品落地检疫：活鸡226450羽，鸡、鸭产品492834.4公斤，冷鲜牛肉228262.7公斤，冷鲜猪肉1628630公斤，产地检疫动物32523头（只、匹）、产地检疫产品644248.3公斤。全年，开展农产品质量安全检测21次，发放食用农产品合格证3500余份，配合自治区、日喀则市技术人员，针对农贸市场、各大超市在售的各类农畜产品开展安全快速检测20余次。

林业和草原管理

【概况】 辖区内高等植物54科142属278种。其中，蕨类植物5科10属17种，裸子植物1科2属5种，被子植物48科13属256种。有脊椎动物164种，其中，鸟类16目29科119种。国家和自治区重点保护野生动物38种，兽类12种，鸟类26种。林地面积74529.846公顷，全区森林面积36860.739公顷，全区活立木总蓄积量177242立方米；全区湿地面积24982.73公顷，共339处，主要分布于雅江一带和年楚河一带；全区草地可利用面积253026.58公顷。

【森林防火】 年内，与各乡（街道）签订林地防火工作目标责任书，将林地防火工作作为重点工作纳入年底考评，防火工作与公益林管护资金直接挂钩。全年，桑珠孜区未发生一起林地火灾，防火工作成效显著。

【公益林管护】 桑珠孜区现有重点公益林地37604公顷，管护分为人工林和灌木林，人工林采取专职护林员管护，灌木林实施集体管护。按照上级部门的要求，为了督促各乡（街道）做好林地林木保护工作，区人民政府与各乡（街道）签订了林地林木保护责任书，并将林地林木保护工作纳入年终考核。

【林地改革】 年内，启动2018至2019年度新造林地林权制度改革工作，全年完成外业调查面积666.67余公顷。

【森林督查】 年内，桑珠孜区2018至2019年森林督查反馈39个问题中已完成整改26个。

【绿化造林】 年内，实现造林绿化0.03万公顷以上，义务植树80公顷以上，防沙治沙0.45万公顷以上，完成光伏小镇周边绿化提升24.25万平方米。

【监督管理】 年内，为切实做好森林资源保护，严厉打击违规违法占用林地等行为，区林草局主动作为，加强日常巡查监督，进一步提升森林资源保护建设，有效遏制了违法违规占用林地行为。全年，日常巡察监督发现违法违规占用林地行为14起。

【野生动物保护】 年内，发挥管护人员作用，每天对野生动物重要栖息地和候鸟越冬地、迁飞停歇地、迁飞通道等关键区域进行巡护监测，建立健全巡逻台账，做到不留空档和死角，严厉打击非法野生动物捕猎、繁殖、出售。全年，共救助2只猫头鹰、1头獐子，且对区内2起非法捕猎珍贵、濒危野生动物和非法收购、出售珍贵、濒危野生动物制品案件，委托区检察院进行公益诉讼。

【病虫害防治监控】 年内，抽派配强病虫害防治工作小组，前往苗圃、造林绿化项目、重点林区、湿地公园等场所开展植物检疫和病虫害防治工作，全年完成病虫害防治面积0.33万公顷以上，配合开展植物检疫30次以上。

【生态效益补偿】 年内，区林草局实施桑珠孜区2019年林业改革发展资金湿地生态效益补偿项目，发放补助金3114186.9元，发放中央森林生态效益补偿金369万元，发放退耕还林补贴79.15万元。

【自然保护区管理】 年内，完成桑珠孜区江萨国家湿地公园（试点）、雅鲁藏布江中游河谷黑颈鹤国家级自然保护区、枕状熔岩地质公园（自治区级）自然保护地共3处整合优化工作。

年内，对雅鲁藏布江中游河谷黑颈鹤国家级自然保护区内人类活动图斑进行实地核查，共核查点位47个，需要整改点位6个，已全部完成整改并销号。

【野生动物肇事补偿】 自2015年起桑珠孜区被列为陆生野生动物对公民造成损失补偿保险试点，由人保财险西藏分公司对野生动物造成的人身伤害和财产损失进行补偿。其中，区财政承担投保费用的10%。

【江萨国家湿地公园保护修复】 按照保护优先、自然恢复的原则，区林草局投资256.8万元用于江萨国家湿地公园生态保护建设和管护，进一步加大湿地公园的保护力度，加强管护措施。

应急管理

综 述

【概况】 全年，全区共发生各类生产安全事故1起、死亡0人、受伤1人、直接经济损失0.1万元，事故起数和受伤人数与上一年相比分别下降80%和87.5%，未发生较大以上生产安全事故。

【队伍建设】 全区共有188支、2970人的应急队伍。其中，新成立社区应急救援队8支、240人。实现县、乡、村三级全覆盖。

【安全生产宣传】 年内，全区各级各部门围绕安全生产月主题，利用宣传周、宣传日等活动，宣传道路交通、职业病危害、危险化学品、消防安全等行业领域安全生产知识。累计开展安全生产宣传教育活动7次，发放宣传资料2500余份，接受群众咨询260余人次。组织开展东嘎乡扎古村山洪灾害防御演练。参与演练共有60余名区直单位工作人员及100余名农牧民群众。

消防救援

【社会救火】 全年，大队接警220起，出动车辆209台次，出动人员1091人次，参加抢险救援15起，社会救助5起，火灾扑救17起，抢救被困人员3人，抢救财产挽损188.7万元。

【消防救援演练】 年内,开展“六熟悉”154次、实战演练69次，其中包含支队级地震救援拉练5次；参加“5·9”重大消防安保勤务活动、政府重大会议等安保执勤213起；参加联合维稳处突演练、灭火救援应急联动演练、大规模山洪灾害及防汛抢险应急演练、地震拉动演练31次；完成“两会”“三月综治宣传月”等消防安全保卫任务及多起急难险重灭火救援任务。

【备战工作】 年内，开展纪律作风整训活动，从一日生活制度入手，紧盯人车酒、黄赌贷、网电密等关键环节，对大队、站进行“过筛子”“抄底式”督导检查，累计督改各类问题200余条。大队、站每月定期召开安全管理教育形势分析会。开展全员岗位大练兵活动，开展地震应急救援、车辆交通事故处置、文物古建筑火灾扑救、远距离供水、高层建筑、地下商场、隧道事故处置、水域灾害救援、山岳救助、建筑物倒塌及危险化学品处置技术等各类操法训练，提升队伍应急救援综合能力。春节、藏历新年、“两会”、三月综治宣传月等重大活动和重要节点消防安保期间，大队全面实行战时队伍严管严控措施，全体指战员签订《不违规饮酒承诺书》。组织开展“五个查一遍”，召开专题部署会9次，制作主题板报10块，开展作战训练安全、交通安全、网络安全、法规法纪、保密教育、应急救护专题授课45次，组织开展专项督导24次，张贴安全警示标语56条，对休假疗养、公务出差人员电话跟踪35人次。

【宣传工作】 年内，开展各类宣传教育活动。对社区、企业、学校、农村、家庭开展消防安全宣传教育。聘请社会公众人士为消防宣传大使。将幸福社区打造成消防标准化单位，并在全区进行推广。宣传期间，大队邀请公众人物和网红拍摄推送抖音短视频7条，累计播放48万余次，其中作品《网红巴桑普尺提醒家长：要教育孩子不要玩火，从小培养小孩消防安全意识》累计播放20.6万次，获赞3000余次；《日喀则民间艺术团普巡提醒网民不乱扔烟头 不占用消防通道》累计播放次数13.4万次，获赞1000余次。深入辖区各类学校开展消防宣传30余次。全年，结合自身行业特点开展消防安全宣传培训70余次，受教育师生和群众达8万余人。制作电动车消防安全注意事项抖音短视频，播放量达11.2万次。

【消防投入】 年内，在嘎久美达路和黑龙江路消防救援站修建训练塔，完善训练设备以及智慧营区建设、营门改造升级，设立人脸识别系统、车辆识别系统等；强化执勤训练保障，建立供应机制。先后支出经费用于防汛救生衣、雨衣等抗洪救援应急物资的购置；对执勤车辆装备逐一巡检，及时补充灭火药剂、执勤装备；筹备执勤备战期间的食品、油料、器材装备等战勤保障物资，与辖区超市、加油站签订《应急物资供应协议》。

【拥军爱民】 年内，组织指战员看望慰问养老院老人，对下辖的三个消防站开展中秋国庆送温暖活动，为辖区消防站指战员们送上暖心的祝福和中秋国庆佳节慰问品；联合日喀则市实验幼儿园开展“谱写青春火焰兰、教育飞歌新时代”国庆主题活动。

【重点领域治患】 年内，开展冬春火灾防控、消防车通道专项整治、夏季消防安全检查等专项整治行

11月9日，桑珠孜区消防大队全体指战员举行消防宣传月活动暨社区消防标准化创建活动

动，全面加强对易燃易爆场所、人员密集场所、文物保护单位、旅游行业、居民社区、建设工程施工工地、仓储物流场所、商业综合、“三合一”场所的火灾隐患综合治理。共排查各类单位场所951家次，督促整改849处火灾隐患，责令“三停”1家，罚款4.25万元，下发责令改正通知书409份。

交通·水利

交通运输管理

【重点工程建设】 年内，申报“十项提升”项目共两项，包括边雄乡塔玛村、孔布林村安置点公路项目，投入资金165.74万元和桑珠孜区东嘎乡帕热村桥梁工程项目，投入资金350万元，两个项目已完工。年内，区交运局向上级部门申请聂日雄乡楚松村安置点公路工程等4个“以工代赈”项目，10月27日，聂日楚松村安置点公路工程、聂日加庆孜村公路工程、江当乡扎西宗村桥梁工程已陆续开工。曲美乡那塘村公路工程项目环评、风险评估和土地预审已办理完毕，设计方案已提交区发改委进行审查。

【乡村道路建设】 年内，经区交运局现场排查，发现曲美乡达措村道路、东嘎乡政府河道清理、达龙达村和普奴村道路、曲布雄乡岗西村道路、聂日雄乡康萨村普苏自然村和沃嘎自然村道路、聂日雄乡盘孔段断头路和格地村机耕道、江当乡培热桥和曲布雄乡班久伦布桥等出现通行难问题，经协调，所有道路和桥梁修建完成并投入使用，投资515.19万元。

年内，EPC项目共计47项，总投资12.35亿元。区交运局积极配合市交运局，联合施工方、当地人民政府多次现场协调EPC项目，本着“群众利益无小事”的原则，尽量满足群众意愿，推动EPC项目早日落地发挥效益。年内，乡镇通畅率100%，行政村通畅率100%，行政村通达率100%，自然村通达率100%，自然村通畅率41.99%。

【乡村客运发展】 截至年底，辖区内10个乡已开通公交客运班线10条，投入车辆13辆，161个行政村已通客车145个，客车通行率达到90.06%。曲美乡农村客运站已建好，剩余9个乡级农村客运站将按照自治区交通运输厅安排部署稳步推进。同时，积极配合上级交通部门，做好交通运输体制改革工作，全力打造以公交运输为主、出租及其他客车运输为辅的运输体系，逐步推动城乡客运一体化建设，持续改善人民群众的出行。

水利

【项目建设】 全年，水利民生项目建设累计投资10775.23万元，实施项目共计34项。其中，中央投资4767.7万元，囊括解放灌区节水配套改造工程批复投资为2799.98万元；聂日雄乡甲列水库批复总投资为1937.72万元；市、区脱贫整合资金5732.02万元，其中乡、村防洪堤14项，饮水安全巩固10项，灌溉工程7项；中央维修养护资金275.54万元。

【民生水利建设】 年内，区水利局开展乡村水管员全覆盖培训，参加技术培训人员176人，参加政策宣讲人员966人，覆盖全区161个行政村的村两委班子成员及村级水管员，建立"桑珠孜区农村水管员微信群"，人数达217人。建立农村饮水安全收缴制度。制定发放藏（汉）文翻译的《桑珠孜区农村饮水安全工程水费收缴登记本》167册，水费收缴率达95.6%，收取农村饮水水费71.07万元。自来水普及率达100%，集中供水率达100%，供水保证率100%，161个行政村水质达标率达100%，123个分散自然村达到饮水合格标准。年内，建立区、乡、村三级农村饮水安全网格化责任管理体系，基层群众对区农村饮水安全工程在建设、投入使用、管道维护方面满意度达98%以上。

【水资源管理】 年内，按照自治区取水工程（设施）核查登记要求，向12家企业下发限期办理取水许可证的通知，截至年底，已下发取水许可证8个，对辖区重点生产经营性企业（用水大户）开展取水（设施）核查登记，对乡（街道）已建、在建取用地下水、地表水工程设施逐一核查登记，辖区内各取水企业征收水资源费6.73万元。

【防汛抗旱】 年内，区水利局按照年初出台的方案，开展防汛抗旱工作，至8月底，桑珠孜区降雨在可控范围内，大部分区域降水量略偏少，但局部乡（办）出现了强暴雨灾害，各乡（办）及时组织应急抢险队伍，参与抢险救灾。全年，辖区受灾农田约27.67公顷、牲畜死亡25头（只），水渠100米、防洪堤坝1147米、桥梁3座，路面（基）720米、房屋2间受损，直接经济损失118.52万元。

年内，开展汛前防汛安全大排查活动，经自查十乡两办共发现隐患129处。组织人员深入各防汛重点隐患点进行隐患排查，实地检查2017年至2018年山洪灾害防治项目管护及运行情况，对2020年山洪灾害非工程措施6个点进行合同验收，解决8个自动雨量站点设备的安装、运营以及日常维修资金。

【工程监督检查】 年内，实地检查工程质量与安全隐患排查共35次，审批项目划分31份，下发质量问题整改通知书15份，“回头看”检查9次。

【水土保持】 年内，审批辖区建设类项目水土保持方案16个。按《中华人民共和国水土保持法》规定收缴水土保持补偿费。

【河（湖）长制】 辖区内共有大小河流（湖）47条，水库1座，为小（2）型，区级河流17条，乡级河流26条，乡级湖泊4座。桑珠孜区辖内市、县（区）级河湖共17条，其中雅江、年楚河、塔曲河3条为市级河流，其余14条为区级河流。

年内，实现区、乡（街道）、村（居）三级河（湖）长制全面覆盖，各河段共设置区双总河长及区级河长共27名，乡级56名，湖长4名，库长设置1名，村级河长设置161名。全年，各区级河长、助理单位开展巡河次数87次，乡级河长巡河次数140余次，乡级湖长巡湖次数20余次。在巡河及检查中共发现各类涉河（湖）问题28起，已全部整改。每年将20万元区级河（湖）长制专项工作经费纳入财政预算。

【巡河治理】 年内，共开展各类清理活动300余次，出动人员2000余人次，清运车辆300余台次，清理各类垃圾600余吨，并成立年楚河“国策护河队”实行卫生清理。联合执法12次，出动执法人员30余人次，累计查处非法采砂行为3起，共处罚金4万余元并已上缴国库。

城建·环保

住房和城区建设

【城镇化建设】 年内，新建桑珠孜区甲措雄乡特色小城镇污水处理厂建设项目（试点工程），投资1300万元，已完成工程量的68%；新建援藏项目光伏小镇产业园应急避难场所建设项目，投资395.92万元，已竣工。

【垃圾处理设施建设】 年内，东嘎乡、年木乡、联乡、曲布雄乡等4个乡垃圾转运设备采购项目，投资49.8万元，已购置完成并投入使用。

【建筑市场管理】 全年，共办理工程质量监督手续90个，对59个建设工程质量开展监督检查150余次，开展工程质量监督竣工备案26个，办理农牧民施工队伍资质27个。

【村镇建设】 年内，新建东嘎乡巴油村人居环境治理项目，投资49.98万元，已全部竣工；新建东嘎乡加吾岗村级组织活动场所升级改造项目，投资71.48万元，已完成工程量28%；新建边雄乡林村村级组织活动场所建设项目，投资186.17万元，已全部竣工；桑珠孜区农村基层公共综合服务平台项目，投资300万元，已全部竣工。

【住房公积金管理】 年内，完成全区2177名干部职工2020年全年公积金审核上账和统筹、清册工作，对从各地区、各县转入、转出的169人的公积金进行了转移合并。审核173人的公积金贷款手续、405人的公积金支取手续，支取金额达3250余万元，贷款金额达1200余万元。

房产管理

【保障性住房建设】 年内，新建日喀则市桑珠孜区斯玛村棚户区改造项目，投资725.24万元，已完成工程量的5%；续建桑珠孜区2019年丹真桑曲、卡热社区、德勒社区等3个社区棚户区改造项目，投资2616.32万元，已全部竣工；公租房项目50套，投资904.95万元，主体工程已全部竣工。

【物业管理】 年内，由区城投公司全面接管，对小区内的电表、变压器、线路、给排水等设施进行维修，完善小区内各设施的使用功能，并配齐、配全了保安、保洁人员，安装门禁系统，向小区内住户配发门禁卡，逐渐形成城发投资有限公司具体抓、住建局监管的科学化管理体系，确保保障性住房小区管理工作有序推进。

【住房登记管理】 年内，对全区保障性住房住户信息进行全面的登记核对，摸底档案信息，完善住房租赁机制，形成两年签订一次租赁合同的方式，年内，开展周转房清理腾退工作，对违规占用周转房的住户及时清退，安排符合条件的干部职工入住。年内，完成租金收缴355820元。公房管理工作。按照公房管理办法要求，有序开展全区412处公房的日常管理工作，排查公房安全隐患82次，拆除公房危房3处，加固维修2处，对4处违规侵占公房予以及时制止。

【住房租赁补贴】 年内，租赁住房补贴计划发放366户、484人，总计发放资金148.1万元，其中自治区补贴80%，日喀则市补贴15%，桑珠孜区自筹5%。

环境保护

【生态概况】 年内，组织开展辖区千人以上集中式农村饮用水水源地保护区划分、农村试点环境质量监测、乡镇集中式饮用水水源监测、辖区重点企业环境质量监督性监测、地表水水质监测、南郊和北郊水厂水质监测等，监测结果显示均符合国家相关标准。辖区空气质量优良率为99.4%。全区土壤环境质量总体保持稳定。

【自然生态保护】 年内，配合完成西藏自治区“三线一单”初步成果对接工作。2019年上半年遥感反馈问题已完成拆除2项，联合林业部门对2019年下半年遥感反馈问题进行实地核查并上报相关资料。对“绿盾2020”相关的5个保护区内水泥制品厂进行联合执法检查并督促整治。

【环境督察】 年内，中央第六环保督察组交办群众举报案件34件，完成整改30件，4件由市直部门推进整改；中央环保督察反馈问题共27个大项、69个子项，现已完成65项（37项需长期坚持），剩余的2项问题涉及黑颈鹤保护区调整，2项问题由市级层面推进整改；自治区第二环境保护督察组反馈环境问题桑珠孜区涉及8项，已全部完成整改；自治区第二环保督察组交办群众信访举报问题1件，已完成整改；自治区第七环保督察组反馈环境问题，桑珠孜区涉及4项，已完成整改1项，剩余3项均为污水直排问题，由市级层面统筹实施水环境综合整治项目推进整改。期间本级投入381.5万元实施桑珠孜区A级景区污水垃圾处理设施建设项目。

8月28日，日喀则市生态环境局桑珠孜区分局组织开展环卫车辆交接仪式

【污染防治】 年内，制定出台《桑珠孜区人民政府关于印发土壤污染防治、蓝天保卫战、饮用水源地保护、农业农村污染治理、固体废物监管和白色污染治理等工作要点的通知》《日喀则市桑珠孜区2020年环境质量监测方案》《桑珠孜区生态环境保护工作目标考核办法》《桑珠孜区住房和城乡建设局2020年建筑施工扬尘专项整治方案》《桑珠孜区关于应对新型冠状病毒感染的肺炎疫情医疗废物环境管理工作应急预案》等规定性实施文件。开展固定污染源排污许可登记工作，累计上传排污单位信息429条。

【备案管理】 全年，网上备案环境影响登记表348个、线下审批环评登记表涉密项目4个，保持“三高”企业和项目的零审批、零引进。

【监督执法】 年内，联合市生态环境局不断加大新环保法及四个配套办法执行力度，相继组织开展采石采砂、医疗机构辐射安全、集中式饮用水安全隐患排查、环境卫生综合整治、机动车维修行业危废整治、扬尘治理等专项行动，累计开展环境监管300余家次，出动人员500余人次。

【项目建设】 年内，完成桑珠孜区年楚河流域生态功能保护区建设项目和2018年农村环境综合整治项目验收。使用生态村创建经费70万元为15个行政村采购垃圾转运车辆并完成发放。组织开展总投资144.78万元的2019年农村环境综合整治项目，采购环卫车40辆用于涉及村的垃圾收集和转运。

【环保宣传】 全年，累计开展环保集中宣传9次，出动宣传车30辆（次），发放宣传单（册）1000余份、环保购物车100余个、环保帽1000余个、环保购物袋300个，悬挂横幅10条，委托第三方服务机构发送环保宣传短信35万余条，组织完成20.08万元的环保宣传物品采购项目，向各乡（街道）发放环保垃圾桶180个、环保垃圾拾取器840个、环保宣传海报15900张。

商贸·流通

商贸

【电子商务】 年内，完成对桑珠孜区12个乡（街道）电子商务选址工作，全部投入运营。实施主体珠峰电子商务有限公司与壹米滴答、四通一达达成快递合作协议，完成对乡（街道）电商负责人、农牧民合作社人员进行第一、二期电商基础业务培训，培训人员1268人次，其中贫困户142人次。

【招商引资】 年内，完成6亿元的招商引资目标任务。全年，招商引资累计到位资金12.6亿元，共引进项目26个。其中，总投资4.5亿元的山东水发集团50兆瓦光伏综合示范储能项目并网发电，年发电量1亿千瓦时，该项目是目前西藏自治区最大的“光伏+储能”综合示范项目。开展“西藏文化齐鲁行”“齐鲁文化西藏行”等交流交往活动。组织企业参加青岛首届国际友城商品展览会、城阳区市民节、崂山区会展、成都市会展，举办招商推介活动。全年，组织4个批次、11个团组前往全国各地交流，10余个团组访问日喀则，9类11个项目已达成意向，总投资6500万元的日喀则·青岛双创大厦项目正在开展招商活动。制作完成《桑珠孜区招商引资政策汇编》等规定办法，建立招商引资项目“一企一档”，定期召开企业座谈会。

11月7日，桑珠孜区在成都举行招商推介会

旅游

【概况】 全年，全区旅游总接待人次达254.3万人次，收入达17.4亿元。辖区内有各类酒店232家，其中星级酒店28家，星级家庭旅馆6家；各类餐饮商铺3205家。人员1万余人，藏面、糌粑、藏式火锅等餐饮品类齐全；藏香、唐卡、金银铜器、高原有机农畜产品等旅游产品销售店铺1799家。辖区内共有A级旅游景区9个，其中AAAAA级景区1个、AAA级旅游景区4个、AA级旅游景区1个、A级旅游景区3个；文物保护单位13家，其中国家级文物保护单位1家、自治区级保护单位9家、县（区）级保护单位3家。

【旅游经济】 全年，旅游总接待达254.3万人次，收入达17.4亿元，同比下降57.2%、64.8%。成功创建第二批国家全域旅游示范区。

【项目建设】 年内，投入1000余万元，实施梯田风光、林卡等旅游景区景点服务站、厕所、停车场、旅游标识、环境整治等建设项目，实现辖区旅游景区景点公共厕所、停车场、旅游标识全覆盖。本级财政配套381万元实施A级景区污水垃圾处理设施建设项目，实现A级景区生态环保设施全覆盖。

【旅游惠民】 年内，本级政府投资318万元的A级景区污水垃圾处理设施项目验收完工。完成申报银星家庭旅馆3家，铜星家庭旅馆4家。制订桑珠孜区青稞文化研究推广基地建设项目（青稞博物馆）实施方案。推进东嘎生态林卡、枸杞园区持续发展，同时投入73.5万元建设曲美乡拉贵村嘎古林生态旅游合作社乡村旅游点。

【桑珠孜饭店】 全年，共接待宾客51625人，2020年与2019年相比住房率减少1%。工作人员及隔离人员提供就餐27479人次。全年，干部职工就餐50311人次。大型会议及考察组、交叉组等接待427次。

粮食流通

【粮食公司】 年内，开发后藏有名“联嘎姆”糌粑项目。提高企业的经济效益。全年，企业注册资金1278万元，总资产3939.51万元，其中负债总额为2022.96万元，所有者权益1916.55万元。固定资产1503.7万元，流动资产2435.81万元。

【粮食收购】 年内，旺季粮食收购期间，农户向政府委托企业（桑珠孜区粮食公司）出售青稞1343579公斤，经开区出售青稞302274公斤，个体商户出售青稞2088公斤，总收购青稞1647941公斤，向国有企业累计交售青稞1.5万公斤以上的售粮大户达17户。

【粮食供应】 年内，为桑珠孜区三包学生口粮供应情况如下：大米383400公斤，面粉60600公斤，清油38010公斤，糌粑37950公斤。全区粮食市场供应充足，各大粮店和超市未发现缺粮现象。

【粮安工程】 年内，实施桑珠孜区“中国好粮油”行动，打造优质青稞基地，建设“好粮油”示范店。

财税·金融

财 政

【财政收支】 全年，全区一般公共预算总财力达到293836万元，比上年决算数增长（以下简称“同比”）29.47%。全年支出293836万元，同比增长29.47%。其中，一般公共预算支出293051万元，同比增长29.13%；上解上级支出785万元。一般公共预算支出按功能科目划分：一般公共服务支出40021万元；国防支出3151万元；公共安全支出21258万元；教育支出71549万元；科学技术支出2464万元；文化旅游体育与传媒支出3153万元；社会保障和就业支出19268万元；卫生健康支出13396万元；节能环保支出3724万元；城乡社区支出9188万元；农林水支出86290万元；交通运输支出9168万元；自然资源海洋气象等支出2716万元；住房保障支出6501万元；粮油物资储备支出153万元；灾害防治及应急管理支出556万元；其他支出4万元；债务付息支出491万元。

【政府性基金预算】 年内，全区政府性基金预算收入78141万元，同比增长33倍；全年支出78141万元，同比增长33倍。

收入执行情况：全区政府性基金预算总收入78141万元，同比增长33倍。其中：政府性基金收入884万元(土地出让价款收入)；上级补助收入7257万元（旅游发展基金100万元，彩票公益金582万元，其他政府性基金566万元，抗疫特别国债6009万元)；地方政府专项债务转贷收入70000万元。

支出执行情况：全区政府性基金预算支出78141万元，同比增长33倍。其中，文化旅游体育与传媒支出100万元，城乡社区支出1450万元，抗疫特别国债安排支出6009万元，其他支出70582万元。

【财政改革】 年内，在“一体化”系统上完成全区86家预算单位2020年的预算编制工作；从2020年1月1日开始，在“一体化”系统中办理了全区所有预算单位的所有资金业务。年内，区国资委为完善国有资本监管体制，建立健全现代企业制度，做到“一企一策”，起草桑珠孜区国有企业改革总方案和4个子方案。配套出台《桑珠孜区国有企业负责人薪酬管理制度》《桑珠孜区区属国有企业负责人薪酬检查办法》等8个制度，明确了区城投公司、区娘麦扶贫公司、区粮食公司三家国企的主业方向、资产配置以及内控制度等。

【保障改善民生】 年内，整合使用财政涉农资金决算部署，严格执行《扶贫项目资金绩效管理办法》，整合各级财政资金用于脱贫攻坚任务，安排脱贫攻坚专项经费3550万元（其中，本级财政专项扶贫资金2591.3万元，整合盘活资金958.7万元），全力做好脱贫攻坚财政保障工作。按照“保工资、保运转、保基本民生”的原则，在严格控制一般性支出的同时，安排资金始终坚持民生优先，落实好教育、医疗、社保、就业、住房保障等各项民生政策，安排社会事业发展资金共计23727万元。

国家税务

【组织收入】全年，共组织税收收入40338万元，同比增收489万元，增长1%，其中县（区）级收入20060万元，占总税收收入的49.7%，同比增收1141万元，增长6%；组织社保费共20876万元，同比增收864万元，增长4%。

【税收法制】 年内，完善“金税三期”功能、加强税收风险管理，通过风险评估入库各类税款421.68万元，入库稽查税收收入766.36万元，税务处罚638户次，罚款55.2万元，税收秩序持续向好，加强与地方人大、纪委、监委、财政等部门的沟通，主动接受外部监督，向地方人大代表、政协委员走访10次，实地走访5家企业、6个党政机关，召开纳税人座谈会5次，谈心谈话12人次，收集党政机关及纳税人、缴费人反映问题3条。

【纳税服务】 年内，深入推进“放管服”改革，持续优化营商环境，推进“互联网+政务服务”，大力推行“非接触式”办税缴费，推广应用电子税务局，电子申报率达90%以上，全面开通24小时自助办税服务功能，强化纳税信用管理,规范推进“银税互动”工作，通过建行“云税贷”，实现18户企业的1405.8万元的贷款，通过农行的“纳税E贷”，实现708.1万元的贷款，帮助企业解决融资难融资贵的问题。

【税制改革】 年内，开展首次个人税所得税汇算清缴工作，残保金等社保费和非税收入征收职责划转等税制改革任务落地见效，严格落实西部地区企业所得税优惠政策，全面落实招商引资税收政策，加强落实房地产开发企业、大型商贸企业、耕地占用税、环境保护税的政策。

【减税降费】 年内，严格落实党中央、国务院先后出台的7批28项减税降费优惠政策，西藏自治区党委政府出台的25条支持疫情防控和服务经济社会发展政策措施，全年减税降费3657.53万元，充分释放减税降费政策红利，激发市场主体活力。

农业银行

【存贷业务】 全年，全行各项存款余额达302653万元，较年初增加28990万元；增长10.59%，其中，储蓄存款余额224314万元，较年初增加37427万元，增长20.03%，个人核心存款年日均余额为200247万元，较年初增加18011万元；对公存款78339万元，年日均对公存款余额为77073万元，较年初增加4736万元。

各项贷款余额为153609万元，较年初增加51309万元，增长50.16%。其中，个人贷款19170万元，年日均余额为12505，较年初增加10487万元；对公贷款（包括涉农对公）余额49697万元，较年初增加30506万元，增长158.96%，对公贷款年日均余额为24315万元，较年初减少5604万元；农户到户贷款余额为84217万元，较年初增加7078万元。

【普惠金融】全年，累计发放小微贷款11笔，金额6062万元。发放纳税e贷3笔，金额112万元。年内，开展进社区、进乡村激活社保卡活动10余次，活动共发放社保卡7308张，激活11967张。全年累计激活数为43393张。全年，共改造升级161个存量助农POS机，并新增惠农通终端3个，共完成164个惠农通终端升级改造工作，按时完成终端应用升级工作。

【服务经济】 全年，桑珠孜支行为10乡2个街道办事处共计734户农牧民发放了贷款证“钻石卡”，扎实有效地推进农牧信贷工作，有效发放农牧户贷款，利用线上平台，发放“惠农e贷”1529户20357万元，其中发放“雪域惠农e贷”201户3143万元。截至12月底，桑珠孜支行涉农贷款余额为100903万元，较年初增加8508万元。2020年累计发放农牧户贷款证3504张，年内累计发放贷款53523万元，贷款证发证面达到94.75%，使用率达到94.72%。

年内，已向16家企业发放37662万元的贷款，助力企业复工复产（其中，落地贷款4笔，金额为29100万元）；同时，发放个人贷款3999户，69151万元（其中，发放农户贷款3298户50373万元，个人住房贷、网捷贷等共计420户7142万元），为农牧户生产经营及生活发展以及广大干部职工提供经济支持。

年内，组织员工先后深入各乡（办）、村（居）普及防范电信诈骗和非法集资以及“守住您的钱袋子”等金融知识，宣传金融扶贫政策，全年累计向农牧民群众发放相关

8月7日，中国农业银行桑珠孜支行在营业门前设立宣传点，开展防范电信网络诈骗宣传

宣传折页3560余份，悬挂宣传横幅168条。

【中间业务】 全年，农行桑珠孜支行实现营业收入8034万元；实现净利润868万元；中间业务收入达751万元。

【精准扶贫以及脱贫攻坚】 年内，持有精准扶贫贷款证户数为1364户，精准扶贫小额到户贷款余额为2025万元。对接3家扶贫产业项目，发放3笔扶贫产业贷款，金额为4000万元。在扶贫商城购买县域农产品，共计购买价值17544元的扶贫商品。

科技·教育·文化

科技管理

【项目建设】 全年，科技、科协“三项经费”158万元，分别用于扶持聂日雄乡珠村生猪养殖示范项目（60万元）、甲措雄乡卡堆村生猪养殖示范项目（10万元）、甲措雄乡普夏村藏鸡培育示范项目（10万元）、甲措雄乡岗苏家庭农场萨福克良种肉羊养殖示范项目（13万元）、甲措雄乡普奴村养羊品种改良示范项目（7.5万元）、江当乡曲布邢列吞载养殖专业合作社藏鸡养殖示范项目（30万元）、科技特派员创业项目（8万元）、科普信息员工作经费（6万元）、宣传培训（3.5万元）、房前屋后蔬菜及玉米种植（10万元）。

【农业科技】 年内，采取“良种、良法、良田”措施推广“喜拉22号”0.67万公顷、“藏青2000”0.1万公顷、“山冬7号”0.13万公顷，推进3个“千亩千斤”、11个“百亩千斤”示范片建设，良种覆盖率达98%。落实商品有机肥7792吨、海藻有机肥4149吨、各种农药75.62吨，实现化肥、农药施用零增长。开展青稞增产行动技能培训4次，培训350余人次，在山沟村全覆盖开展小型农业机械化现场示范培训。全年，培育青稞良种繁育基地600公顷，向周边县及内部调运青稞良种97余万公斤，有效促进种植户增收638余万元。

【科技成果转化】 全年，科技转换及推广新品种、新技术13个。主要新品种为青稞喜马拉雅22号、藏青2000品种、冬小麦（肥麦、山东7号）、油菜（年河18号、藏油5号、京华165）、脱毒马铃薯（艾玛1号）、萝卜（日喀则1、2号）、胡萝卜、藏药材（草红花、玛咖、藏木香、喜马拉雅紫茉莉、西藏林子秦、黄秋葵等）。新技术为青稞、小麦绿色高质高效种植，青稞全程机械化作业技术，耕地地理提升技术，测土配方施肥，藏药材种植，花卉种植等。

【科技精准扶贫】 年内，在基础条件相对好的村，推进扶贫示范点建设。组建科技特色服务团队，3人至5人一组，集中开展技术服务。

【人才培养】 全年，共开展各类培训14期，培训对象为乡（办）农技人员、科技特派员、村“两委”班子、合作社负责人、种植大户等，共计2056人次，共发放资料3592本（册）。

【科技交流与合作】 年内，由自治区农科院蔬菜研究所专家带队的区农科院专家组一行3人，赴聂日雄、甲措雄、边雄、江当、年木5个乡，对30名科技特派员、120个蔬菜种植农户进行现场培训蔬菜种植相关技术流程，赠送了300袋蔬菜种子。协助中国科学院上海天文台射电望远镜选址工作，拟选的日喀则40米射电望远镜项目选址地位于桑珠孜区聂日雄乡加列村境内。

科协工作

【基础设施建设】 年内，实施自治区级“基层科普行动计划”农村专业技术协会奖补资金10万元，同时对8名优秀科普信息员，发放奖补资金2万元；实施了德勒“科普大学”等3个市级科协项目。

【人才工作】 全年，共开展种植、养殖业及科技特派员培训40次，参训人员15144人，发放各类培训资料2万余册。考核认定科技特派员322名，调整和完善科技特派员信息。

【科普工作】 年内，全区12个乡（街道）开展“五下乡”“科普日”等活动，科普宣传累计达到22次，发放书籍、挂图、科普书籍等1.26万本（册）。开展科普进社区、进学校、进寺庙活动，科普文艺演出，科普成果展等活动，制作展板65个，发放科普书籍2500本、科普小礼品300余小包、音响等，共有1352名僧众、学生、群众参与本次活动，发放包含医疗、卫生、安全的《农牧区科普常识》宣传折页共计120余份。

年内，发放农牧业、健康、科技等方面各类宣传资料3220余册（张），覆盖161个行政村，1万余户农户直接受益。

教育管理

【概况】 辖区内区共有各级各类学校108所，其中初中3所、小学19所、幼儿园86所，另有学前点33个。全区各级各类学校在校生共25103人，其中初中4851人、小学12698人、幼儿园7554人。全区共有教职工1739人，其中初中446人、小学810人、幼儿园483人。学前教育三年毛入园率为101％，小学净入学率100％、毛入学率112％，初中净入学率100％、毛入学率为107％。义务教育阶段巩固率为100%，学前教育阶段巩固率为100%。

【招生考试】 年内，组织各类考试10次，参考人次共计22110人次。其中，中考、统考、小考、学业水平测试、模拟考试等考试8次，参考人数为20740人；中小学教师职称考试等非学历考试2次，参考人数为1370人。做好中考考试工作，设立2个考点，完成1254名考生考试任务。做好内地西藏初中班（校）招生考试工作，设立1个考点，圆满完成476名考生考试任务。做好中小学招生录取工作，完成初级中学、小学和幼儿园录取工作，分别录取1615人、2346人和2165人。

【教师队伍】 全区共有在职教职工1812人，其中初中教职工446人、小学教职工810人、幼儿园教职工532人（含民办教职工49人)、教育局事业人员24人。加强“两支”队伍建设，积极推进“县（区）管校聘”中小学教师队伍管理体制改革示范区工作。积极向上争取师资，2020年，公招及免费师范生分配至桑珠孜区教育系统教师148人，“三支一扶”教师2人，专招生6人，交流轮岗12人。

【教育惠民】 年内，针对2019年度桑珠孜区籍大学新生298人，发放政府“助梦基金”70.2万元；落实建档立卡大学生需发放补助资金的有282名，其中区内114名，区外168名。三级补助资金共发放1638037.5元，其中自治区级补助资金1180084元；市级补助资金415000元；县（区）级差额补助金42953.5元。

【教学与科研】 年内，组织开展中小学毕业年级学业水平考试、非毕业年级统一考试，通过调配资金37万余元，建设网上阅卷系统，促进质量分析，使考试评价更加科学。中小考成绩稳中有升，2020年小考，桑珠孜区内地西藏班小考上线人数41人，居日喀则市18个县（区）第二名；2020年中考，区三中从近年的全市第三名上升为第二名，区一中从近年的全市第六名至第八名跃升为第三名。

【教育均衡化发展】 年内，新建国家投资项目7个，总投资 6860万元；援藏投资1759万元建设的桑珠孜中小学、幼儿园项目，已全部完工；配套资金1231万元建设联乡华夏希望小学教学楼、一中教学楼维修项目均已完工。推进“互联网+空中课堂”工程，建立区片“互联网+空中课堂”教学观摩制度，形成“网格”教研联合体。实施三所中学组团式援藏数字化建设项目。成功举办日喀则市首届中小学生科技节；举行青岛市崂山区第二实验小学教育集团与桑珠孜区齐鲁小学、东嘎乡情远希望小学两地三校结对共建暨“共学传统文化,同享国学经典”主题活动。成功举办日喀则市青少年人工智能校园电动方程式大赛。

【基础设施建设】 年内，区教育局实施教育建设项目18个，总投资7189.43万元。其中，国家投资项目6个，总投资5260万元；配套资金项目12个，总投资1929.43万元。桑珠孜区第一、第二、第三幼儿园项目拟2021年实施，总投资5927万元。

【培训交流】 年内，出台《桑珠孜区城乡教师交流实施办法（试行）》《桑珠孜区城区小学教师竞聘实施办法（试行）》，全年，共有12人参与区域内交流轮岗。

【教育发展规划】 年内，优化城区中小学、幼儿园布局，推进就近就便划片招生工作。推进义务教育阶段校长教师轮岗交流工作。按照“分类指导、强化培训、全面提升”的总体思路，坚持因地制宜、因校施策，利用“一师一优课”“一课一名师”活动、“互联网+空中课堂”、电子白板等现代教学手段，探索新型教学模式，落实下乡蹲点制度，组织教研员深入学校开展听课、评课、上示范课活动。召开教学质量分析会，增进学校间相互交流，总结推广好的做法。

【“组团式”万名教师支教工作】 年内，利用“组团式”援藏教师资源优势，通过建立援藏教师和本地教师结对帮扶、组织校内赛课、参加比赛等形式，促进受援学校教师专业成长。

基础教育

【学前教育】 年内，举办以更新办园理念、打造规范化乡村幼儿园的学前教育观摩现场会，对新分配的91名学前教师进行跟岗培训，利用“珠峰旗云”平台向各乡村幼儿园推送优质课，顺利通过市级学前教育普及普惠评估验收工作；通过资助捐建、爱心捐款，共投资2086万元，用于桑珠孜区33个乡村幼儿园改扩建和设施设备采购。

【义务教育】 年内，桑珠孜区有初中3所，在校学生4851人，专任教师430人；小学19所(含城区5所小学)，在校学生12698人，专任教师799人。中小考成绩稳中有升，2020年小考，桑珠孜区援藏地西藏班小考上线人数41人，居日喀则市18个县（区）第二名；2020年中考，区三中从近年的全市第三名上升为第二名，区一中从近年的全市第六名至第八名跃升为第三名。

【推普工作】 年内，推进国家通用语言文字普及。组织实施“人人通”推广普通话培训，共培训10个乡152个行政村的农牧民群众2204人。抽调30余名教师组成讲师团，开展村（居）干部及后备干部普及国家通用语言文字培训，参训干部达823人。

【“5个100%”工作】 年内，全区中小学双语教育普及率已达到100%，汉语文周课时不低于6课时；区小学数学开课率已达到100%；小学数学课程教学计划达到100%；各年级小学数学周课时不少于6课时；中学数理化生课程计划完成率现已达到100%，中学理化生实验课程开出率已达到100%。并严格落实国家课程计划，开齐课程，开足课时。

【民办教育】 全区共有17所民办教育机构。其中民办幼儿园2所（格桑梅朵双语幼儿园、利君希望幼儿园）；校外培训机构15所（永佳语言学校、舞精灵舞蹈培训、明智培训中心、热森教育培训学校、德朗文化艺术培训学校、启梦培训有限责任公司、桑博智培训学校、神墨教育、毅道跆拳道培训中心、梦卓林培训有限责任公司、扶学堂培训中心、尚岸培训学校有限公司、藏雄文化培训有限公司）；17所民办教育机构共有教师99名、其中党员7名、预备党员1名、入党积极分子16名、团员45名。

体 育

【群众体育】 年内，开展全民健身系列活动。举行了桑珠孜区党员干部“迎七一”趣味运动会、区干部群众“全民健身日”登山比赛，为每乡（街道）发放了2万元的农牧民运动会活动经费，各乡均陆续举行运动会。对桑珠孜区150余名常住人员进行国民体质监测。

【竞技体育】 年内，举办桑珠孜区干部职工运动会、第四届教职工足球比赛。成立桑珠孜区干部职工篮球队，参加日喀则市第六届“珠峰杯”篮球比赛，并荣获第二名。组建桑珠孜区干部职工足球队，参加日喀则市第九届“体彩杯”足球比赛。

【学校体育】 坚持办好校园足球、民族传统舞蹈等特色项目，坚持开展学生社团活动和社会实践活动。扎实开展各类体育教育活动，以学校传统文体活动为载体，定期召开学校运动会、各类单项竞赛活动、大课间操以及“阳光体育一小时”等，内容丰富、形式多样，有效促进学生德智体美劳全面发展。

【体育设施建设】 全年，由体彩公益金项目投资建设的桑珠孜区全民健身登山步道项目，总投资500万元，长度为300米，该项目的建设以丰富桑珠孜区群众的健身休闲活动为目的。

文化管理与文物保护

【文化活动】 年内，已配备曲美乡等6个文化站站长，6个具体负责人，全面负责文化站工作。成立专班督导行政村文艺演出队组建情况，176个行政村均已成立行政村文艺演出队，队员有3017人，并制定桑珠孜区行政村文艺演出队管理办法，同时选派优秀文化人才与12个乡（街道）签订“三区人才”支持计划服务协议书，开展行政村文艺演出队“结对子、种文化”活动。推荐江当乡拉贵村行政村文艺演出队舞蹈“拉贵谐庆”参加“珠峰谐韵”舞蹈大赛并荣获“日喀则市珠峰谐韵‘优秀组织奖’”。

【文化产业】 年内，与青岛市广播电视台签订《青岛·桑珠孜区原创音乐培育扶持计划合作协议》，推进了桑珠孜区音乐文化产业的发展。举办“青稞之乡 最美庄园”桑珠孜区专场文艺演出、“青青之音——青岛·日喀则原创音乐培育计划专场演出”、“青岛最动听”原创音乐大赛，推选西藏赛区冠军代表西藏赴青岛参加全国总决赛，并荣获亚军。

【文艺创作】 年内，创作桑珠孜区抗疫公益短片“防控疫情人人有责系列”，均已在各大平台、新闻媒体播放。全年，文艺巡演70场，观众达31200人次。出台《文艺创作激励机制》，创作公益歌曲《铭记》、公益短片“防控疫情人人有责系列”、舞蹈《民族与现代融合》、脱贫攻坚为主题的小品等11个精品作品。

【文物保护】 年内，桑珠孜区被列为国家革命文物保护利用片区。斯玛卓舞被列入第五批国家级非物质文化遗产代表性项目名录。争取援藏资金200万元用于非物质文化遗产普查项目、青稞文化研究保护项目、非物质文化遗产进校园项目，其中非遗文化普查项目，新发现不可移动文物遗存点和非物质文化遗产点共计137个。青稞文化研究保护项目已制订实施方案，进一步挖掘研究青稞文化。非遗进校园项目推动10个非遗作品进区一中、区二小等10所学校。实施恩贡寺、塔杰珠德寺2处自治区级文物保护单位修建防盗栏工作。投入8万余元用于文物保护单位恩贡寺德洋大殿壁画和色朵坚寺香巴扎仓的保护、纳塘寺消防设施设备采购。制订文物安全应急预案，签订文物安全目标责任书，对13处文物保护单位检查21次，发现问题16个，按要求均已整改。发放传承人补助资金12.1万元，非遗代表性项目资金75万元。2020年，共申报市级非遗项目6个，非遗传承人2个。

【文物普查】 年内，投入80万援藏资金，在辖区内实施文化资源普查项目，新发现了不可移动文物遗存点80项和非物质文化遗产点57项，共计137项。如：在城南尼色日山发现了距今有2000多年的描写古代狩猎场景的岩画；在城北米日社区发现了建于19世纪末，主体为一楼一底藏式平顶土石木建筑结构的红色遗址“文工鼎”；在联乡塔布村“博木措山”崖壁上发现了摩崖石刻群，其中的立像释迦摩尼佛是迄今为止发现的西藏境内最高的立像摩崖石刻；在江当乡拉贵村发现了距今已有400多年历史的传统舞蹈“拉贵谐钦”。

【文化市场监督】 年内，与各星级家庭旅馆签订安全目标责任书，开展文化旅游市场监管、文化执法检查100余次，发现问题40余个，按要求均已整改，旅游投诉1起，已处理。

【农村电影放映】 全年，电影队深入乡、村（社区）、学校、寺庙、部队开展以“决战脱贫攻坚 决胜全面小康”和“党的光辉照边疆 边疆人民心向党 中央第七次西藏工作座谈会精神”的电影下乡活动，播放电影790场，观影35550人次。

【新华书店】 全年，书店共发行十九大主题图书和相关会议文件及《习近平谈治国理政》《梁家河》《习近平七年知青岁月》《中华人民共和国民法典》等重要文件文献及重点主题出版物2万余册。图书零售70余万元，较上年同比增长15%。年内，开展送书到社区服务20余次，受众群体达5700余人次；开展“4·23”全民阅读推广，为书香社会建设发挥重要阵地作用。全年，新华书店共购置图书3852种，61422册，累计销售图书56934册，销售额1068076.99元，接待读者达104310人次。

藏语文及编译

【藏语言文字】年内，全面推广藏汉双语，宣传标语、各类门牌、广告、印章以及窗口服务领域均实现藏语和汉语使用的全面普及化，全年宣传标语、横幅、牌匾、印章等共翻译295个（枚）。利用网信桑珠孜微信公众号、行政办公楼电子屏幕等推出学藏文内容，发放学藏语和汉语课件，提供藏语最基本的日常用语学习平台。开展“加强双语工作，激发学生潜能”为主题的书法、朗读比赛活动，活动参赛学生达600余人。

【社会用字管理】年内，联合宣传部，深入各乡（街道）、各村（居），检查使用双语情况及用字规范、标准情况。对《乡规民约》《村规民约》制定及规范情况进行检查整改。完成10个乡、10个派出所、156个行政村的宣传标语及制度3642个、标语标牌1644个、路标警示452个、宣传栏562个、横幅73条、电子显示屏20处、村规民约133份的检查工作。在检查过程中，发现用字不规范、译错、张贴不规范、错字漏字、未使用双语等问题300余处，现场整改100余处，下发通知单92份。为迎接自治区藏语文社会用字普查工作组，成立联合检查组，对城区主干道、各乡、区辖各寺庙、乡村公路沿线，详细检查横幅、宣传标语、标牌、广告牌、公共设施标志、服务窗口、各类制度、电子显示屏中的社会用字情况，共检查各类用字情况1533处。在检查中发现31处用字不规范问题，及时予以纠正。

【编译工作】年内，完成“两会”各类文件翻译，完成区委、人大、政府、政协四大办交办的各类文件、领导讲话、重要活动、现场翻译工作，确保完成中共桑珠孜区代表大会和区二届人大四次会议选举材料，区直各部门政策性、法规性文件，重要会议、重要举措、面向基层政策解读文件手册、宣讲材料翻译，各乡（街道）相关材料的编译事项，及时翻译相关防疫知识、公告、协议书等内容。全年翻译字数达1292500余字。完成《团支部（总支部）工作手册》《桑珠孜区民政政策汇总》2本册子翻译工作。

【培训指导】年内，组织编译局工作人员及各乡（街道）翻译专干4名参加市级组织的翻译业务培训。年内，两次深入各乡（局）、村了解掌握学习、使用藏语文情况，保证藏语文工作及编译工作的普及性和规范性。

广播电视

【概况】 年内，桑珠孜区广播电视局坚持以发展为主题，推进城乡广播电视公共服务体系建设，加快广播电视数字化进程，巩固“村村通”建设成果，推动“农家书屋”图书更新等工作。全年，辖区10个乡161个行政村全部实现了村村通，无线广播覆盖率达到98%，“农家书屋”覆盖率达100%。

【乡村调频广播转播站建设】年内，将辖区45座调频广播发射台优化调整为17座，并于7月恢复纳尔乡政府调频广播站点、9月恢复曲美乡政府调频广播站点，有效利用了广播站点资源，提高了无线广播电视覆盖能力。

【“村村通”】 年内，实施广播“村村通”等各项广播惠民服务工程任务，充分发挥维修网点作用，通过定点维修和上门维护相结合，第一批共计维修“村村通”直播卫星设备545套，更换发放直播卫星设备638套，第二批维修仍在进行当中。年内，开展卫星地面接收设施专项整治行动3次，先后出动人员13人次，检查商户14家，收缴非法接收设施20余套。

【农家书屋】 全区共有“农家书屋”176个，“寺庙书屋”15个，为每个农家书屋配备图书（含画册、期刊）等17072本、每个寺庙书屋配备图书（含画册、期刊）1200本。

【新闻宣传】年内，在区“两会”期间开设“直击两会”“代表委员风采”“两会表情包”“两会特别报道”专栏，制作团结桑珠孜、实干桑珠孜两期访谈节目，为更好推广区扶贫产业产品，助力“消费扶贫”，拍摄制作边雄乡甲根村枸杞与桑珠孜区甲努娘麦粮油2期“主播带货”产品推广视频，同时，在日喀则市广播电视台微信公众号、日喀则市广播电视台抖音公众号及桑珠孜区发布平台推广发布。

【宣传合作】 年内，在日喀则市电视台开设了《桑珠孜之窗》栏目，每周五晚上黄金时段播出栏目，播出了乡风文明的引领者、坚强不屈的次仁医生、民族团结之花在桑珠孜处处盛开、大学生就业创业、乡亲们的脱贫路、一片红心永向党等16期藏语和汉语视频，与西藏日报社签订新闻宣传合作协议，在西藏日报APP开设桑珠孜频道，开设西藏首个县域融媒体频道。在桑珠孜发布每天推送藏文稿件，切实把微信公众号打造成农牧民乐于接受的藏语和汉语发布平台。向《西藏日报》、西藏电视台、日喀则电视台、《日喀则日报》等上级媒体提供新闻线索，加大桑珠孜区的知晓率和报道力度。

【宣传策划】年内，创作防疫歌曲《铭记》，公益短片《全面战“疫”人人有责》，宣传片《共同防护 共渡难关》《最美“逆行者”》《如何正确带好口罩》，疫情防控动漫宣传和海报，藏文嘎协体防疫宣传知识等作品，深入挖掘“脱贫路上的支部书记”“米久欧珠的创业之路”“坚强不屈的次仁医生”及“温馨的家”康洛康萨民族团结“十促”法等一批典型亮点。

卫生健康

综述

【概况】 全年，门诊就诊人数为69002人次，比2019年同期降低15.71%，住院病人为2015人次，比2019年同期降低0.5%，业务总收入达到2949.52万元,比2019年同期降低1.5%。年内，乡级医疗机构门诊就诊53741人次，比2019年同期降低0.8%，住院病人为94人次，比2019年同期降低1.7%，业务总收入达到139.97万元，比2019年同期降低3.7%。

【医药卫生体制改革】 年内，全面建立国家基本药物制度，桑珠孜区各级公立医院实行药品“零差补”，所有药品取消药品加成，规范药品采购供应管理，全面实行药品“两票制”网上集中采购，药品价格降幅达10%~20%。深化公立医院改革，制定并实施县级公立医院薪酬制度改革，制订印发《桑珠孜区县域紧密型医疗共同体建设实施方案》，桑珠孜区卫生服务中心与12个乡（街道）卫生院（社区卫生服务中心）完成资产、人员的交接，充实了班子成员，探索实施县、乡、村一体化管理试点工作，严格落实基层首诊、急慢分治、双向转诊的工作机制，县域内就诊率达到85.84%。

【健康扶贫】 全年，共完成大病救治290人，其中，桑珠孜区卫生服务中心救治128人，市级医院救治126人，自治区级医院救治24人，区外医院救治12人，救治率达100%。组建家庭医生签约和巡回诊疗服务团队，提供契约化服务，建档立卡贫困患者签约服务人数7893人，签约率和服务率达到100%。重病兜底保障4人，保障率达到100%。实施包虫病、先心病、白内障、“三病”、重性精神疾病等重大疾病全人群筛查救治工作，对96例包虫病患者，17例先心病患者，其中青岛援藏救治11名，136例白内障患者进行免费手术治疗。

【公共卫生服务】 全年，儿童免疫接种率持续稳定在98%以上，顺利完成疫苗接种单位划转及医疗机构犬伤门诊交接工作。在全市首次推行“健康副校长”工作，协助各级学校开展健康教育、卫生防疫、师生健康档案建册等工作。全面启动孕产妇“五色管理”及“两癌”筛查工作，落实免费孕前检查和出生缺陷干预项目，孕产妇住院分娩率达到99.8%以上，比2019年同期增长0.7%，妇女“两癌”筛查中乳腺癌筛查9492人，宫颈癌筛查8594人。年内，推进藏医药事业持续发展，藏药普及率持续提升，区藏医科能够开展的适宜技术达到6项以上，部分乡级医疗机构也能开展3项以上技术，并逐步向村级延伸。年内无甲类传染病报告，处置学校突发公共卫生事件3起。

【医疗人才援藏工作】 年内，由援藏医疗人才开展的新技术、新方法达34项，新建制度15项，开展手术100余台次，数量创历年援藏之最，医院在多项技术上实现零的突破，如妇产科的腹腔镜绝育手术、无痛人流等手术。年内，青岛市立医院出资158000元，为桑珠孜区卫生服务中心购置五分类血气分析仪等设备共5套，极大缓解了部分科室设备老化的问题。年内成立的青岛援藏“山海情·红马甲”基层医疗志愿服务队在桑珠孜区12个乡（街道）32个行政村开展了义诊活动，受益群众5059人次，发现各类疾病患者463人。

青岛援藏干部组先后为桑珠孜区卫生服务中心解决了CT、移动式B超等诊疗设备，投入资金1395万元，为儿童先心病患者筛查和救治投入资金近80万元，为提升远程医疗平台使用效率，每年投入9万元用于远程视频维护，每年落实30万元，并从2019年起投资修建了5个乡级标准化卫生院，共投入资金1373万元。年内，援藏医疗队对辖区各学校开展了儿童先心病筛查4188人，最终确诊的11名患儿由援藏出资在山东进行手术治疗。

【新冠肺炎疫情防控】 年内，制定印发《桑珠孜区新型冠状病毒感染的肺炎疫情联防联控工作方案》等系列防控措施。第一时间拨付100万元疫情防控专项资金，支出46.73万元采购疫情防护物资。呼吁119家企业、单位及爱心人士捐助疫情防控资金733.4448万元，捐赠一次性口罩、方便面、矿泉水、面包等价值91.39万元的物资，及时按需发放至一线医务人员、公安民警、各卡点和部分疫情防控单位。部分单位和社会各界人士定向湖北、武汉捐赠款项182.6247万元助力抗疫。确定桑珠孜区人民医院为定点医院，第一时间召回在藏全部医护人员，成立桑珠孜区医疗救治专家组，培训200余名医护人员。年内，严格排查人员69.62万人次。累计隔离区外返藏总人数19782人。入户宣传10.8万余户次，发放倡议书、宣传单、宣传册20.3万余份；通过“两微一端”发布疫情防控相关信息945条，上级媒体刊载刊播桑珠孜区疫情防控相关信息114条，宣传报道疫情防控做法63篇；“智慧+短信推送平台”推送短信84105条。累计组织党员开展志愿服务18700余场次，服务群众48.78万余人次，解决群众实际困难1940余件；开展爱国卫生运动8680余次，实施乡村环境整治11300余次。6月29日，通过集中分流点分流、其他方式进入辖区的疫区进返藏人员1079人，均全部解除医学隔离观察。本级政府向教育系统调拨84消毒液675升、喷雾消毒器27个、口罩144950副、含氯消毒片5瓶、免洗消毒液300瓶、75%酒精100瓶、额温枪54个、腋下体温表180支、一次性乳胶手套500双、垃圾袋若干；学校自备口罩13226副、家长准备口罩60475副。为25所中小学、幼儿园配备红外线热成像检测仪。

医疗保障

【基金监督管理】 年内，开展打击欺诈骗保专项治理行动，保持基金监管高压态势，保障基金运行安全。强化定点医疗机构监管，与桑珠孜区3家定点医疗机构签订服务协议，明确定点医疗机构纳入协议管理的具体事宜。对“两定”机构和参保人员冒名顶替、挂名住院、不合理用药或收费等违法违规行为进行检查，加强外伤报销监管工作，向驻村工作队、村（居）委会、乡（街道）进行宣传教育引导，并提出具体要求，对核实发现为虚假证明、不符合报销条件的情况，移交区纪委监委，挽回基金损失共计23.9万元。

【待遇保障】 全年，桑珠孜区城镇居民医疗待遇普通医疗支出234.81万元，城镇职工医疗待遇普通医疗支出369.73万元，职工生育待遇结算支出290.76万元，干部职工体检费兑现资金255.97万元，新型农村合作医疗基金支出799.78万元。至年底，城乡居民住院报销6215人次，基金支付3476.96万元，其中建档立卡贫困人口322人次，基金支付173.85万元；医疗救助421人次，救助金额149.66万元，其中建档立卡贫困人口医疗救助191人次，救助金额42.5万元。

【政策宣传】 年内，开展城乡居民医保政策暨打击欺诈骗保巡回宣讲，累计宣讲16次，藏语和汉语宣传单累计发放23054册，通过相关政策宣传宣讲，桑珠孜区城乡居民参保92945人，参保率达97.2%。

【医保扶贫】 年内，组织人员对易地搬迁点进行现场排查摸底登记，完成对建档立卡贫困人口103人次的医疗报销，兑现金额90.99万元。同时深入较为偏远的乡，开展巡回登记报销工作，切实解决群众报销难、路途远的实际困难，现场登记报销工作累计受理3522人次，家庭账户核销492人次。

医疗服务

【综合服务】 年内，受新型冠状病毒肺炎疫情影响，门诊就诊病人6.9万人次，比上一年同期降低了15.71%，住院病人1942人次，比上一年同期降低了22.3%，其中，儿科住院病人552人次，内科住院病人573人次，妇产科住院病人554人次（剖宫产手术1例、住院分娩541例），外科住院病人209人次(手术157例)，骨科住院54人次，（骨科手术40例），床位使用率93.5 %，床位周转率21.1次；临床医技科X射线机拍片12368人次、CT检查1051人次、超声检查8167人次；检验科检查16880人次（其中，生化检查3769人次、甲功检查60人次、血常规检查11389人次、标志物检查59人次、乙醇检测673人次、免疫检查201人次、微生物检查306人次），心电图检查898人次，幽门螺杆菌111人次，胃镜检查29人次，实现业务毛收入达2949.52万元，比上一年同期降低了1.5 %。

年内，完成本辖区18所寺庙的僧人健康体检工作。在区委、区政府的安排部署下区人民医院为全区18所寺庙僧尼进行健康体检。2020年，完成为299名僧尼进行肝功能、血糖血脂四项、血尿常规、胸透、B超、心电图等内容体格检查及大病筛查。完成辖区全民健康体检、健康扶贫人员健康体检及重大疾病筛查工作任务。群众健康体检近5000人，其中桑珠孜区12个乡（办）开展妇女“两癌”检查、居民健康档案体检、先心病（4188次）筛查工作，年内完成妇女“两癌”检查项目乳腺癌9492人次，宫颈癌8594人次。辖区免费孕前优生健康检查及出生缺陷干预体检。在桑珠孜区卫生局的协调安排下，桑珠区卫生服务中心集中对桑珠孜辖区各乡展开2020年免费孕前优生健康检查及出生缺陷干预体检活动。桑珠孜区卫生服务中心共为桑珠孜辖区299对待孕夫妻完成了免费孕前优生健康检查。为191对已怀孕夫妇完成出生缺陷干预检查。

【优生优育】 年末，已婚育龄妇女35147人，孕产妇2105人，孕产妇死亡1人，死亡率控制在47/10万；0~6岁儿童14499万人，年度活产数2106个，5岁以下儿童死亡率34个，死亡率控制在16.14‰。

孕产妇保健及住院分娩情况：2020年，全区孕产妇2105人，产妇系统管理人数2075人，管理率达到98.6%。年度活产数2106人，其中住院分娩产妇总数2102人，住院分娩率达到99.8%，完成指标。

叶酸发放情况：全年共发放叶酸1455盒，

服用叶酸人数为1174人，服用依从总数为1078人，增补叶酸知识知晓人数为1494人。

营养包发放情况：对6~36个月儿童实施贫困地区儿童营养改善试点项目，免费领取人数10172人，发放营养包11954盒。

出生缺陷干预项目落实情况：年度出生缺陷一级干预项目完成245对490人，2020年无出生缺陷儿。

免费孕检项目落实情况：国家免费孕检优生健康检查完成了327对654人。

母乳喂养：母乳喂养实查人数为1648人，母乳喂养1645人，母乳喂养率99.8%。

【藏医综合性建设项目】 年内，新建一幢藏医综合楼，一幢藏药制剂楼。国家投资2800万元，新建建筑面积为4000平方米，局部四层的藏医综合楼、藏药制剂楼项目，完成主体建设及内部装修。

【发热门诊管理】 严格执行发热病人接诊、筛查流程，认真落实发热病人登记报告制度，建立“零报告”“日报告”制度，确保转诊病人的“绿色通道”畅通。严格落实相关工作制度。发热门诊执行24小时值班制。严格落实首诊负责制。对发热门诊病人、急诊留观病人、门诊呼吸内科病人、新入院的住院病人、住院陪护人员以及医务人员开展核酸检测，做到应检尽检。年内，共完成检测人数415人次。

年内，对全院医护人员进行了集中培训38场次，培训医护人员共计620余人次，开展新冠肺炎患者的接诊、诊疗、转运及院内感染防控等模拟演练23场次，新冠肺炎防控知识集中考试6场次，现场指导医护人员规范开展接诊处置等工作。

年内，发热门诊接诊41人，其中发热23人（留观处理12人，内科住院8人，其余口服带药），出诊共35次，预检分诊140259人次。

疾病防控

【传染病防治工作】 全年，桑珠孜区共报告传染病257例，无甲类传染病，其中乙类传染病2种计215例、丙类传染病1种共3例，无死亡病例，其他传染病39种。乙类传染病：手足口病129例，细菌性痢疾46例，梅毒6例，发病率为214/10万。

【免疫预防管理】 全年，累计发放国家免疫规划疫苗45844人次，乙肝疫苗应种6463针次，实种6442针次，接种率99.6%，卡介苗应种2210针次，实种2205针次，接种率99.7%，脊灰疫苗应种8369针次，实种8310针次，接种率99.3%，百白破疫苗应种7690

针次，实种7125针次，接种率92.7%，含麻类疫苗应种4032针次，实种4001针次，接种率99.2%，A群流脑疫苗应种4794针次，实种4762针次，接种率99.3%，A+C群流脑疫苗应种3343针次，实种3198针次，接种率95.7%，甲肝疫苗应种2136针次，实种2114针次，接种率98.9%，白破疫苗应种1777针次，实种1716针次，接种率96.6%。年内，组织免疫规划专业技术人员对全区12个乡（街道）进行全面综合检查。年内，按照《桑珠孜区儿童入托入学查验预防接种证实施方案》要求，把该项工作作为重点，认真搞好宣传及协调工作，使家长、学校充分认识到查验接种证的重要性。在此次入学、入托儿童查验和查漏补种工作中托幼机构入托入学儿童共计1741名，查验儿童1740名，其中持有接种证儿童1693名，无证47名，补证2名；应补种儿童464人，实际补种儿童464人，补种率100%。

【地方病防治】 年内，组织开展碘缺乏病防治宣传，组织30余人，出动车辆2辆，在市区主要街道及各乡、办事处等举行宣传活动。组织人员在上海广场设立咨询台，展示宣传展板，现场向过往群众讲解碘缺乏危害知识和辨别真伪食盐的方法及食用碘盐好处，共发放宣传彩页2000余份，手提袋200余个，日历100余册。年内，由各乡协助采集300份盐样进行碘盐的定量检测，对桑珠孜区的4个乡中心小学进行了尿碘采样。每个学校各采20名学生尿样，同时在每个村采集水样一份，送市里检验。全年，共发放碘油丸1842粒，各点完成投服1795粒。

【艾滋病防治】 全年，共检测29851人，其中住院病人为5752人，性病门诊148人，其他就诊者12012人，婚前检测共576人，检测率达到99%以上；孕产期检测8602人，娱乐场所检测656人，无偿献血人员1208人，新兵体检726人，羁押场所检测171人。

【结核病防治】 全年，发现疑似肺结核病人148例。共查出肺结核病人112例，其中初治涂阳8例，初治涂阴75例，复治涂阳4例，复治涂阴21例，结核性胸膜炎4例。网络直报及时准确，无漏报，正确报告率100%，各项报表完整。

【鼠疫防治】 年内，召开鼠疫防控安排部署会议，全年各乡卫生院共进行宣传44次，召开村民动员会12次，发放宣传资料850余册，全年共投药堵洞895个，非投药堵洞1134个，灭鼠面积在85公顷左右，尚未发现动物间鼠疫和人身与牲畜感染鼠疫的情况。

社会生活

民政工作

【社会救助】年内，对辖区内22户68人收入超标家庭进行清退，将47户116人纳入兜底保障对象，共发放城乡低保资金642.87万元。共为200户需救助家庭发放临时救助资金114.5万元。

【社会福利】全年，共计办理残疾证439本。开展“助残日”活动。组织50余名残疾人开展助残日活动，前往大学生残疾人创业的聂日雄乡雅杰农产品开发有限公司交流学习创业经验。全年，共计为2918名残疾人员发放残疾“两项”补贴，共计558.84万元。开展残疾人动态更新系统培训工作。开展2020年度残疾人基本服务状况和需求信息数据动态更新系统工作培训，参训人员共计11人。

年内，共慰问城市低保家庭195户，农村低保户156户，困难残疾家庭100户，分散特困供养对象101人，集中特困供养对象72人，农村留守儿童、困境儿童100人，因公牺牲干部职工遗属，生活困难公益性、临时工86人，生活困难环卫工人45人。发放慰问金和慰问品总计58.56万元。

【“双集中”工作】年内，为70名集中特困供养对象发放了生活补助资金共计14.18万元，并为集中特困供养人员定制约20万元的内衣、外套、鞋子，更换全新被褥等，日喀则市西华医院团支部组成13人义诊医疗服务队，携带医疗设备为70余名特困集中供养对象和工作人员进行了免费义诊体检，并为中心赠送价值5000元的医药用品，此次义诊活动共计投入资金6万余元。

【流浪乞讨人员救助管理】年内，组织桑珠孜区13户19人参加了为期3个月的日喀则市扶贫技能培训班。为13户流浪乞讨人员送去价值14520元、人均1320元的临时救助物资，并为1户3名流浪乞讨人员解决户籍问题，安排住处解决屋内设施设备。与乡（街道）签订流浪乞讨人员教育、监管、服务工作协议，加强对流浪乞讨人员的日常管理。

【基层政权建设】年内，对辖区内489名村务监督委员进行考核，其中主任175名，委员314名，并根据考核结果发放工资，共计427.93万元。

【区划地名】年内，开展平安边界工作。按照年初方案要求，开展与南木林县行政区域界线联检工作。研究制订实施方案，成立工作领导小组，明确了职责和工作要求，同时加强与南木林县民政部门沟通协调，确保联检工作顺利开展。

【基础设施建设】年内，桑珠孜区彭布日吾切天葬台维修保护项目，总投资400万元，已完工；桑珠孜区老年人日间照料中心建设项目，总投资500万元，已完工；桑珠孜区特困人员集中供养中心基础设施配套建设项目（二期），总投资300万元，已完工；桑珠孜区特困人员集中供养中心消防安全设施建设项目总投资100万元，已完工。

【老龄工作】年内，为173名高龄、失能老人落实生活补助资金10.38万元。

【婚姻登记】全年，共办理结婚证1254对，离婚证259对，补领结婚证187对，补领离婚证5对。

【未成年人福利】年内，为34名家庭寄养孤儿发放生活补助资金43.21万元、16名事实无人抚养儿童生活补助资金9.91万元、临时价格补贴1.81万元。及时了解掌握留守、困境儿童情况及人数，截至2020年底，桑珠孜区共有留守、困境儿童323人，关心关爱留守困境儿童，协同西藏自治区慈善总会开展“我不脆弱”公益活动，为留守困境儿童免费进行体检、发放慰问品，进行了未成年人保护教育、自我保护、防疫知识政策宣传等。

【社会募捐】年内，为城南办事处吉培社区烧伤租户募集捐款37.83万元；疫情防控期间收集爱心人士和干部职工捐款51.61万元。

人力资源和社会保障

【社会保障】全年，全区各类养老保险、失业保险、工伤保险参保53782人，征缴基金26583.25亿元。其中，企业职工养老保险参保894人，征缴基金3735785.83元；机关事业养老保险参保3383人，征缴基金254425911.84元；城乡居民养老保险参保42309人（不包括60周岁以上人员），征缴基金9731100元；失业保险参保2603人，征缴基金6265103.32元；工伤保险参保4593人，征缴基金1404695.67元。全面落实阶段性减免缓缴社会保险费政策，惠及811人、87家企业，减免养老、失业、工伤三项社会保险费共计872399.42元。困难群体政府代缴5201人，特殊人群政府代缴800人。

城乡居民养老保险实现全面社会化发放，享受领取待遇8506人，发放2020年1至12月养老金18059214.57元，2016年1月至2020年5月，清算并兑现个人账户养老金累计26336人次、2968277.84元。清理参保死亡人员1003人，兑现丧葬补助金及清退个人账户金额1618683.02元。清算2014年10月至2018年12月机关事业单位养老保险及职业年金，涉及93家机关事业单位、2311名干部职工。清算2014年10月至2016年12月缴纳机关事业单位养老保险和企业养老保险相关保险费，涉及91名合同制工人。

【人才培育】年内，组织2065人进行就业技能培训，涉及厨师、装载机、挖掘机、创业、钢筋工、电工等多个实用性强的工种；对年木乡90名、甲措雄乡66名农牧民开展农业技术指导员和农作物栽培技术培训；组织154名劳务输出合作社管理人员举办“创业+劳务输出”合作社业务培训。开展初级职称评聘工作，涉及38名卫生、文化、农牧等事业岗位专业技术干部（19名为试用期满考核定职人员）。

【劳动关系管理】年内，开展专项检查25次，检查各类用工单位102家，涉及建筑领域、餐饮、服务等行业，依法下发询问通知书55份，收到询问反馈25份;受理306起案件，成功调解306起，涉及农民工785人，涉及金额792.56万元，结案率100%。全区劳动用工企业签订劳动合同率达到93%。

【就业创业】年内，农牧民实现转移就业26979人，创收4.2亿元。其中，组织化转移就业15392人，建档立卡户3293人，创收2691.5万元。组织技能培训2065人，结业2065人，培训后实现转移就业1885人，就业率91%，培训后农牧民月增收1500~3000元；组织建档立卡户培训326人，培训后实现转移就业298人，创收117.13万元。

年内，全区应届高校毕业生1075名，就业1069人，其中，体制内就业274人，市场就业795人（区内企业536人、区外企业40人、创业9人、大学生基层成长计划166人、学历提升44人），就业率99.4%。向63名高校毕业生兑现创业启动资金308.68万元。与34家用人单位对接，收集就业岗位522个；转发各级招聘信息、岗位9万余个。

【工资福利】全年，全区专业技术干部退休9人，其中符合64号文件申报提前退休1人，正常退休8人；落实13名退休死亡干部职工待遇，兑现抚恤金及丧葬费2857052.74元。全区享受有毒有害岗位津贴462人，共计384876元；完成正常晋升，工资变动，各类浮动（固定），工龄、职称（技术等级）变动等审批，累计3236人次，装订成册80本；审核认定678名事业单位工作人员休假包干经费；完成16人水利勘测类工资调整，增资共计218379元。对全区136家企业开展职工薪酬调查。

【信息化建设】年内，桑珠孜区新增采集社保卡信息2229人，激活社保卡累计23200张，已发放完成22979张，未发放221张（电话更改无法联系或已通知但无人领取）。

【农民工管理】年内，区人社局认真贯彻执行民工工资保证金制度，督促18家企业缴纳工资保证金，共计310.97万元；审核办理50家第三方担保企业，涉及担保金额895.44万元。

扶贫开发

【脱贫攻坚】年内，建立稳定脱贫、防止返贫、阻断致贫的长效机制，全面抓实各项政策举措，不断巩固提升脱贫成效，完成年度脱贫攻坚目标任务，顺利通过国家脱贫攻坚普查验收。全年，建档立卡户人均纯收入达13935.11元，其中工资性收入占比达58.37%，财产性收入占比11.01%，生产经营性收入占比22.86%，转移性收入占比7.76%，辖区内消除绝对贫困。

【十项提升】以“十项提升”工程为目标，实现了176个行政村（居）农村安全饮水全覆盖，辖区所有行政村（居）道路通畅率、自然村通达率、乡公交班线开通率均达100%，乡村通电、通网、通信率皆达100%，农牧民广播电视“户户通”工程覆盖率达100%，12个乡（街道）文化站覆盖率达100%，农家书屋覆盖率达100%，乡（街道）卫生院覆盖率、村有村医率达100%；城乡居民基本养老、基本医疗、失业、工伤、生育等保险参保率达98%，义务教育阶段巩固率达100%，3岁以上幼儿入园率达100%，有意愿的特困人员、孤儿等集中供养、收养率达到100%。

【教育扶贫】年内，加快实施“七长”控辍保学责任制，全面落实控辍保学工作。全区义务教育阶段在校人数17549名，其中小学12698名、初中4851名、学前幼儿7554名、特殊教育学校学生28名，小学、初中、幼儿净入学率达100%，义务教育阶段巩固率达100%，对64名因病因残不能入学的适龄儿童少年，开展送教上门576次。切实落实好贫困家庭大学生资助政策，为282名建档立卡贫困在校大学生兑现各级补助资金163.8万元，为298名桑珠孜区籍大学新生发放本级政府“助梦基金”70.2万元。

【健康扶贫】年内，开展医保信息系统平台建设、“一站式结算”、巡回诊疗等工作，实现辖区医疗卫生机构“三个一”，医疗技术人员“三合格”，医疗服务能力“三条线”目标。建档立卡人口参保、体检服务全面落实，参保率达100%，免费体检率达100%；为322人次建档立卡患病人员报销补偿金173.85万元，医疗救助19人次、救助金额42万元，切实解决困难群众看病后顾之忧；成立区、乡、村三级家庭医生签约服务团队，对建档立卡家庭签约服务全覆盖。对107名高血压、糖尿病、结核病、严重精神障碍患者开展随访服务，完成4类慢病患者随访评估、健康管理、适时转诊等工作；改善就医环境，完成村级组织活动场所标准化建设及160个行政村卫生室两室分离工作；切实强化医疗卫生人才队伍建设，向上级争取14名医技人员充实到乡（街道）卫生院（卫生服

7月2日，桑珠孜区首批易地搬迁安置住房不动产权证书颁发仪式在桑珠孜区江当乡郭加村易地扶贫搬迁集中安置点举行

务中心）就职，为基层医疗队伍注入人才；组织开展巡回诊疗活动25次，诊疗人群360余人，发放各类宣传资料1万余份，举办健康知识讲座10余次，实现了建档立卡家庭全覆盖。

【易地搬迁】“十三五”时期，桑珠孜区在充分尊重群众意愿的基础上，统筹考虑水资源条件、小镇建设、灾后重建等因素，采取集中与分散相结合的方式实施了总投入3.6亿元，1360户6012人（辖区内搬迁1253户5507人，跨县搬迁107户505人）的易地扶贫搬迁工程，完成易地搬迁自（代）建安置房验收、安置点保护区认定备案、基层组织组建、集中安置点地质勘察、基础设施及公共服务设施全方面评估等工作，为13个集中安置点通过利益联结配套产业项目20个，稳定入住率达100%、产业配套达100%、公共服务达100%、基层组织覆盖率达100%、群众满意度达100%。

【志智双扶】年内，运用广播、电视、网络、微信等平台，开展“比学赶帮超”活动，结合“四讲四爱”群众教育实践，开展“我的中国梦”文化进万家、“文化助力脱贫攻坚文艺演出”、广场舞大赛等活动共6场，受众达4200余人；评选“五星”乡（街道）2个、“五星”村（居）35个、“五星”家庭3271个；充实完善村规民约176个。通过“两微一端”推送扶贫信息476条，上级媒体编发扶贫信息117条，桑珠孜区“两微一端”发布典型亮点37条，上

7月3日，文化助力脱贫攻坚之“四讲四爱”广场舞大赛举办

级媒体编发典型亮点20条。

【统筹资源】年内，桑珠孜区涉农统筹整合资金68673.17万元（本级财政安排扶贫资金3550万元），其中脱贫攻坚专项扶贫资金总投入41061.38万元，重点用于支持农牧民专合组织、产业发展和“十项提升”工程，着力改善地区生产发展条件。严格实行资金绩效评价和管理要求，强化日常监管，每月定期统计整合资金支出情况，并及时向社会公开资金整合和使用情况，确保扶贫资金用在刀刃上、用出成效。全年发放扶贫小额信贷资金759万元，惠及167户建档立卡家庭。

【定点帮扶】年内，176个行政村（居）驻村工作队组织开展脱贫攻坚政策宣传共计5000余场次，受众10万余人次，印发扶贫宣传资料25000余份，开辟宣传栏286期，举办300余期脱贫攻坚培训，参训群众3000余人次；帮助理清发展思路380余条，各渠道争取扶贫项目7个、投资224万元；研究制定帮扶措施590余条，梳理群众生产生活方面存在困难和问题480余个，收集群众意见建议390余条，帮助群众解决困难和问题350余个；帮助兴办符合产业政策、市场前景好、就业带动强的专业合作社12个，2名包户帮扶对象通过实体项目实现稳定增收；走访慰问五保户、建档立卡户、边缘户群众共计1400余人，发放慰问金和慰问品46万余元。严格落实“4321”结对帮扶机制，全区两千多名干部与建档立卡户结成帮扶对子，集中组织开展2批次入户帮扶工作，宣讲637场次，帮选增收致富路子477条，物资帮扶折合资金60余万元，慰问现金共计40余万元。

【专项培训】2020年下半年，投资22.27万元，组织辖区50名建档立卡群众开展汽车维修技能培训项目。加强脱贫攻坚领域干部培训工作，分批次选派19名优秀年轻干部到青岛挂职锻炼；组织驻村工作队、村“两委”班子等1600余人，开展2期脱贫攻坚领域工作培训；大力实施村干部素质能力提升工程，组织1510名村干部和后备干部，开展40余期国家通用语言培训班。组织开展装载机、挖掘机、厨师、电工等工种技能培训班38期，参训人员2065人，其中建档立卡贫困人口326人，培训后实现就业298人。组织各级医务人员开展各类培训20余场次，参训人数1000余人。

【特色产业发展】2016—2020年规划实施的总投资为6.05亿元（国家投资3.11亿元、信贷资金2.08亿元、自筹0.86亿元）的38个扶贫产业项目，全部开工建设，完工36个，覆盖种植、养殖、加工、文化旅游、商贸流通、资源开发利用6大类产业。兑现分红5次，分红资金达919.88万元，其中2018—2019年度共计分红449.92万元，2020年度分红469.96万元，覆盖建档立卡群众1395户6157人、边缘户群众150户816人，覆盖率达100%，扶贫产业项目带动效益日益凸显。有效带动当地群众2000余人就近就便就业务工，创收4800余万元。

【政策保障】全年，兑现农村低保资金191.07万元，为因病因学因灾等造成困难的个人或家庭200人（户）落实临时救助资金114.5万元，为100人分散特困供养对象落实生活补助资金69.65万元，为70人集中供养对象发放生活补助金13.14万元，为2918名残疾人落实“两项”补贴资金558.84万元，为173名高龄失能老人落实生活补贴10.38万元，为34名家庭寄养孤儿兑现生活补助金43.21万元，为16名事实无人抚养儿童兑现生活补助金9.91万元，为197人精神肇事肇祸兑现“以奖代补”资金47.28万元。健全完善城乡基本医疗保险、大病医保和医疗救助保障体系，全面启用西藏医疗保险信息系统，落实“一站式结算”工作，全年医疗救助19人次、救助金额42万元，为322人次建档立卡患病人员报销补偿金额173.85万元，其中住院157人次、补偿资金138.29万元，特殊门诊12人次、报销2.85万元，普通门诊102人次、报销2.07万元，生育报销43人次、报销26.2万元，新生儿抢救8人次、报销4.44万元。全年为3369名群众落实生态岗位，兑现岗位补偿资金1167.6万元。2020年，全区农牧民群众实现转移就业26979人，创收42172.25万元，其中建档立卡户实现转移就业3293人，创收2691.5万元。

【扶贫督查考核】全年，共计开展脱贫攻坚领域督查工作14次，下发各类督办单20份，形成汇报材料6份，对整改要求定期开展“回头看”，确保整改工作有效落实。通过国家脱贫攻坚普查验收和自治区脱贫攻坚成效考核。

强基惠民

【宣讲精神】全年，各驻村工作队共组织各类学习1750余次，宣讲十九届二中、三中、四中、五中全会精神，中央第七次西藏工作会精神3170余次，受教育群众11.78万人次；宣讲强农惠农富农政策1730余场次，受教育群众7.1万余人次。

【扶贫开发】年内，从驻村工作经费中列支15.28万元专门用于发展壮大农牧民专合组织，探索“企业+合作社+农户”“公司+合作社+家庭农场（致富能人）+农牧户”等增收模式，推进“一村一社”“一村一品”，培育优势产业，发展特色产业，用好用活中组部等三部门扶持资金，全面消除集体经济“空壳村”。年内，各驻村工作队宣传脱贫攻坚政策1890余场次，受教育群众12.23万余人次，印发脱贫攻坚政策资料3500余份，争取各类项目32个，涉及资金897.32万元；强基惠民资金入股合作社18家，涉及资金275.04万元。

【平安创建】年内，开展扫黑除恶专项斗争，组织辖区民兵、治保组织、调解组织、“红袖标”和双联户组织，在重要时段大密度、

8月24日，桑珠孜区强基办举办国家通用语言文字主题演讲比赛（复赛）

高频率、不间断开展巡逻防控，筑牢维护稳定的钢铁长城；宣传疫情防控知识，常态化做好疫情防控工作。全年，各驻村工作队开展各类矛盾纠纷排查、维稳巡逻等11950余次；化解和妥善处理各类社会矛盾261件；协助村（居）“两委”制定维稳方案、应急预案176份；健全维稳机制176余条；建立护村队176个，组织开展村庄清洁消毒3570余场次，参与群众13.18余万人次。

【惠民政策宣传】年内，开展“足印农家、户户走到”活动，宣传《中华人民共和国宪法》《中华人民共和国刑法》《中华人民共和国民法典》等法律法规。组织开展节日民俗和文化娱乐活动；开展“美丽庭院”“美丽乡村清洁行动”“厕所革命”，整治环境卫生脏乱差问题。全年，各驻村工作队开展“四讲四爱”群众教育实践2950余场次；宣传各类法律知识2740余场次，健全村规民约176条；开展环境卫生整治和摒弃不良习惯、陈规陋习等教育活动410余次，受教育群众9.18万余人次；宣传免费教育政策和就业创业优惠政策2590余场次，覆盖群众12.14万余人。

【基层组织建设】年内，组织开展“人人通”、国家通用语言文字学习，提高农牧民党员、群众使用国家通用语言文字水平，消除交流沟通障碍，促进各民族交往交流交融。全年，各驻村工作队协助开展“三会一课”8590余次，开展“人人通”、夜校、文化课25000余学时，协助建立各类制度320余条。

全年，区强基办开展实地督导80余次、钉钉检查9次，实现了督导全覆盖。对驻村工作中发现的突出问题，下发各类通报7次，通报19人，将2名驻村干部季度考核评为“差”，对在驻村工作中履职不力的28名干部驻村年度考核评为基本称职，召回不称职的驻村干部1名；全年提拔调整驻村干部57人，兑现驻村补助598.84万元，发放取暖金76.6万元。

人民生活

【概况】2020年末，城镇居民可支配收入40465元，比上年增长11%；农村居民人均可支配收入16795元，比上年增长13.1%。

【生活消费品零售】2020年，社会消费品总额达到38.48亿元，比上一年同期增长9%。

从消费地域分布看，城镇消费品零售总额实现295756万元，比上一年同期增长6%；乡村消费品零售总额实现89044万元，比上一年同期增长20%；餐饮、商品消费齐头并进。

从消费形态看，餐饮收入实现91852万元，比上一年同期减少11%；商品零售实现272795万元，比上一年同期增长13%。

民族与宗教事务

【概况】2020年，全区常住民族数17个，其中藏族人口占全区总人口的92.8%；其他民族人口数占全区总人口数的7.2%。

【民族政策落实】年内，成立民族团结进步创建活动工作领导小组，制订出台《2020年桑珠孜区创建全国民族团结进步示范区活动实施方案》，向各机关及乡（街道）、企业发放《桑珠孜区创建日喀则市全国民族团结示范市实施方案》和《民族团结进步创建活动进机关、军营、学校、乡（街道）、村（居）、企业》的通知及测评指标。

【民族事务管理】全面贯彻落实民族区域自治法，依法保障各民族合法权益。坚持一视同仁、一断于法，依法妥善处理涉及民族因素事件，保证各族公民平等享有权利、平等履行义务，确保民族事务治理在法治轨道上运行。

【民族文化传承发展】紧紧抓住民族文化繁荣发展、迎来千载难逢的大好机遇，大力传承和弘扬老西藏精神、“两路”精神、珠峰精神，切实把民族文化这张亮丽的名片打造好、发展好，更好地发挥民族文化在促进各民族交往交流交融中的重要作用。积极扶持民族文化产业发展，促进民族文化与旅游开发融合互动式发展，在保护、挖掘和规划、利用上下功夫，实施少数民族传统文化抢救保护、世居少数民族文化精品工程和历史文化名城创建。不断完善公共文化基础设施和服务体系，开展丰富多彩的群众性文化活动，增加文化产品的供给，保障各族群众的基本文化权益，满足各族群众的精神文化需求。

【民族政策宣传】年内，以开展“四讲四爱”主题活动为抓手，以“3·28”西藏百万农奴解放纪念日、“6·2”民族团结进步日、9月民族团结宣传月等节日为载体，以贴标语、设立宣传牌、发送短信、“桑珠孜区发布”等形式，开展民族团结进步宣传活动。累计投入14余万元在318国道进城口、火车站、市区主干道、各级政府驻地、公交站台等制作宣传高炮1台、中炮4台、展板50块、宣传标语1200余条，每天在电子大屏幕中滚动播出宣传标语300余条，累计编发民族团结短信1.56万条，宣传自治区民族团结典型做法和民族团结先进事迹；在各寺庙管委会张贴社会主义核心价值观内容。推动民族团结宣传教育进机关、进企业、进乡（街道）、进村（居）、进学校、进军营、进寺庙；以社区为主体，加强对外来务工、经商、旅游等人员的民族团结教育，采取信息推送、发放宣传册、举办夜校等方式，深化“三个离不开”思想，增强“五个认同”。

【民族事业发展】以社区便民服务大厅、居民调解中心等为依托，解决各民族流动人口子女教育、就业创业、法律援助等问题。城北街道办事处幸福社区保障性住房嵌入式居住，区二小各民族学生混合编班嵌入式，区人社局互学技能嵌入式生产等。

【民族团结进步创建活动】年内，开展“七进”活动。以“四讲四爱”主题活动为契机，有序让民族团结进步示范区创建活动进机关、企业、乡（街道）、村（居）、学校、军营、寺庙、社区等，以形式多样、内容丰富的文艺活动，拉近各民族间的距离，增进各民族间的友谊，促进各民族间的交往交流交融。为助力日喀则市创建全国民族团结进步示范市，按照区创建领导小组的指示精神，区创建办全面深入辖区72个村（居）开展实地指导工作，组织全区机关、乡（街道）创建工作人员前往白朗县、市妇联、区二小等先进单位进行观摩学习。

【宗教事务管理】年内，将全区17座寺庙划分为3个片区，确保重要节点僧尼在寺、干部在岗、工作到位；积极协调区住建局，专门邀请第三方鉴定评估公司，为保护寺庙僧尼的财产及人身安全，对辖区17座寺庙进行一次僧舍危房排查工作，经排查发现寺庙僧舍C类危房17间（主要构件局部受损，需改造加固）、D类危房94间（严重受损、需推倒重建），为上级党委、政府决策部署提供了依据。联合统战部成立了宣讲团，以新修订的《宗教事务条例》、“践行四条标准、争做先进僧尼”为主题，进行了120次宣讲、受众12900余人次。推进“桑珠孜区宗教事务管理信息库”建设，整理存档在编僧尼，社会流动从事宗教活动人员归档工作；执行《桑珠孜区传统宗教活动管理办法》。根据《桑珠孜区夏季消防安全专项检查方案》等要求，会同区文旅、区安监、消防等部门，每季度集中对17座寺庙进行全面检查，同时给每座寺庙发放消防器材，确保寺庙人身安全和珍贵文物安全。

【宗教政策宣传】 年内，在3月法制宣传月、6月法制宣传周、9月平安西藏宣传日开展宣传；发放宣传资料600余本，有效增加了广大僧尼的法律法规知识。

【利寺惠僧政策落实】 年内，对在编僧尼进行全面的体检，体检率达100%。建立僧尼健康档案。为保障区困难僧尼的基本生活和权益，进一步使党的一系列利寺惠僧政策得到充分落实，在区民政局的协同配合下，对低保工作进行认真核查，2020年，桑珠孜区寺庙享受低保政策共176人，并按标准足额发放了第一季度农村低保金7.47万元，管委会成员僧尼岗位补贴8.14万元，共计15.61万元；在区林业局大力支持下，实施建设“园林寺庙”工程。全年，桑珠孜区各寺庙共投资约418.5万元，种植树木81720棵，面积达76.47公顷。

乡（街道）概况

城南街道办事处

【概况】城南街道办事处位于市区南部，辖区在曲荣美达林路以南区域，东与边雄乡交接，南与甲措雄乡交接，西与曲美乡交接，总面积91平方千米，平均海拔3836米，是历代班禅驻锡地，也是市、区两级党委、政府所在地；辖区面积占整个市区面积的80%，98%的党政机关、企事业单位、学校、医院、商场、集贸市场、民生设施、标志性建筑、餐饮娱乐场所均分布在辖区内，下辖8个社区居委会，有汉族、藏族、回族等10多个民族共同聚居。

城南街道办事处户籍人口共有17119户40220人（城镇居民16082户36297人、农户1037户3923人），年末流动人口累计约63000人；街道党工委下设党总支1个，党支部19个，党员608名；全年，农牧民人均可支配收入为19460.21元。

【农牧业】年内，以推广"喜拉22号"为重点，在卡热和曲夏2个社区进行集中连片种植，农作物播种面积达242.47公顷，粮油总产量达73.71万公斤，青稞产量达56.53万公斤，蔬菜产量达371.8万公斤，粮食生产能力和安全水平不断提高；做好农用物资调运准备工作，全年采购化肥45吨，农药1.9吨。

【教育事业】年内，对0～15周岁人口信息进行核实更新，义务教育巩固率达99%，辖区内实现3岁以上适龄儿童全部入园；符合建档立卡条件的在校大学生享受教育项目补助率达100%，对62名贫困大学新生兑现"助梦基金"14.7万元。年内，全面排查义务教育阶段适龄儿童少年控辍保学情况，控辍保学走访入户共10余次，与学校共同解决了6名学生的辍学问题；同时重点关注贫困家庭子女、孤残学生等群体，及时掌握"学困生"及家长的思想动态，切实做好思想工作，在落实"两免一补"政策的基础上，持续加大项目补助帮扶力度。

【医疗卫生】年内，成立45个志愿服务队，严防严控、群防群治，发动辖区干部职工、双联户、民兵、"红袖标"等9000余人次，深入社区、小区、定点酒店隔离点、火车站、城市商圈等一线，排查15126人，开展防疫宣传、送医上门等各类志愿服务260余场次。医保惠及辖区3万多名居民，医保参保率达96.1%。

【文化事业】年内，成立新时代文明实践所（站）9个，完成志愿服务队注册，成立志愿服务团队13个。开展"我心向党"、庆"七一"文艺演出等主题活动7场次，参与群众达2000余人次。开设以"好人榜"发布、科普知识宣传墙、新旧西藏对比照片展示墙等为主要内容的文化教育基地。结合"四讲四爱"

群众教育实践活动、“五比”竞赛评比活动、功能型党支部建设工作等开展环境卫生大整治、新旧西藏对比演讲比赛、勤劳致富人家评比、政策宣讲进小区、医疗服务暖人心等一系列志愿服务活动260余场次。

【社会保障】截至2020年底，城南街道办事处城镇低保对象共计119户298人，农村低保对象1户3人；加大分散特困供养保障力度，与辖区2名分散特困供养五保老人监护人签订监护责任书；确保两项补贴残疾人员不漏一人，开展享受两项补贴残疾人员信息核对及信息数据录入系统工作，享受两项补贴残疾人员427人；应届高校毕业生就业率达99%，城镇零就业家庭保持动态“清零”，全面落实城镇低保、养老保险、特困人员集中供养等社会保障。

【平安创建】年内，与8个社区分别签订目标责任书，深化网格化管理，组建巡逻队，对辖区流动人员、特殊人员、出租房进行全面大清查，做到底数清、情况明。开展消防安全、私房领域建设、私搭乱建等安全生产隐患排查1500余次，向辖区6个加油站派出12名油品监管员。全年共排查化解违建违占、劳资纠纷等一系列事关群众切身利益的矛盾纠纷280余件，初信初访受理率达100%，办结率达95%以上。

【生态环保】年内，结合“6·5”环境日在主要街道张贴横幅20余条，在水源地及保护区禁止从事建设活动及违法行为，8个社区定期清扫沿街面卫生，每周固定2天，对318国道沿线及三个出城口的卫生进行重点清扫，提升市容市貌。

【乡村振兴】年内，召开“全国文明城市”创建工作部署会9次，开展宣传教育活动400余次，群众知晓率和满意度均达到90%以上，组织志愿服务队对辖区主干道、背街小巷、河道两岸等开展人居环境卫生大整治，累计参与3.2万余人次，开展人居环境宣讲100余次，累计悬挂横幅200余条。

开展“四讲四爱”群众教育实践活动，举办庆祝西藏自治区成立55周年、“3·28”文艺会演活动，创新开展“我的祖国”群众快闪微拍活动，办好农牧民运动会、产业发展大赛、“五比”竞赛，极大地激发了各族群众的感恩心、爱国情、奋斗志，开展各类文明实践活动100余场次，参与群众1.7万余人；对1687户“五星户”进行挂牌，向上级部门推荐2020年“五星户”1208户，悬挂横幅1500余条，张贴喷绘600余张，播放LED1000余次，制作宣传栏50余个，以微信“一村一群”为载体，向群众发送各类信息2000余条，开展垃圾分类宣讲18场次，垃圾分类指导8次。

【产业发展】年内，召开农牧民专业合作社工作推进会12次，组建桑珠孜区冲洛康木桑合作社联合社，实现“5个100%”全覆盖，与国策环卫公司签订承包辖区背街小巷环境卫生清扫合同230万元，为贫困户和低收入群体分红19.8万元，16家合作社已为2474人分红257.68万元。日喀则市岗迪混凝土农民专业合作社申报为自治区级示范社，桑珠孜区城南街道办事处德樟休闲农业专业合作社等3家合作社申报为市级示范社；村集体经济加快发展，5个村集体经济通过对外出租等方式，实现分红257万元，受众人数达1192人，将农村集体资产产权制度改革成员身份确认工作作为年度重点工作，成立专班小组，召开专题宣讲大会9次，15个农民组工作完成率达50%。

【自然灾害】全年，共排查辖区房屋1200户，存在隐患房屋224户，通过鼓励引导群众开展自救、社区进行集中安置、政策补贴、投亲靠友等方式，让辖区群众平稳度过汛期。

【脱贫攻坚】年内，易地搬迁资金到位共计180万元，其中房屋建设资金163.8万元，2020年8月全部拨付，统筹使用资金共计16.2万元，用于修建曲夏社区群众文化活动广场，该项目工程概算批复资金14.54万元，2020年9月已全部兑现；发展教育、控辍保学，截至2020年12月城南建档立卡内学生共计30人，其中大专及以上11人（区内4人、区外7人）、高中4人、初中4人、小学7人、学前教育4人（未达到上学年龄儿童3人），为确保适龄儿童、青少年按时就近入学，达到控辍保学的要求，2020年，办事处及社区工作人员加强宣传学前教育、义务教育的相关政策法规，宣讲活动达50次以上，受教育群众达5000人次；发展生产促增收，2020年，辖区内扶贫产业德勒棉崇藏香厂，为卡热社区普布次仁一户分红1500元，辖区致富能人场木庆家具厂董事长加央为城南23户困难群众捐赠了38.4万元家具及生活日常用品；社会保障到位，为98名建档立卡贫困群众进行免费体检并建立监管台账，完成建档立卡贫困户健康扶贫家庭医生签约工作，签约率达100%。

【特色产业】辖区内主要特色产业以传统的民族手工业金银铜器、德列棉崇藏香以及农产品特色产业豌豆粉丝及朋必等为主，通过“公司+党支部+农户”的方式帮扶失地农民解决就业问题，拓宽致富渠道，助推城南街道巩固脱贫攻坚成效，有效衔接乡村振兴。

【城市党建】年内，成立临时党支部90个，率先组建商圈功能型党支部3个，将38个“三有”企业挂靠社区党组织，实现党组织覆盖。2020年，城南街道党工委以“政治引领、服务群众、共建共治”为主题，在辖区83个小区成立59个功能型党支部，打造7个示范点；突出政治引领，在7个示范点中率先推行党员“三包”工作，张贴党员“包户到人”明白卡1180张，悬挂“共产党员户”门牌628户，为11个小区出资搭建旗台，定期召开“百姓议事”会，组织开展政策宣讲活动。

城北街道办事处

【概况】城北街道办事处位于日喀则市桑珠孜区北部，在雅鲁藏布江与年楚河交汇处，属日喀则市老城区，平均海拔为3836米；管辖土地面积21.53平方千米，土地肥沃；街道下辖7个社区，共有5105户17454人，其中农业户口715户2299人，非农业户口4390户14842人；街道党工委下设2个党总支，12个党支部，正式党员372人，预备党员9人，积极分子11人。辖区共有11所学校，医院2所，宗教活动场所4处，国家机关单位6个，企业22家。

【农牧业】全年，辖区耕地实播面积205.14公顷，粮食总产254.55万公斤；粮经饲亩数比例为45.53：33：10.47，各农作物种植面积及产量为，青稞47.79公顷、41.01万公斤；小麦56.57公顷、14.46万公斤；油菜8.6公顷、0.5万公斤；土豆5.55公顷、16.36万公斤；其他蔬菜119.8公顷、285.15万公斤；饲草13.03公顷、25.01万公斤；共下发40吨、900袋化肥。领取地虫杀星5袋、铁证10箱、大骠马5箱、爱秀3箱、千里寻5箱分配到各社区。

【教育事业】年内，辖区11所学校基础建设投入，师资力量配备逐年加大，教学质量稳步提升，适龄儿童、义务教育阶段学生入学率达到100%；城北街道办事处采集2020年建档立卡大学生21人基本信息；辖区内0～15周岁人口，共计1769人；全面推进控辍保学工作，成功劝返5名辍学学生；发放家庭经济困难大学新生入学资助3000元。

【医疗卫生】年内，辖区应该参保人数10299人，实际参保人数9845人，参保率96%，基本实现人人参保要求。

【文化事业】年内，组织宣讲员通过集中宣讲和入户宣讲相结合的方式，向辖区群众宣讲习近平新时代中国特色社会主义思想，共集中宣讲60余场次，受众群众13000余人。开展“我心向党”群众文艺会演8场次、“新旧西藏对比”群众演讲比赛8场、农牧民运动会和“珠峰谐韵”舞蹈大赛1场；成立街道新时代文明实践所和7个社区新时代文明实践站，并组建8支志愿者队伍，开展文艺演出60余场。

【社会保障】年内，辖区内适龄参保人员2713人，共征缴养老金610900元，参保率达到95%；农牧民转移就业1450人，完成率129.15%；组织化输出616人，完成率147.19%；创收1606万元，完成率154.87%；转移就业1450人次，完成率101.9%；2020年，应届毕业生171人，已就业171人，就业率达到100%；城北街道办事处退役军人服务站完成对辖区退役军人精准统计工作，并全部悬挂光荣牌；在“重大节假日对困难退役军人走访慰问18次，接待退役军人信访2件，解决2件，2020年，城北街道办事处退役军人服务站荣获“自治区优秀示范型退役军人服务站”和“自治区级温馨窗口”称号；五保户5户、享受56595元补助资金；临时救助51户共发放285000元；享受残疾补贴共457人，其中一、二级164人，三、四级290人，一、二级发放资金590400元，三、四级每人3600元共发放34800元，已全部兑现完成。

【平安创建】年内，实施《城北街道网格管理实施方案》，建立街道、社区、居民小组、联户单位4级网格，明确到各个责任主体。年内，落实安全生产责任制，对4个地质灾害易发点、3个防洪坝、30余家仓储生产企业等安全生产事故易发高发领域全面排查，落实特殊时期24小时值班“零报告”制度。对社区矫正人员、安置帮教人员实行“一对一、多对一”服务管理。

【生态保护】年内，逐级签订生态保护目标责任书,与沿街商户签订“门前三包”责任制，组织人员开展清洁活动180余次，出动干部职工1900余人次，群众13000余人次，清理生活垃圾39吨，建筑垃圾127吨，累计动用大小挖掘机32台次，铲车19台次，清理年楚河沿岸垃圾及打捞河内垃圾87次，对黑颈鹤等保护区重点区域集中清理13次，组织召开生态保护宣讲会议7场次，悬挂宣传横幅120余条次，发放宣传手册等资料9000余份，街道、社区及辖区商户LED显示屏流动播放生态环保标语860余次，开展扬尘治理26次，投放大型垃圾分类箱32个，开展垃圾分类宣讲13场次。

【产业发展】年内，累计筹集资金951万元，整合培育发展农民专合组织19个，其中生态劳务输出型12个，养殖业1个，民族手工业2个，服务行业4个。专合组织参股人数640余人，实现了5个100%全覆盖，解决就业人数109人，年盈利达248.36万元。

【脱贫攻坚】全年，辖区内建档立卡贫困户共计116户413人，享受生态岗位人员上半年30人，下半年26人，共兑现资金9.8万元；通过桑珠孜区波姆庆社区康央氆氇加工厂扩建项目及桑珠孜区城南办事处藏香厂建设项目带动37户贫困户进行分红，共计5.6万元；易地搬迁共计42户173人，于4月顺利通过易地搬迁房屋质量验收，实现每一户搬迁群众有1人稳定就业；2019—2020学年建档立卡自治区级免费教育补助资金于7月27日发放完成，共有22名大学生享受补助，补助金共计103810元。2020年7月底，定日县普查组对城北街道37户建档立卡贫困户进行入户普查，普查工作有序开展，顺利完成。

东嘎乡

【概况】东嘎乡位于雅江流域北岸，城区西北15千米，是桑珠孜区唯一一个位于雅江北岸的乡，西接谢通门县，东连南木林县，全乡东西长49千米，南北长33千米，呈不规则三角形，是桑珠孜区地理面积最大的乡，总面积为960平方千米，平均海拔为4061米。

东嘎乡下辖28个行政村，119个自然村，总户数1623户，总人口10479人，其中农牧民1529户、10283人，是桑珠孜区人口第二大乡。残疾人数282人，脱贫户277户、1124人；小学2所、幼儿园22所，乡卫生院1所、村卫生室28个；寺庙3座。

【农牧业】全年，东嘎乡全年粮油总产量达1702.05万公斤，其中粮食作物产量901.72万公斤。2020年，实现全乡经济总收入16691.3万元。2020年，全乡人均可支配收入16231.92元，人均纯收入12033.09元，同比增长18%。东嘎乡总耕地面积2358.5公顷，2020年大力引进喜拉22号、“藏青2000”、脱毒马铃薯等新品种，种植喜拉22号二级种子田33.33公顷，大田473.33公顷；“藏青2000”二级种子田6.67公顷，大田170公顷；脱毒马铃薯二级种子田33.33公顷，大田99.33公顷。截至2020年底，东嘎乡牦牛共5994头，犏牛900头，马82匹，驴91头，骡2头，猪7头，羊44779只，鸡13879只，禽蛋627410个，全乡动物各项免疫率均达90%以上，黄牛改良695头。

【教育事业】辖区内共有小学2所、幼儿园22所，教师61人（含幼儿园）、在校生1600人，其中小学1053人。小学生入学率为100%，幼儿园入学率为100%。全面落实教育“三包”、营养餐计划、学生资助政策，组织农牧民党员群众开展劳动技能培训。

【医疗卫生】年内，村级卫生室建设达100%，每个村都配备2名村医，保障群众卫生医疗需求。多次进行健康知识大讲座，极大地提升了全乡群众的卫生医疗健康意识。改善医疗救助服务水平。对“因病致贫”贫困户每人建立登记台账，定期深入各村，开展问诊、送药、定期身体检查活动，落实让贫困户足不出户即可享受医疗政策。2020年，合作医疗集资643090元，全乡参保人数10054人，参保率达98.8%。

【文化事业】辖区内共有乡级文化站1个、农家书屋28个，乡级文化站设有多功能会议室、电子阅览室、图书室、台球室，各村农家书屋配齐配全电脑、书籍、书架、座椅等；组建28个行政村文艺队，利用藏历新年、“3·28”西藏百万农奴解放纪念日、“五四”、“七一”等重大节庆日，组织党员干部群众开展集体锅庄、个人演唱、舞蹈、演讲比赛、趣味游戏等文体活动；组织党员干部群众开展美丽乡村清洁活动，参与疫情防控，保护环境、爱护卫生，奉献爱心、发挥作用，努力营造良好的社会氛围；庆祝建党99周年、百万农奴解放61周年、西藏和平解放69周年，开展“四讲四爱”群众教育实践。

【社会保障】年内，建立参保人员数据库，定期更新数据，切实做到“全民参保、应保则保”；全年，实现转移就业人数3555人，转移就业6009人次；2020年，发放城乡居民社会保障卡4000余张；帮助3名大学生完成创业。完成11户民房宅基地相关手续的报批；大力推进危房改造，验收四类重点房屋整改28户，解决农村分散供养五保户、低保户、贫困残疾人家庭和其他贫困户住房安全问题；在汛期及自然灾害易发期及时统计受灾房屋并上报相关部门；全面做好集中搬迁安置点附属建设工作。保障各村村级活动场所建设率达100%（除江森村外）。2020年，全乡（除江森村外）27个村的活动场所改扩建全部完成施工。

【平安创建】年内，与各村签订平安、综治、安全生产等目标责任书共11类，全部翻译为藏文，推进“平安东嘎”建设。制定《“双联户”服务管理实施方案》，合理划分“双联户”单位147个，逐级签订目标责任书，压实工作责任。开展双联户长培训，兑现先进双联户奖励资金，召开乡、村两级双联户表彰大会，总结经验、表彰先进，确保各联户单位深入完成“10+1”工作任务。定期组织拉网式集中排查活动，建立矛盾纠纷排查台账。年内，共排查出各类矛盾纠纷13起，调处成功10起。年内，开展法制宣传动员乡干部职工180人次，张贴横幅60张，发放宣传单5000余份。年内，共计开展专项学习5次，深入乡辖区排查120余次。年内，开展征兵宣传活动2次、政策宣讲会3次，张贴标语横幅42条，制作宣传栏6面，发放宣传单页2600余份，年满18周岁的青年兵役登记率100%；建立民兵个人档案，开展村级维稳巡逻。组织开展乡级民兵训练，选派民兵前往桑珠孜区进行集中训练。

【生态环保】年内，积极推进农村“厕所革命”工作，完成606户厕所新改建任务；建立每周五清洁日制度，定期对辖区各角落进行全方位清理，发放垃圾分类设备28套；完成对藏东村垃圾池的清理工作；完成对雪冲村、德孔村4个林卡厕所及1个“厕所革命”公共厕所化粪池清理工作，清理量达200余方。开展1次违规建设整治，发现1起盗砂采砂现象，均第一时间进行了制止并上报上级有关部门。组织干部群众开展植树造林活动。2020年，植树8.33公顷、9000余棵，沙棘0.1公顷、108万余株。

【产业发展】辖区内有提灌站2座，灌溉水塘66座，已实现28个行政村全覆盖。辖区内现有农机租赁合作社1家，全乡耕种收机械化率达85%以上（含小型机械）。全乡动物各项免疫率均达90%以上。年内，利用原有的6站黄牛改良点，完成黄牛改良695头。全乡共有村集体领办的合作社30家，其中劳务输出类11家，生态类6家，养殖类1家，种植类6家，农产品加工2家，旅游服务类1家，农机服务类1家。全乡共有劳动力6065人，劳务输出6009人次，组织化输出1788人，收入达到

4517.7万元。全乡参加技能培训93人，74人培训后成功就业。依托合作联社进行有组织、有秩序的劳务输出200余名，平均日工资200元。雪冲村、德孔村积极发展乡村林卡休闲旅游，并辐射带动色定、尺村、楚贵、普奴等周边村林卡，林卡村群众实现了在家就业，持续不断致富增收。2020年，受疫情及东嘎大桥道路影响，收入下降明显，全年林卡总收入265.2万元。

【项目建设】 年内，实施高标准农田建设，平整农田227.53公顷。组织各村群众开展渠道清淤和修缮防洪设施，完成新建水塘1座、防洪坝1500米、水渠3660米。完成达龙达村、达龙帕村、曲龙村的水毁项目及帕热大桥新建项目，四个项目约投资1000万元。投入5.5万元对嘎吾村、卡达村等9个行政村部分损坏道路进行维修养护。完成在建招商引资企业资金投入150万元。

【脱贫攻坚】 年内，全乡277户、1124人已全面实现脱贫，完成2020年脱贫攻坚省际交叉考核工作。

易地搬迁：东嘎乡易地扶贫搬迁共计227户815人，其中8户30人搬迁至江当光伏小镇。发展教育：争取社会帮扶资金7万元修建了兰木尺幼儿园。通过驻村等力量协调立项了巴油村幼儿园建设项目和唐白、普夏村幼儿园维修项目。积极配合学校开展控辍保学工作，对身体原因无法集中到校就学的1名学生实施送教上门措施。及时兑现教育政策资金，兑现筑梦金14人，共计3.2万元。发展生产：平坝村农业机械化推广153.33公顷，收益23万元。喀达村反季土豆种植试点成功，上半年收益10多万元。及时落实各项产业分红资金。对建档立卡186人兑现了藏雄彭必的产业分红资金27.9万元。2020年4月28日，兑现了祺玛党庆合作联社2019年的权益金分红金5.7万元，2020年12月28日，兑现了祺玛党庆合作联社2020年的权益金分红金5.7万元。与东嘎乡拉姆拉孜民族手工业签订产业入股协议，把4个深度贫困村群众产业分红资金17万入股到合作联社进行经营，并以6%的比例实施分红，让群众再次实现增收。社会保障：全面宣传医保政策，建档立卡贫困人员899人，每人享受190元的国家医保补助。生态补偿：严格按照政策要求开展重复岗位和岗位人员超龄、死亡等问题的排查，增减后2020年全乡享受生态补偿政策703人，兑现生态岗位资金246.05万元。

边雄乡

【概况】边雄乡地处雅鲁藏布江南岸，平均海拔3843米，距市区18千米，318国道贯穿全乡，辖区面积230平方千米，是全市重要的粮食生产基地之一。东与桑珠孜区江当乡相连，南与甲措雄乡相交，西与城南办事处相邻，与雅江相依，隔江北面有东嘎乡和南木林县。

全乡共有10个行政村，27个自然村，879户5051人，其中女性1417人，劳动力2557人，五保户5人（集中供养2人、分散供养3人），寿星老人29人，残疾人111人，建档立卡91户339人（易地搬迁户18户81人）。全乡耕地面积1414.47公顷，实播面积1242公顷，园地4.73公顷，林地1248.67公顷，草场面积9290.35公顷，牲畜总数14807头，经济总收入1.3亿元（一产4732.68万元，二产2637.54万元，三产5629.78万元），人均纯收入15267.18元，农民专业合作社43个、合作联社1个。

乡辖1个中心小学，29名教师和14名后勤工作人员、学生504名，1所卫生院，医护人员5名、公益性岗位2名，1个公安派出所，民（辅）警8名。

【农牧业】年内，边雄乡通过高产农田改造等措施使有效青稞播种面积达到1216公顷。年内，发放尿素1760袋、二胺1140袋、氯化钾460袋、复混肥4160袋，发放农药共计705箱，其中千里寻77箱、爱秀93箱、大骠马105箱、铁证100箱、扑力猛300袋，全部分配到村、户，收缴群众农药自筹款已转入财政局账户。年内，在甲根村等6个村实施322.53公顷的深松作业，新修水渠14200多米，为甲根村劳务输出合作社创收48.2万元，农机合作社创收4.5万余元，普奴村劳务输出合作社实现收入15.8万余元。年内，边雄乡组织村级科技特派员开展种子精选、包衣工作，有包衣器2台，种子精选器4台。年内，黄牛改良工作方面，将黄牛改良重点安排在2个原建设配种站村的基础上再新增1个村，涉及3个村级黄改技术服务点，其中甲根村1个点、加瓦村1个点、塔玛村1个点。年内，将28头黄改冻配任务分解落实到村、到户，层层签订责任书。年内，完成2020年牲畜清点工作。全乡草场面积为9290.35公顷，牲畜存栏为14491头（只、匹），存栏草奖资金全部兑现。年内，边雄乡制定实施方案，成立领导小组，召集各村党支部书记及兽医工作人员召开春季疫苗注射工作动员部署会议，会上签订目标责任书，结合实际发放疫苗药品，利用15天时间全乡春季疫苗注射全覆盖，其中大畜4558头、小畜9933头。免疫注射覆盖率达到100%。

【教育事业】年内，完善更新《边雄乡控辍保学工作领导小组》，做好全乡控辍保学工作，召开边雄乡班子控辍保学工作会议，调整边雄乡控辍保学工作领导小组。与各村签订《桑珠孜区边雄乡2020年义务教育阶段控辍保学责任书》。年内，建立《边雄乡2020年0～15周岁人口信息统计表》，排查全乡0～15周岁1516名儿童入学情况，其中368人为4岁以下未入学及失踪或死亡儿童，295人在幼儿园就读，596人在小学就读，242人在初中就读，15人在高中就读，适龄儿童入学率达到100%，义务教育巩固率达到99%。统计并审核日喀则市2020—2021学年建档立卡大学生奖励资金共计11人84950元。

【医疗卫生】全年，为辖区内老年人及慢病患者体检1630人次；开展健康教育讲座10次，发放健康教育宣传资料2730余份，接受健康教育2610余人次。

【文化事业】年内，全乡共开展扶贫、法治、疫情防控知识、“四讲四爱”等相关政策法规入户宣讲1206户次。“四讲四爱”区级宣讲4场次，乡级宣讲10场次，各村宣讲60余次，通过“一村一群”推送信息50余条。深入各村开展学习中央第七次西藏工作座谈会精神20余次，受众人数5300余人，发放宣传册850余份。开展学习中央第七次西藏工作座谈会精神知识问答活动1次，发放礼品200余份，参与人数4000余人。举办“中国梦·劳动美 民族团结奋进 决战决胜小康”文艺演出活动和“我心向党”“四讲四爱”群众文艺演出活动；年内，开展边雄乡迎“七一”文艺会演；边雄乡扎西岗村、塔玛村文艺演出队代表边雄乡参加桑珠孜区委宣传部“四讲四爱”活动办组织的广场舞人赛，取得优秀奖；边雄乡各村庆祝望果节文艺文化演出活动；举办边雄乡第二届农牧民运动会和产业大赛；国庆节，各行政村开展升国旗、奏国歌，爱国歌曲大家唱、

6月18日，边雄乡在塔玛村举办“中国梦·劳动美 民族团结奋进决战决胜小康”文艺演出活动

看爱国影片等活动。

【社会保障】年内，转移就业人数有1817人，任务目标达到了104.97%，其中组织化人数有1239人、任务目标达到了143.15%，创收有4860.43万元，转移就业人次有2953人、任务目标达到100.35%。技能培训情况。乡卫生院新院建成并投入使用。依托各村农家书屋，继续完善公共文化服务设施，规范管理村级图书室，提升群众文化生活水平。进一步完善对弱势群体的关爱措施，落实好优抚安置政策，维护退役军人合法权益，认真开展第七次全国人口普查工作。加大对五保户、低保户、留守人员、残疾人、困难群众等152人（贫困户36人）弱势群体关爱力度，发放困难群众救助金302298元。开展3次高校毕业生创业政策宣讲活动，对高校毕业生就业创业政策进行解读，并面对面了解毕业生就业意愿及职业规划。边雄乡2020年有44个高校毕业生，其中一人残疾未就业，其余的43个毕业生已实现就业。始终坚持发展第一要务，把项目建设作为加快经济发展的总抓手，年内累计完成乡村道路维修养护、水渠疏通2300米工作，清淤水塘5座。争取投资项目917.64万元，实施了前进水渠修建新建、水塘新修、农房修建、蓄水池建设和机井项目，有效地改善了边雄乡农业基础设施建设。加快补齐农业基础设施短板。新修高标准农田项目涉及的6个行政村322.53公顷，水渠14759米，深耕深松244.67公顷。

【平安创建】全年，共受理化解矛盾纠纷案件25起296人，未出现矛盾反弹情况。开展“七五”普法工作，做好人民调解、法律援助和社区矫正工作，依托3月宣传月、6月宣传周、9月宣传日及其他宣传，扎实推进“七五”普法工作和公共法律服务体系建设，全面推进依法治乡。健全立体化治安防控体系，依法管理民族宗教事务。全面落实安全生产责任制，深入开展食品药品安全、生产安全、消防安全等重点领域专项整治，提升人民群众安全感。

【生态环保】全年，共开展环境卫生整治1050次，参与25260余人次。“6·5”世界环境日宣传活动，共悬挂宣传标语、点亮LED15条，播放主题曲50次，发放宣传手册1002本，宣传环保政策11次，参与523人次，环保志愿行动11次，参与213人次。

【乡村振兴】坚持绿水青山就是金山银山的发展理念。持续推进河（湖）长制，做好水污染防治，加强饮用水源保护，实施流域环境以及河岸综合治理。强化土壤污染管控和修复，做好农业面源污染防治。继续推进石漠化、水土流失综合治理，持续加强地质灾害防治，加大露天焚烧、秸秆禁烧宣传和监管力度，持续改善生态环境面貌，继续申报“生态文明乡村”，大力开展“清洁村庄行动”和人居环境整治提升行动。各村因地制宜开展农村“厕所革命”，全年完成286户户厕改革。做好垃圾分类、无害化处理、生活污水治理、村庄绿化美化，农村生产生活生态环境得到持续改善。

【产业发展】全年，累计流转土地106.67公顷以上，部分土地租给了市、区大棚户种植蔬菜、水果等，带动当地53户120人脱贫增收。扶持新型经营主体。年内，引进青岛市水肥一体化、高垄精播种植技术，经过“小田并大田”连片种植，动员35户268人种植边雄萝卜15.73公顷，实现当年平均每亩增收3850元。2020年，萝卜种植规模突破66.67公顷，乡合作联社种植面积达25.33公顷，比种植青稞增收115万余元。支持壮大村集体经济发展，全乡有3个行政村集体经济收入达5万元以上，其中甲根村村集体经济年收入达25万元。

【项目建设】年内，争取国家资金1961.35万元，累计完成投资1436.35万元，开展实施了桑珠孜区边雄乡普奴村高标准农田建设项目，边雄乡中心小学改扩建项目，普夏村水利设施项目，塔玛村、孔布林村安置点公路项目，林村村级组织活动场所建设项目。

【脱贫攻坚】年内，对全乡脱贫的91户339人、4户存在致贫风险的边缘户和受疫情影响存在生活困难户，纳入生态岗位、有收益的合作社等，为每户制定切实可行的帮扶措施，精准施策，精准帮扶。截至2020年底，全乡所有贫困户均实现脱贫摘帽，顺利通过国务院2020年脱贫攻坚普查工作。年内，摸排全乡域内有务工需求的贫困户，建立完善的村人力资源信息基础数据库。广泛收集用工信息，推送桑珠孜区就业信息50余条。18名未就业大学生参与区人社组织的现场招聘会，共有10余人成功入职。在10个村举办就业政策宣传会，84人参加了挖掘机、厨师、蔬菜园艺等技能培训。

【特色产业】重点发展壮大红白萝卜种植产业，着力打造边雄乡“萝卜小镇”特色品牌，引进青岛市水肥一体化、高垄精播节水灌溉新技术，2020年，动员农牧民群众推广种植边雄萝卜80公顷以上，其中连片种植20公顷，实现当年平均每亩增收3850元，比种植青稞增收115万余元，大大地节省了农村劳动力，提高了土地出产率，起到了农业增产、农民增收的良好效果。

江当乡

【概况】江当乡位于日喀则市东部，距离日喀则市区40余千米，毗邻日喀则和平机场，连接318国道、机场高速公路，区位优势明显，发展前景广阔。全乡共有15个行政村，25个自然村，户籍人口884户、6139人。全乡辖区面积304平方千米，耕地面积1438.33公顷，全年粮油总产量436.73万公斤，牲畜存栏32336头（只、匹、羽），全年经济总收入1.09亿元，人均可支配收入17767.3元。

【农牧业】全年，全乡播种面积1438.33公顷，粮油总产量767.5万公斤，同比增产3.8%，其中青稞种植面积864公顷，产量715万公斤，同比增长3.4%，油菜种植面积178.27公顷，产量47.5万公斤，同比增产0.4%，蔬菜种植面积172.73公顷，产量632.5万公斤，同比增产1.2%，饲草种植面积183.33公顷，产量768.5万公斤，同比增产0.13%。牲畜存栏32048头（只、匹、羽）。

【教育事业】年内，完善控辍保学机制，适龄儿童入学率保持100%，义务教育巩固率达100%。发放4.4万元助梦资金，资助17名大学生，兑现教育扶贫补助31人，10.75万元。乡政府出资5万余元，隆重表彰了2019—2020学年在教育教学工作中涌现出的3个优秀集体、23名优秀教育工作者、36名成绩优异的学生和长期支持江当乡教育事业发展的6家爱心企业/部队。

【医疗卫生】年内，以乡卫生院为核心的“家庭医生签约服务团队”，按照“4+1”工作模式，将全乡建档立卡贫困户全部纳入基本医疗保险、大病保险、医疗救助范围，签订家庭医生服务协议，全面检查家庭成员健康情况，确保医疗救助100%覆盖到位。全乡新型农参合率达100%；新型农村养老保险参保率达98.3%。

【文化事业】年内，组织开展“四讲四爱”群众教育实践。围绕区委、区政府中心工作开展各类宣传、宣讲、实践活动86场次；开展习近平新时代中国特色社会主义思想精神学习宣传活动23场781人；“3·28”西藏百万农奴解放纪念日活动“我心向党”“四讲四爱”县、乡群众文艺比赛1场；开展“决胜小康、奋斗有我”百姓故事汇3场；开展文化助脱贫广场舞大赛活动3场；开展欢度望果节暨“四讲四爱”文艺会演15场；举办江当乡第四届职工运动会1场、“农牧民运动会暨产业大赛”活动，全乡15个行政村农牧民群众、企业代表、驻地部队及干部职工共计3000余人参加盛会。

【社会保障】年内，对1户3人为社会兜底对象，发放五保户资金14户9.35万元，低保资金24户14.44万元，临时救助金6户4万元。完善江当乡社会保障机制，参保率达到100%。

【平安创建】年内,建立健全“先进双联户”，严格执行“一岗双责”，落实安全生产目标管理责任书各项内容。定期开展安全生产检查，严格落实防汛24小时值班责任制。开展新冠肺炎疫情防控工作，成立专项工作小组，以更高的标准、更严的要求、更实的举措，外防输入、内防反弹。

【生态环保】年内，结合“美丽庭院、幸福人家”“四讲四爱”群众教育实践等，安排3万元专项资金，开展卫生优秀家庭表彰活动，为表现优异的家庭颁发流动红旗并给予物质奖励。推进厕所革命，共完成401户厕所改造。推进人畜分离工作，实现人畜分离845户；将光伏小镇垃圾中转站承包给江当乡益顿物业有限公司，结合各村实际情况，2020年11月，试点推行垃圾清运收费管理制度，推动农村环卫管理规范化、保洁常态化。严格落实河（湖）长制，做好区域内雅江段、幸福水渠、扎宗普曲河的河道清洁工作，开展河道清淤工作2次，清运河道垃圾近4吨。将环境卫生保护纳入乡（村）规民约和村“两委”年度考核范围，制定实施《江当乡农村环境卫生整治督查考核办法》，确保人居环境整治工作取得实效。

【乡村振兴】依托青岛援藏建设的乡村振兴学院，针对产业园区矮化苹果种植、珠峰农投蔬菜种植项目，积极探索“学院+基地”的模式，培养乡村振兴带头人和种养技术人才。扎实推进文化振兴。切实加强村级文艺队培训，结合“四讲四爱”群众教育实践和农牧民运动会、产业大赛、冬闲变冬忙等活动，指导村级文艺队开展文艺演出，切实提升群众精神文化生活。

【产业发展】年内，日喀则市珠峰农投温室大棚项目、德琴阳光庄园青稞深加工项目、分布式扶贫光伏发电项目、江苏润藏万亩苗圃基地建设项目、种树人苗圃基地建设项目、中以农业建设项目、珠峰绵羊短期育肥项目等7个产业项目。产业分红35.05万元。投资320万元对拉康村、康果村、龙桑村和竭诚合作社进行建设。开展合作社规范提升工程，清理空壳、未营运、营运亏损等状态农民专业合作社38家，整合规范后现剩29家，覆盖江当乡15个行政村和光伏小镇易地搬迁安置点，建档立卡贫困户和边缘贫困户入社率达到100%。

【项目建设】协调推进“桑珠孜区光伏+生态农业产业示范园区”、拉日高速、国防等重点项目建设，及时协调解决项目建设中出现的各类问题，及时做好群众工作，确保重点项目顺利推进。全面推进饮水保障、农田水利、防洪应急等基础设施项目建设，共实施各类惠民项目10个，总投资1407余万元，其中高标准农田项目建设1个，投资944余万元；饮水安全类项目4个，总投资156.56万元；农田水利类项目4个，总投资141万元；防洪应急工程项目1个，总投资165.8万元。

【脱贫攻坚】辖区“光伏小镇”共计安置规模达408户1843人，全乡易地搬迁78户376人，其中光伏小镇安置74户352人，已全部搬迁入住。组建郭加新村，改组郭加新村党总支，同步成立村民委员会、村务监督委员会、团支部委员会、妇女联合会等，将光伏小镇搬迁人员纳入郭加新村进行日常管理。确定全乡生态岗位共计455人次，兑现岗位资金159.25万元。组建金山生态合作社，参与生态修复建设项目。发放4.4万元助梦资金，资助17名大学生，兑现教育扶贫补助31人、10.75万元。社会保障兜底方面。在全乡范围内筛查，拟定1户3人为初步社会兜底对象，同时，发放五保户资金14户9.35万元，低保资金24户14.44万元，临时救助金6户4万元。

【特色产业】围绕区委“两核一圈四轴”产业布局，因地制宜优化“一乡一业”格局，全力打造江当生态农业种植加工区。继续推进青稞增产行动，以青稞种植加工产业为着眼点，发挥两个农机合作社作用，重点推广江当、雄卓、嘎藏、龙桑等6个村600公顷青稞种植全程机械化；扩大黑青稞种植面积，在原有13.33公顷的基础上扩大到66.67公顷，同时依托德琴阳光庄园青稞加工，加大黑青稞和普通青稞收购力度。

联乡

【概况】联乡位于桑珠孜区东部，乡政府驻地海拔3889米，平均海拔3981米，是四世班禅故居，东连仁布县，西临年木乡，南接江孜县，北与南木林县隔江相望，距离市区80千米，总面积514平方千米，下辖16个行政村，76个自然村，总户数828户、5666人（其中农业户数752户、5342人）。辖区有派出所1个、学校2所、卫生院1所、农行1家、寺庙1座。

【农牧业】年内，完成春播921.37公顷，其中推广种植“喜拉22号”“藏青2000”以及普通青稞550.62公顷，种植春小麦28.67公顷，油菜86.6公顷，豆类（土豆、豌豆）28.27公顷，粮油总产量557.45万公斤；发放化肥373吨；全乡可利用草地面积2.5万公顷，其中草畜平衡面积1.83万公顷，人工种草总面积25.4公顷，全乡牲畜总头数22031头（只、匹）。2020年，全乡国民经济总收入达1.14亿元，比上年增长15%；群众人均可支配收入达1.63万元，比上年增长16%。

【教育事业】联乡有小学2所、559名学生，幼儿园7所、幼儿341人，小学入学率100%、升学率100%、幼儿入园率100%；全乡所有学校和幼儿园基础设施完备。

【医疗卫生】年内，全民全项体检5539人，免费孕检126对，出生缺陷检查109人，妇女“两癌”筛查669人，0～6岁儿童疫苗接种率100%，门诊10182人次，实现业务收入11.5万余元。

【文化事业】年内，举办联乡第二届农牧民运动会暨产业大赛，开展文体活动23项，参与活动3000余人。年内，各村文艺队在重大节日期间，开展文艺活动38次，举行文艺专题培训20余次，新购文艺队伍服装210件。年内，16个村新时代文明实践站完成挂牌，新建乡村宣传栏32个，喷绘反分裂宣传标语17处，各村制作宣传墙20处，新挂LED显示屏8处。

【社会保障】年内，全乡劳动力转移3335人次，完成率达101.43%，实现收入2580.03万元，完成率达112.18%，依托拉日高速联乡段实现收入2200万元，群众实现收入较2019年提高到800万元。年内，全乡基本医疗参保人数4915人（含60岁以上）、缴费458340元；养老保险参保人数2705人，缴费597300元。年内，全乡毕业大学生43人，实现全部就业。

【平安创建】年内，召开乡、村两级维稳会78次，组织维稳巡逻170余次，有效化解矛盾纠纷55起，排查各类安全生产29次，组织宣传国土法30余次，清理非法占地10户，检查辖区消防安全16次，督导检查34次，实现16个村全覆盖；“三个专项斗争”工作引向深入，设立举报箱17个，宣讲42次、悬挂横幅25条，发放宣传资料890余份，与乡派出所联合突击排查12次；全乡各村组织观看爱国主义教育影片65场次，宣讲新旧西藏对比47场次，重温入党誓词32次，宣讲反分裂斗争教育52场次，参加群众达5.23万人次。

【生态环保】年内，全乡共组织开展环境卫生大扫除活动129次，清理垃圾140余吨。为16个村发放“美丽家园、幸福人家”流动红旗49面，发放美丽庭院标牌117个。完成植树造林5000棵，保护天然草场和辖区林地2.49万公顷。

【乡村振兴】年内，完成828户农村集体产权制度改革前期工作。年内，推进厕所革命，全乡10个村、249户厕所改造已全部完成，实施楚西村“淋浴革命”试点工作，2户完成修建。

【产业发展】辖区内共有农牧民专业合作社49个，运营合作社18家，年底分红合作社5家，分红资金达14.1万元。年内，新成立4家养殖合作社，利用拉日高速联乡段的契机，带动全乡16个村群众增收致富。

【防灾减灾】年内，完善乡、村两级《自然灾害救助应急预案》，开展专题宣讲教育和应急演练活动5次。

【项目建设】年内，完成投入200余万元的联乡梯田旅游风光项目、完成投资83万元的其林水塘建设项目、完成迟雄村新建村级活动场所标准化建设项目、完成修建乡村道路3处，新建桥梁1座。

【脱贫攻坚】年内，完成易地扶贫搬迁分散安置122户终极验收，全乡易地搬迁户入住率实现100%、群众满意度实现100%。完成2020年度生态岗位遴选557人、建档立卡勤劳致富“以奖代补”评选、“助梦基金”22人申报和建档立卡“两后生”普查等工作。年内，先后召开脱贫攻坚自查自纠推进会12次，组织专题培训和开展脱贫攻坚普查测试4次，完成全国扶贫开发信息系统数据清洗工作，自查自纠发现问题7个，已完成整改。

【特色产业】年内，借助“联嘎姆”优质青稞资源和拉孜孔村3.33公顷连片有机青稞示范基地优势，推广“联嘎姆”青稞特色产业。

【疫情防控】年内，张贴疫情防控图1500余份、发放疫情防控指南600余册、制作疫情防控横幅25条，组织机关、农牧民党员干部和群众进行疫情爱心捐款，捐款共计65181元。

年木乡

【概况】年木乡位于桑珠孜区东部、雅鲁藏布江南岸，距城区65千米，辖区面积166平方千米，辖胡达、恰桑、普夏、普奴、普嘎、当古、曲嘎、德吉、吉木雄、罗林等10个村，辖1所派出所、1所中心小学、6个幼儿园、1所卫生院、1所浩寺塔朗寺医院、2座寺庙。全乡耕地1220.67公顷（实播面积1220.67公顷），林地3615.13公顷，草地1.03万公顷，河流2条，分别位于年木乡雅鲁藏布江段、斯贡东河。年内，全乡生产总值达到1.24亿元；农牧民人均可支配收入16898.5元，较2019年增长31.8%。

【农牧业】年内，推广“喜马拉雅22号”“藏青2000”等良种623公顷，良种覆盖率达89%，为进一步改善农田基础设施，先后实施“幸福水渠”清淤工程，德吉大棚温室等项目。年内，落实农作物播种面积1034.73公顷，粮食总产511.84万公斤，比上一年增加0.7万公斤；粮油总产560.83万公斤，比上一年增加1.18万公斤。年内，全乡牲畜21976头（只、匹），黄牛存栏为3630头，黄牛改良任务737头，完成312头，牲畜出栏达到9115头（只、匹），出栏率达到40%，比上一年提高7%。年内，兑现草补资金24.7万元；争取农机具补贴40万元额度，参与“中国好粮油”优质青稞基地建设，申请补贴50万元。

【教育事业】乡中心小学在校生415人，乡辖区幼儿学生230人。年内，青岛市教育局在年木乡援建标准化塑胶运动场。

【医疗卫生】年内，就诊共4196人次，门诊费用共54434.81元，业务收入5372元，住院人数16人，住院费用4942.35元。对147户658个贫困户人口进行物理体检即按照个人意愿前往桑珠孜区人民医院全项体检113人。向147户贫困户每户每人发放家庭医生签约服务手册，开展签约服务。年内，开展结核病及包虫病防治宣传工作，按时对学校消毒降低传染病发病率。计划免疫工作。全乡共有0～7岁儿童共613人，其中建立儿童保健档案数523人，新生儿90人，全部纳入计划免疫管理，建卡登记，卡证符合率达100%，疫苗接种覆盖率达98%。儿童保健人数率达98%，年内全乡产妇总数88人，实行新法接生产妇88人，其中，在乡卫生院住院分娩16人，上级医院住院分娩72人。

【民生事业】全乡六个幼儿园全部正常使用，实现双语教学。口蹄疫、小反刍兽疫、禽流感、猪瘟等各类疫病免疫总数达到21976头（只、匹），平均免疫率99%，免疫面覆盖10个行政村，注射面达100%。在建立便民服务中心的基础上，设置多种服务岗位为广大群众提供一站式的便民服务，全年累计办理各项业务3400余件。

【旅游事业】年内，围绕开发赞普千年核桃树、普嘎土林、雅鲁藏布江、黑颈鹤自然保护区、皓寺等旅游资源，配合协助完成318国道综合景区开发项目前期实地调研。

【生态环保】年内，不定期对318国道沿线、铁路沿线、村道、家庭卫生、雅江段和水源地，尤其对高等级公路施工方是否存在乱采石采砂、空气污染、道路损坏等破坏环境行为一一排查。年内，出动督导干部41次，对存在的问题要求整改到位，整改次数已达5次。共召开7次环境卫生整治相关会议，发放宣传单3次2600份；开展辖区内环境卫生整治志愿活动15次，动员干部职工、群众约1.5万人次；各行政村累计开展环境整治活动500余次，参与达2万余人次。全乡修建农村厕所246个，每个厕所修建补贴2000元，现已做到家家有厕所。

【合作社发展】全乡共有51个农村经济合作社，合并、注销的个体或者空壳的合作社20家，保留合作社31家，全部实现5个100%。

【乡村振兴】年内，依托普嘎土林、赞普千年核桃树旅游风光项目，着力打造“年木民俗旅游小镇”，有效对接乡村振兴。抓好农业发展。加强良种推广，农作物播种面积1034.73公顷，其中粮食作物播种面积为721.73公顷，油菜播种面积182.47公顷，饲草料作物面积63.87公顷，蔬菜种植面积为66.67公顷，农作物良种推广面积553.33公顷。高标准农田建设实施面积为180公顷。积极做好招商引资工作，坚持“引进来”与“走出去”两手抓，吸收社会团体投资，完成目标100万元。

【社会保障】年内，结合《中华人民共和国民法典》《中华人民共和国道路交通安全法》，开展宣讲13次，受教育1800人次。

【脱贫攻坚】全年，全乡112户建档立卡户自愿以资金入股的形式加入日喀则市吉雄苗圃种植合作联社，签订资金入股与分红协议。依托建档立卡户大学生创业成立的西藏玉雄明嘎劳务服务有限公司与用工单位签订用人用车合同，为全乡78名群众解决就业问题。年内完成恰桑村贡巴扎自然村“4·25”灾后重建民房改造项目，共计14户62人。年内，年木乡生态岗位在职人员有240人，全面负责7类岗位相关工作，年内，依托罗林村“藏家乐”设立“爱心桥”微信平台，收到衣物、文具等物资300余袋。年内，兜底救助1户2人与全乡群众一起脱贫。

【特色产业】年内，推进“西瓜小镇”建设，进一步带动周边群众扩大西瓜种植，增加群众收入。发展特色旅游业。借助罗林村地处日喀则到拉萨必经之路的地理优势，依托专业旅游公司经营运作，共同开发藏族风情民俗文化旅游项目，引导罗林村群众通过组建旅游服务合作社，进一步提升群众组织化程度，形成“农户参与+公司运作”的方式合作开发农村旅游。

曲布雄乡

【概况】曲布雄乡位于日喀则市桑珠孜区西南部，紧邻204省道，距桑珠孜区10千米，东临甲措雄乡、西接曲美乡、北连城南街道办事处，全乡总面积为310平方千米。辖区内有15个行政村、59个自然村、中心小学1所、卫生院1所、兽防站1所、寺庙1座。全乡共有957户6350人、全乡党员319名，其中农牧民党员284名。

【农牧业】全乡始终以群众富裕为目标，粮食农作物1520.27公顷，其中青稞793.2公顷，实现产值720万公斤。向15个行政村发放化肥842吨，农药4.62吨，农机购置补贴46万元。全乡牲畜存栏达2.7万头（只、匹），其中牛存栏1975头，羊存栏18615只。

【教育事业】曲布雄乡辖中心小学1所、乡中心幼儿园1所、村办幼儿园10所，全乡共有幼儿园学生326人、小学生658人、初中学生302人、高中生167人、大学生177人，其中适龄儿童入学率达100%。

【医疗卫生】年内，门诊达4310人次、药费总额7219.7237元，新冠肺炎疫情排查隔离134人；全乡物理体检人数5120人，建立居民健康档案数3793人，其中全项体检人数为404人；对215名建档立卡人员开展家庭医生签约服务；儿童疫苗应种1975人次，实种1893人次，接种率达96%，给予0～7岁住院儿童补助618人，儿童营养包发放219人；孕产妇保健管理118人，住院分娩产妇人数93人，住院分娩率达100%；组织开展群众健康咨询活动13次，受益群众3310人次。

【文化事业】年内，开展“四讲四爱”“五比”竞赛，依托新时代文明实践所开展“新旧西藏对比”群众演讲比赛15次，参与群众1200余人次；开展宣讲活动60余次，普及群众2000余人次；开展“五星户”评比活动，月均评选出“五星户”80余户；庆祝建党99周年，市、区、乡三级慰问“三老人员”、贫困党员、退休党员干部等45人。全乡累计更换国旗2万余面、悬挂领袖像900余幅，乡村广播覆盖率100%，修订完善村规民约40条。

【社会保障】年内，全乡共有低保户26户72人，上半年新增低保户4户9人，共计兑现低保资金15.31万元；对因患病、意外等原因造成暂时性生活困难的6名群众进行临时救助，发放救助金3万元；对60周岁以上退伍军人发放补助资金3.49万元；养老保险缴费3161人，涉及金额63.63万元，覆盖率达100%；医疗保险缴费5698人，金额43.62万元，覆盖率达99.8%。全乡就业2194人次，实现收入3177.22万元，组织参加技能培训121人，实现收入72.6万元。

【平安创建】年内，排查化解矛盾纠纷246次，特殊人群回访80余次；“七五”普法法治宣传22次、法律顾问讲座7场次、受教育6032人次；成功调处经开区项目建设劳资纠纷25起，涉及300余人，金额约350万元；开展涉黑涉恶线索摸排、分析研判，共排查上报涉黑涉恶线索1条；发放扫黑除恶宣传册1700册，张贴横幅20条、海报50张，宣讲20场次、观看宣传片1次。全年，全乡共出动人员50余人次，开展安全生产日常和专项检查10余次；检查乡复工复产企业及施工单位20家并发现安全隐患5条均督促整改，发放宣传资料80余份，开展安全生产宣讲5次、受教育200余人次。

【生态环保】年内，整治村民乱堆乱放问题53个，督导检查辖区企业7次，发现问题38个，已整改到位；全乡环境整治和农村垃圾处理共投入资金30万余元，实施退耕还林和重点区域造林124.2公顷；推进乡、村人居环境综合整治，完成11个行政村改厕368户，实现人畜分离；全面梳理乱占耕地建房问题，通过下村宣讲、入户解读等多种方式在全乡范围内进行宣传，共计6次，发放宣传手册60余册，完成全乡15个行政村摸排及系统录入工作，责令2户违建房屋进行拆除。

【乡村振兴】年内，宣传教育政策和就业创业优惠政策18场次、覆盖群众近900人次。79名建档立卡贫困人员为生态护林员，向群众宣传推进荒漠化、沙化、水土流失综合治理，退耕还林、退牧还草、人工种草，加强地质灾害防治，加强草原鼠虫害和毒害草防治等活动。全年，植树造林4000株，整治脏乱差、建设美丽乡村活动560次，参与23000余人次。宣传推广国家通用语言文字90余场次，向农牧民群众开展普通话培训班近80次，参与群众1800余人次。

【产业发展】年内，全乡共计62家合作社，11家合作社已陆续完成“5个100%”全覆盖和章程建立健全等各项工作。岗西党支部组织群众自发筹集资金、投工投劳扩建岗西达热养殖合作社，辐射带动周边村建立饲草基地发展集体经济，成功实现“1+3个5”发展模式（1个岗西达热养殖专业合作社+5个村集体+5个劳务输出合作社+5个百分之百）。

全年，各类合作社年内实现分红68万余元。

【防灾减灾】年内，曲布雄乡洛曲村、聂康村等山沟村受洪涝灾害影响，导致农田和道路受损，乡组织开展道路修复，调配挖掘机赶赴现场开展清理工作，在汛期期间支付各类费用140200元。

【项目建设】年内，推进塔杰村易地搬迁集中安置点基础设施新建项目、岗西达热养殖专业合作社基础设施建设项目、岗西村乡村振兴示范村基础设施提升项目等，全乡各类项目投资达345万余元。

【脱贫攻坚】年内，开展一系列防止返贫监测和帮扶工作，对全乡226户脱贫户、1户边缘易致贫户开展“自查自纠工作”，完善户档资料、明白卡，实现乡、村、户三级数据同步一致，巩固拓展脱贫成效的同时开展防贫返贫监测预警工作，确保全乡12户两类人防止返贫。乡党委政府召开专题会议5次，研究讨论脱贫事项6次。对120名学生兑现三项教育资金44.936万元；兑现生态岗位资金796250元；对不稳定脱贫人口11户28人和边缘易致贫人口1户7人实行常态化监测预警和动态帮扶；对16户“四类重点对象”危房改造完成系统录入和验收；2个易地搬迁集中安置点33户123人实现稳定入住率、产业覆盖率、专合组织覆盖率、公共服务设施覆盖率、基层组织覆盖率、群众满意度“6个100%”。

【特色产业】岗西达热养殖专业合作社主要从事奶牛养殖及奶制品加工销售，注册成立于2014年。合作社成员由最初5户48人发展至63户505人，村“两委”、建档立卡户、残疾人入股率均达到100%。合作社现有奶牛188头，入股饲草基地52.96公顷、现金355.1万元（政府投资255万元），折股量化1000元/股，共计5503.04股。年内，曲布雄乡洛曲村、聂康村、查努村、边玛村通过土地开发新增土地22.47公顷，该合作社与上述4村及岗西村签订饲草供应协议，带动群众就业增收，合作社向入股合作社社员发放分红22.4万元。

曲美乡

【概况】曲美乡位于日喀则市西南部，距市政府驻地23千米，东连曲布雄乡，西临萨迦县扯休乡，北靠城南街道办事处，南与纳尔乡毗邻。现有人口1356户7158人，其中建档立卡贫困户354户1606人，易地搬迁194户382人，劳动力3827人，全年国民经济总收入15815.73万元，其中第一产业收入10138.34万元，第二产业收入2900.46万元，第三产业收入2776.93万元，农牧民人均可支配收入1.55万元。

【农牧业】全乡土地确权登记耕地面积5261.97公顷，实播面积4574.2公顷，其中种植青稞1944.2公顷，小麦226.87公顷，油菜1187.73公顷，蔬菜1.33公顷，饲草900公顷；草场面积2.66万公顷，林地面积5549.4公顷。2020年，完成机器耕种4300公顷，机器收割4133.33公顷。

全乡牲畜总数28325头（只、匹），大畜2646头、小畜25679只；优质奶牛2070头。有3个养殖基地。

【教育事业】辖区内有中心小学1所，幼儿园15所。中心小学在编教职工44名，在校学生746名。2020年度送教上门5名，精准兑现辖区内40名建档立卡贫困户区内（外）大学生免费教育补助资金。九年义务教育入学率达100%。

【医疗卫生】全年，全院门急诊人数5328人，门急诊收入97540.28元，均为药品收入，其中核销金额62494.51元，现金收费35045.77元。全年体检人数共3934名，儿童疫苗接种数量1965人次，接种率达97%。

对7岁以下儿童828人进行预防保健工作，早孕建册数198人。全年，辖区妇女分娩人数127人，均为住院分娩，其中乡卫生院分娩数为1人，住院分娩率达到100%。全年，乡医疗保险参保人数为7235人，其中缴费90元的3926人，缴费150元的1275人，缴费280元的577人。

【文化事业】年内，各大节日开展农牧民演讲比赛、歌舞比赛、运动会、收割比赛、红歌比赛等活动。桑珠孜区广场舞比赛中曲美乡取得优秀奖，桑珠孜区感党恩奔小康迎新春文艺演出中获三等奖。

【社会保障】年内，参保率达到98%以上。年内实现转移就业2566人，完成比例101.9%，组织化输出1257人，完成比例100.6%，创收3177.2万元，完成比例101.9%，输出就业人次4554人，完成比例106.34%。年内，做好农牧民技能培训，结业共112人，其中建档立卡户24人。年内应届毕业生共43人，已就业42人，1人升学中。

【平安创建】全年乡机关出动120余人次巡逻

8月14日，庆祝西藏自治区妇联成立60周年之曲美乡农牧民运动会暨产业大赛举行

600余次；各行政村出动2.5万余人次巡逻400余次。对全乡共计18个村的散油进行实名登记。

【生态环保】年内，成立曲美乡生态文明建设工作领导小组，制定《中共桑珠孜区曲美乡委员会、曲美乡人民政府关于印发〈曲美乡环境保护“党政同责、一岗双责”实施办法〉的通知》《曲美乡领导干部环保工作责任清单》等文件，与各村签订了环境保护责任书。

【乡村振兴】曲美乡以推动种植业发展为主，鼓励支持“一村一社”建设运营，通过整合，保留合作社38个，其中19个由村“两委”带动组建、17个由辖内致富能手组建。38个农牧民专业合作社中，2020年度6个实现增收，共计300万余元；3个实现分红共计100万余元，分红覆盖群众达300余户。

【产业发展】年内，曲美乡纳入日喀则市级粮食功能主产区以及拉洛灌区，成立高标准农田建设工作领导小组。

曲美乡拉洛农机服务专业合作社，该合作社覆盖6个村，现有大型农机7台，自2015年成立以来，完成深耕深松项目1000公顷。年内，完成高标准农田项目133.33公顷，实现收入120余万元，带动群众种植和销售饲草500余吨，带动群众增加收入200余万元，带动贫困户增收40万余元。

曲美乡纳当村油菜种植专业合作社，现有大型农机4台，127户群众参与入股，注册资金150万元，村集体经济入股70万元。合作社以种植和销售饲草以及为粮油加工合作社种植油菜为主。那塘村可用耕地666.67公顷，年内，完成高标准农田266.67公顷。合作社整合全村剩余土地，组织群众集中种植饲草133.33公顷，种植油菜133.33公顷。

曲美嘎吉旅游专业合作社于2020年3月成立，全村425人以及两名乡村振兴专干共427人参与入股，注册资金21.25万元，村集体资金入股50万元，现有10顶帐篷以及观景平台一座。

【防灾减灾】年内，因雨量多导致发生水灾，受灾11个村，分别为德村绝收2.46公顷，加日村轻灾8.2公顷，拉穷村轻灾3.02公顷，那塘村绝收4.64公顷，仁青林村轻灾2.74公顷，桑珠普村轻灾0.17公顷，宗村轻灾0.85公顷，卡堆村轻灾0.4公顷。

【脱贫攻坚】年内，享受易地扶贫搬迁政策194户382人，其中1户2人搬迁至江当光伏小镇，一户一人搬迁至定日，全部实现入住。2020年上半年，生态岗位享受人员143人、兑现打卡资金250250元，下半年享受生态岗位人员154人、补助资金打卡兑现269500元。建档立卡贫困户354户1606人，全乡建档立卡户参保率达到100%，建档立卡户家庭医生签约率100%。

【特色产业】曲美乡热旦林现代农牧业发展专业合作社共有21座温室大棚，大棚作为村集体经济入股到合作社，核算资金为28.57万元，年内合作社运营资金共有33万元。利用21座温室大棚进行蔬菜种植，为曲美乡18个村及乡超市提供大量的新鲜蔬菜。

甲措雄乡

【概况】甲措雄乡政府驻塔杰村，位于日喀则市桑珠孜区东南部、年楚河西岸，辖23个行政村、47个自然村，距离市区12千米，204省道横穿乡境，日喀则市火车客运站坐落于甲措雄乡斯玛村、占堆村境内，机场快速通道已建成，318国道绕城段已建成，交通十分便利。

甲措雄乡是桑珠孜区人口最多、耕地面积最大、粮油产量最高的乡。全乡共有户籍人口15665人，实有人口15665人，全乡共有耕地面积3133.2公顷，林地面积1613.2公顷，其中集体林面积1071.93公顷，灌木林面积541.27公顷。草地面积3.21万公顷。

【农牧业】2020年，全乡粮油总产达14634.92吨，全乡经济总收入27876.18万元，其中财产性收入为1015.379万元，工资性收入为8323.24万元，转移性收入为1882.52万元，农牧民人均可支配收入达18054.53元。

因经开区建设，部分耕地被征，种子田亩数有所减少，但2020年仍保持“喜拉22号”一级种子田33.33公顷，“藏青2000”二级种子田13.33公顷和绿色高质高效喜拉22号1400公顷，“藏青2000”20公顷，百亩千斤喜拉22号20公顷。累计完成种子精选39.5万公斤。高标准农田建设，年内高标准农田项目有客土改良、深耕深松110.87公顷、水渠修建25米×30余米。桑珠孜区2020年“中国好粮油”行动优质青稞基地建设由桑珠孜区甲措雄乡聪堆旺财农机合作社采用全机械化方式完成5个村的耕种，涉及786.67公顷。年内，对全乡涉及牲畜清点的23个行政村、2738户进行清点工作。2020年，存栏63219.2只，已兑现2020年未超载户资金，组织全乡兽防人员开展春秋两季动物疫苗注射工作。在2020年“两防”工作中，口蹄疫、禽流感、猪瘟等各类疫病免疫总数均达到51425头（只、匹）以上，平均免疫率都达99%，免疫面覆盖全乡23个行政村，注射面达100%。

【教育事业】 全年，实现全乡适龄儿童入学率达到100%，适龄少年入学率达到99.8%，初等教育完成率达99.8%。各项指标均达到“教育均衡发展”标准要求。

【医疗卫生】 年内，统计2020年农牧区医疗制度保障人员基本信息，乡卫生院与乡建档立卡贫困群众132户签订医疗服务协议。为多名因病建档立卡贫困群众发放医疗就诊手册，并组织到桑珠孜区人民医院做免费全项体检；其余建档立卡贫困人口均在乡卫生院做免费全项体检。按照桑珠区的医疗扶贫政策，及时足额地向贫困群众报销医疗费用。

【文化事业】 综合文化站的运行和管理，甲措雄乡综合文化站实行免费开放，文体活动室、室内电子阅览室、图书阅览室、多功能活动室，工作日全天实行免费开放。强化23个行政村“农家书屋”和“文艺队”运行，确保正常对外开放。

【社会保障】 年内，对全乡17户36人农村低保对象，低保金标准线4450元与人均收入的差额进行差额补贴，发放方式通过一卡通方式发到个人账户上。将人均收入超过标准线的1户1人退出农村最低生活保障范围，家庭经济较为困难的、有返贫风险的7户，有致贫风险的4户，新增纳入农村最低生活保障范围内。全乡有农村五保对象17人，其中2020年分散五保户新增2人，农村分散五保户生活补助标准为7070元/年·人。全年，残疾人共计547人，其中重度残疾147人，困难残疾400人，补助资金年底兑现。因灾、因病导致生活困难，需要临时救助的，由民政下发5万元临时救助资金。

【平安创建】 年内，开展宣传、宣讲活动10场次，参与党员、群众1300人次，提高群众的法律意识和依法维权意识。坚持24小时值班、带班制度，并坚持做到一日一报。组建红袖标维稳巡逻队，以及护校队、护院队、护村队等。年内，全乡共调解各类纠纷9起，其中土地纠纷1起、婚姻家庭纠纷6起、劳资纠纷2起，成功调解案件6起，移交法院调解1起、建议走司法程序2起。年内，协调自然资源、林草、公路等部门审核批准宅基地92处，确保辖区新申请宅基地符合上级要求。年内，共发现和成功劝导违规租赁土地16处，已完全拆除违建16处，涉及13.33公顷。

【生态环保】 年内，与各村签订《甲措雄乡2020年环境保护目标责任书》及甲措雄乡“门前三包”目标责任书。垃圾中转站交由奴杰生态合作社经营，由其组织垃圾转运站车辆和人员每周两次对各村的生活垃圾进行清理清运，安排车辆在318国道沿线及204省道、高速公路入口进行了50多次垃圾清理；安排生态岗位人员定期在204省道沿线及各村村内进行卫生打扫工作。全年，动用装载机30台次，垃圾清运车32辆次，对23个行政村进行垃圾掩埋和垃圾清理工作，共清理垃圾80吨。

【乡村振兴】 严格按照“产业兴旺、生态宜居、乡风文明、治理有效、生活富裕”总要求，以实现高质量发展为主线，以增加农牧民收入为核心，以壮大村集体经济为突破口，以推进农村环境综合整治为着力点，全力推进实施乡村振兴战略，推动农业提质增效、农村文明进步、农民增收致富。健全村务监督机制，依托村民监督委员会、村民举报等措施，大力推进全乡各村村务公开和民主管理工作，实现村务公开透明，依托村规民约，发挥村规民约作用，广泛开展移风易俗行动。重点落实村“净化”“道路硬化”等工作，同时重点推动“改厕”工作。重点发展村特色产业，依托各村现有优势资源，发展市场需要、能增收的优质合作社。

【产业发展】 结合甲措雄乡资源优势，继续做好青稞良种繁育基地建设、青稞粮食出售两篇文章的基础上，以区域化打造产业特色，确保传统农业优质高效发展的基础上实现经济效益最大化。年内，奴杰、塔巴、聪堆合作社已全面启动。加强辖区合作社建设。甲措雄乡专合组织共计146家，其中正式运营合作社87家，注册未运营合作社及注销或空壳类的合作社共计59家，有村集体入股合作社67家，吸纳建档立卡贫困户132户540人，覆盖率达100%。

【脱贫攻坚】 年内，实现建档立卡群众人均增收1500元/年；向4家本地农牧民合作社或本土特色产业信贷资金817万元，申请国家、自治区投入300万元，带动建档立卡贫困人口71人、边缘贫困人口15人，对建档立卡贫困人口按人均1500元、边缘贫困人口按人均1000元的标准进行产业分红，分红金额达12.15万元；利用高产创建、青稞增产，近五年实现年均粮食增收115万公斤，特别是已实现种子销售250万公斤、收入达1600万元，惠及建档立卡群众54户239人。斯玛占堆运务公司和火车站停车场的经济收入每年为两村群众人均分红均在2000元以上，2020年，人均分红达3000元，两村农户基本上100%享受分红。全乡共有易地扶贫搬迁群众共67户273人，按照搬得出、稳得住、能致富的目标，甲措雄乡于2016年完成了第一批16户77人（包括提前实施的4户13人）的易地扶贫搬迁任务；2017年完成了51户196人的易地扶贫搬迁任务。与乡建档立卡贫困群众132户签订医疗服务协议，为36名因病建档立卡贫困群众发放医疗就诊手册，并组织到桑珠孜区人民医院做免费全项体检，其余建档立卡贫困人口均在乡卫生院做免费全项体检。年内，全乡建档立卡贫困群众中享受社保兜底的群众共18户36人，低保户全部纳入建档立卡，实现“两线合一”的要求。2016—2020年享受补助资金159人，资金达842880万元。2020年，全乡累计转移输出贫困户劳动力5430人次，实现劳务总收入9290万余元。年内，完成45户共214万元的扶贫小额贷款，用于购买生产用具、个体经营等。

聂日雄乡

【概况】聂日雄乡下辖16个行政村42个自然村，人口946户5776人。全乡建档立卡贫困户146户708人，其中稳定脱贫11户99人，脱贫享受政策135户609人，易地搬迁96户460人，低保户15户22人，残疾人163人，劳动力3129人，分散特困供养人员11户11人，两类监测对象7户29人。参加城乡居民医疗保险5638人，参加城乡基本养老保险2872人。2020年，外出务工2229人。现有村集体经济16个，农牧民专业合作社49个。乡种植业实播面积1821.92公顷，其中粮食作物面积1458.62公顷（青稞1056.62公顷、小麦402公顷）、经济作物125.95公顷（蔬菜43.1公顷、油菜82.85公顷）、饲草料面积237.33公顷，粮经饲比例为90 ：7：11。2020年，青稞良种推广面积293.33，其中喜拉22号一级33.33公顷（格地、德日各16.67公顷）、二级206.67公顷，“藏青2000”一级33.33公顷（盘孔、珠各16.67公顷）、二级20公顷。

【农牧业】年内，初步确定高标准农田建设项目面积196.4公顷，涉及楚松等9个行政村。安排冲堆村10座温室、盘孔村12座温室、珠村27座温室、门嘎村17座温室进行紧急修复与利用。温室内种植品种主要有上海青、青椒、萝卜、西红柿、小白菜等，领取到温室棚膜43卷、地膜48卷、蔬菜种子30袋、上海青181筒（小筒）、有机肥4.69吨、氨基酸16箱10瓶。全乡8个平坝村在乡娘麦青稞种子合作社完成喜拉22号种子精选包衣15.91万公斤、藏青2000号种子精选包衣12.69万公斤、藏青320精选包衣5875公斤的种子精选包衣程序，精选后的种子除部分用于农户自己种植外，大部分通过销售走向兄弟县区。11个养殖点，原有优质荷斯坦奶牛247头，经过规范化经营，现已形成有专门养殖点、养殖工作人员、养殖管理人员的奶牛养殖合作社，共新生犊牛64头；绵羊养殖基地，入股绵羊数为成畜250只、幼畜196只，现金入股126150元；争取扶持资金60万元，在珠村成立生猪养殖合作社，养殖规模500头，在山沟村年雄进行白绒山羊养殖，2020年，养殖羊数为公羊76只、母羊24只，年雄村组建的藏白鸡养殖专业合作社，实现增收致富，合作社运营至今，销售藏鸡蛋收入已达5万元。

【教育事业】下辖乡中心小学、完小各1所，教职员工36名，在校生567人，乡中心幼儿园1所、村办幼儿园11所。做好高校毕业生就业创业工作，聂日雄乡摸底排查应届高校毕业42人。根据桑珠孜区人大、政协开展的“关于桑珠孜区高校大学生家长对大学生就业择业观念”进行的调研了解高校毕业生、现场提问等多种措施。通过微信平台及时向未就业高校毕业生发布招聘信息，第一时间将信息传达给每名未就业高校毕业生。对大学生就业动态进行跟踪服务、强化管理，实现稳定就业。全乡42名应届高校毕业生已全部就业，就业率达100%。

【医疗卫生】年内，完成2020年度城乡居民基本医疗保险参保人数5638人、参保率达97%。其中，建档立卡贫困人口612人，参保率达100%。完成2021年度城乡居民基本医疗保险参保5538人，参保率95%。其中建档立卡610人，参保率达100%。

【文化事业】年内,以“不忘初心、牢记使命”主题教育,“四讲四爱”群众教育实践为载体，组织农牧民党员、贫困群众集中学习党的惠民利民政策、脱贫攻坚知识。在建档立卡贫困户中开展“扶贫一家亲全家福”拍摄活动。

【社会保障】年内，完成2020年全乡城乡居民基本养老参保缴费工作，参保人数2872人，收缴589600元，参保率达到93%。其中，建档立卡参保331人，收缴66800元，参保率达到99%。排查往年参保人员死亡未申请丧葬补助人员，统计上报对56名参保死亡人员丧葬补助的相关材料。统计待遇享受人员并做待遇申请，按时发放享受待遇人员养老金。实现农牧民劳务输出2256人，其中建档立卡292人，组织化输出1058人，创收3706.5万元，目标完成率100%。实现农牧民转移就业培训256人，培训工种有厨师、挖掘机、装载机等，提高就业稳定性。完成2020年培训计划，培训合格率达到95%。

【平安创建】全年，共开展矛盾纠纷排查2000余次、出动4300余人次，矛盾纠纷共4起，成功调解4起；年内，出动各类群防群治力量巡逻2000余次，出动人员1万人次，出动民兵675人次。共发现安全隐患40余处，下发整改通知书40份，并完成整改。

【生态环保】年内，组织开展义务植树造林活动，先后在乡格地村、康萨村、国央村等进行义务植树造林5000余棵。自2010年3月24日开始“两江四河”造林绿化工程补植补造工作，共计补植补造2.5万余棵，并进行春灌工作，发放群众劳务费用195689元；年内，实施退耕还林补植补造工作，补植补造共计1万余棵，并兑现第三年补助资金91800元。每季度召集护林员对管护责任区内乱放牲畜、乱砍滥伐、侵占林木、开挖采砂、乱捕滥猎、破坏野生动物植物资源以及破坏网围栏设施等行为，及时有效地采取措施组织补救和制止并向乡政府报告情况，做好管护区域内森林火灾隐患检查和病虫害防治工作。辖区内公益林面积共计1027.67公顷，年底发放公益林管护工资10.04万元。

【产业发展】年内，新增村集体经济7个、整合（注销）无效益合作社25家，大力扶持效益好、带动能力强的合作社17家，争取合作社扶持资金350万元、上级扶贫整合资金770万元、第九批驻村经费244.48万元，合作社吸纳困难群众稳定就业16人；将桑珠孜区高分子大口径管道应用城市系统项目为聂日雄乡国央、年雄、强林三个深度贫困村28户未稳定脱贫建档立卡户，为冲堆、珠、格地3户边缘户，分红资金8.37万元（分红标准：

户均2700元），以户为单位量化成股金入股到桑珠孜区赞巴汽车维修有限公司，使困难群众和边缘群众持续增收；娘雄合作联社实现分红60余万元，涉及贫困户62户262人。

【脱贫攻坚】年内，召开2020年脱贫攻坚自查自纠工作动员部署会、推进会8次，成立领导小组，制定《聂日雄乡自查自纠工作方案》《聂日雄乡贯彻落实“20个紧盯”细化排查表》，对各村自查自纠进度成效进行交叉检查。完成146户建档立卡群众入户工作，实现100%全覆盖；非建档立卡群众入户286户，占全乡所有非建档立卡户的35.8%，共发现问题21项，本级层面能够解决的问题13项、需上级层面协调解决的问题8项，已全部整改完成。对照“人均纯收入低于6000元且有返贫风险”的标准，组织人员开展边缘户摸底和信息采集，对扶贫对象人员增减、收支核算、扶贫对象相关信息进行全面核查，填写《动态防返贫监测表》，对突遭变故、自然灾害等家庭进行重点排查，特别是对受新冠疫情影响，外出务工受限，收入骤减家庭重点关注，测算收入，及时救助，防止因突发状况致贫或返贫。排查出两类监测对象7户29人，年内解除风险1户9人。顺利完成国家脱贫攻坚验收。

【项目建设】年内，打造“三大基地”，即娘麦青稞种子基地、荷斯坦奶牛养殖基地、珠峰绵羊繁育基地，做到了平坝村农业持续增收，山沟村牧业稳定向好。连续两年成功举办聂日雄乡产业大赛暨农牧民运动会。全乡49家合作社争取上级财政整合资金1120万元、第九批驻村经费244.54万元，作为村集体资金入股合作社，扶持合作社16家，吸纳1名大学生在合作社就业。

【特色产业】年内，动员8个平坝村进行农业生产方式变革，将“土地托管模式”确定为未来聂日雄乡农业发展的趋势方向。扶持楚松村培杰种植专业合作社抓住国家把发展粮食生产放在战略高度谋划的有利时机和各级党委大力支持农牧民专业合作社的空前机遇，从农业生产的关键环节入手，开展产前、产中、产后经营服务模式创新，走出了一条生产方式新、社会化服务质量优、土地经营集约化程度高、生产效益好的农业生产经营新模式——土地托管模式。年内，楚松村培杰种植专业合作社托管楚松村耕地77.69公顷（20公顷为合作社种植玉米饲草、57.69公顷种植粮食），涉及65户392人，其中建档立卡贫困户6户30人。

【乡村振兴】年内，申请桑珠孜区脱贫攻坚资金整合项目共计770万元，涉及7个行政村合作社。申报自治区生态乡、村建设。在自治区、日喀则市、桑珠孜区的各级严格考核下，2017年、2018年聂日雄乡冲堆、扎西岗、甲庆孜、盘孔4村成功申报自治区级生态村。聂日雄乡2020年组织开展剩余12个行政村自治区级生态乡创建工作，创建工作及相关材料已完成。全年，聂日雄乡实现农牧民劳务输出2256人次，创收3706.5万元；实现农牧民转移就业培训256人；42名高校毕业生全部灵活就业。

纳尔乡

【概况】纳尔乡位于日喀则市西南部，距离日喀则市区32千米，全乡共有10个行政村26个自然村，共有414户2312人，耕地面积408.07公顷，林地面积291.03公顷，草地面积2.11万公顷，属于半农半牧区。全乡主导产业以农业为主，主要农作物有青稞、小麦、豌豆等。全乡现有各类大小牲畜24848头（只、匹），其中，牛3196头、羊21652只。2020年，农业经济总收入达3014.7万元，粮食总产量达1166吨，农牧民人均收入13033元。共有建档立卡贫困户157户817人，其中易地搬迁户105户。辖区范围内有1所中心小学、1所附属幼儿园、3个学前点，248名学生，18名教师。辖区范围有乡级卫生院1所，7名医务人员，村级卫生室9个，村医19名。

【农牧业】年内，完成5.47公顷农田土地平整、深耕深翻等建设内容；推广180公顷的喜拉22号种植和60公顷“藏青2000”种植；实施建设芝萨村、孜村、玉扎村等31个羊暖棚,完工并投入使用。全年,共有28044头（只、匹）牲畜（大畜3196头、小畜24848只），完成233头黄牛的冻配。

【教育事业】全乡适龄儿童的入学率达到100%，确保3岁以上幼儿入园率及适龄儿童入学率达到100%。年内，日喀则市控辍保学工作现场观摩暨培训会在纳尔乡召开。

【医疗卫生】年内，开展健康教育和新冠疫情知识宣传26次，发放健康宣传资料3600余份。全年，参保人数为2028人，政策知晓率为100%，参保率为98.7%。

【文化事业】年内，开展新时代文明实践所、站建设工作。按照《桑珠孜区〈全面推进新时代文明实践中心（所、站）建设工作实施方案〉的通知》要求，结合实际，组建新时代文明实践所1个，志愿人数为30余人，文明实践站10个，志愿人数为233人。

【社会保障】全年，共有低保户12户39人，特困供养人员4人，其中集中供养人员2人、分散供养人员2人；有21个危房，其中5个危房户是建档立卡贫困户，其余的16户都为一般户。

【平安创建】全年，共计排查各类隐患15起，对辖区内流动人员、外来务工人员做好摸底登记排查台账。查处建筑施工各类安全隐患8起，整改8起。开展农用车辆反光膜粘贴情况大检查、大整治活动，通过专项检查活动，共计检查各类农用车辆550余辆，整治未粘贴和破损反光膜180余辆，开展安全驾驶及车辆保养宣讲活动，参与300余人次。4次开展食品安全隐患排查整治，查处没收各类过期食品4类，低劣食品1类，共计50余公厅。全年，共开展矛盾纠纷排查80余次，发现各类纠纷2起，成功调解2起，成功率达到100%。

【生态环保】严格落实“门前三包制”，利用“每天一小时”大扫除活动。以帕冲村为试点建设美丽乡村，主要治理“残垣断壁”和环境卫生,投入29万元和15万元。推进“六城共建”，文明城市创建成效显著，完成乡垃圾转运站建成并投入使用；加强植树造林工作。年内完成义务植树7000株，成片造林6.73公顷，成活率达到93%。

【产业发展】年内，持续壮大养殖合作社，辖区内5个羊养殖合作社，总存栏3125只，已出栏845只，带动贫困户157户817人，边缘户8户51人；德庆村藏鸡合作社年内实现增收6万元，带动贫困户21户86人；不断扩大机械加工业，帕冲村农机合作社实现增收13万元，带动贫困户33户205人；巴纳村、索东村加工合作社分别实现增收0.85万元、0.8万元，分别带动贫困户20户95人、9户60人；在德庆村林卡搭建5顶帐篷，全年共实现增收2.76万元，带动贫困户21户89人；组织德庆藏鸡养殖、冲强养殖、社泽龙养殖3家专业合作社申请2019年强基惠民整合资金申请工作。

【项目建设】年内，133户完成厕所改造，完成改造率已达100%。实施小型农田水利设施建设项目，涉及纳尔乡杂龙、纳杂两村，投资分别为52.39万元和101.71万元，完成杂龙村水塘建设项目终验工作。投资520余万元的索东、德庆防洪堤建设完成初验工作。

【脱贫攻坚】年内，组建帕冲村、索东村、纳杂村、巴纳村等4个生产资料加工产业。德庆村生态休闲农家林卡搭建5顶帐篷，共实现增收27600元，带动贫困户21户89人。全乡易地搬迁共105户579人，其中江当乡光伏小镇安置7户33人，工程总投资3260万元，确保所有住房质量合格并达到入住条件。年内，农牧民合作社实现10个行政村全覆盖达到41家，清理空壳合作社18家，运营好的合作社达到23家，以“公司＋基地＋合作社”为主要形式的生产经营体系初步建成，重点打造桑珠孜区杂龙养殖专业合作社、桑珠孜区芝萨帮杰养殖专业合作社等珠峰绵羊短期育肥产业，年内完成销售育肥羊845只，年存栏数量3733只，收入达到80.27万元，合作社共分红14.92万元，分红人数达到290人，带动贫困户就业8人，实现增收16.46万元，通过国家普查、自治区省级绩效交叉考核验收。

【特色产业】辖区内珠峰羊短期育肥共涉及5个村，分别是安布、芝萨、杂龙、孜、玉扎村，年内，这五家合作社共存栏3733只绵羊，出栏了845只绵羊，总收入达80.27万元，其中有三家合作社已分红14.92万元，覆盖人数290人，带动贫困户就业人数8人，实现增收16.46万元。

附录

2020年桑珠孜区受表彰先进集体名录

表3

获奖单位	荣誉称号	颁奖单位	级别
电子科技大学桑珠孜区一珠水滴青年志愿者团队	2020年全国大中专学生志愿者暑期“三下乡”社会实践活动	团中央青年发展部	国家级
桑珠孜区第二次全国污染源普查办公室	“第二次全国污染源普查表现突出集体”荣誉称号	国务院第二次全国污染源普查领导小组办公室	
团西藏自治区日喀则市桑珠孜区委	2020年全国大中专学生志愿者暑期“三下乡”社会实践活动优秀单位	团中央青年发展部	
区人民法院办公室	全国法院新闻舆论工作先进集体	最高人民法院	
区消防救援大队	第16届西藏青年五四奖章集体	共青团西藏自治区委员会 西藏自治区青年联合会	自治区级
	五四红旗团支部	西藏自治区消防救援总队	
	先进基层单位	西藏自治区消防救援总队	
桑珠孜区教育局	2020年自治区事业单位脱贫攻坚专项奖励嘉奖	西藏自治区	
区公安局	集体三等功	自治区公安厅	
区公安局仁布路客运站（24号）便民警务站	全区公安机关全警实战大练兵第一批标兵集体	自治区公安厅	
桑珠孜饭店	先进基层党组织	自治区非公经济委员会	
区水利局	全区脱贫攻坚先进集体	自治区脱贫攻坚总结表彰工作领导小组办公室	
西藏日喀则吉康建筑安装工程有限责任公司党支部	全区非公有制经济组织和社会组织先进基层党组织全区百佳农牧区基层党组织	中共西藏自治区委员会非公有制经济组织和社会组织工作委员会	
江当乡郭加新村党总支	全区百佳农牧区基层党组织	中共西藏自治区委员会	
边雄乡扎西岗村党支部	全区百佳农牧区基层党组织	中共西藏自治区委员会	
江当乡	全区百佳农牧区基层党组织	中共西藏自治区委员会	
江当乡	自治区级生态村（郭加村、弄日村、曲夏村、江当村、雄卓村、龙桑村、汤麦村、康果村）	自治区生态环境厅	

2020年桑珠孜区受表彰先进个人名录

表4

姓名	所在单位及职务	荣誉称号	颁奖单位	级别
巴桑仓决	桑珠孜区曲美乡中心小学	乡村优秀青年教师培养奖励计划	教育部教师工作司 中国教师发展基金会	国家级
谢志力	桑珠孜区公安局扎寺广场（7号）便民警务站副站长、三级警长	第一批全警实战大练兵部级标兵个人	公安部	
尼玛旺堆	桑珠孜区水利队队长	全国农村饮水安全脱贫攻坚先进个人	中华人民共和国水利部	
王鹏	区司法局	全国模范人民调解员	司法部	
边巴卓玛	区人民法院院长	全国法院“基本解决执行难”表彰	最高人民法院	
扎西欧珠	区人民法院法官	全国法院办案标兵	最高人民法院	
旺堆平措	区教育局	2019年体育场地专项调查工作优秀调查员	西藏自治区体育局	自治区级
顿珠多杰	区教育局	自治区事业单位脱贫攻坚专项个人嘉奖	西藏自治区	
王建鹏	桑珠孜区第一中学	2020年首届中国西藏网络影像节最佳视频优秀奖	自治区网信办 自治区旅游发展厅 人民网西藏频道	
次央	桑珠孜区公安局治安管理大队大队长、二级警长	嘉奖	自治区公安厅	
谯斌	桑珠孜区公安局政工纪检室四级警长	全区公安机关全警实战大练兵第一批标兵个人	自治区公安厅	
王国栋	桑珠孜区公安局东嘎乡派出所副教导员、四级警长	个人三等功	自治区公安厅	
石达次仁	桑珠孜区公安局曲夏公安检查站四级警长	嘉奖	自治区公安厅	
伍普琼	桑珠孜饭店	先进驻村工作队队员	中共西藏自治区委员会 自治区人民政府	
向世江	区退役军人服务中心	党员示范岗	西藏自治区示范型退役军人服务中心（站）	

续表4

姓名	所在单位及职务	荣誉称号	颁奖单位	级别
德庆曲珍	区卫健委	西藏自治区抗击新冠肺炎疫情先进个人	中共西藏自治区委员会 西藏自治区人民政府	自治区级
达娃潘多	东嘎乡	自治区创先争优强基础惠民生活动先进驻村工作队员	中共西藏自治区委员会 自治区人民政府	
达娃潘多	东嘎乡	全区第三批优秀村（社区）党组织第一书记	中共西藏自治区委员会 组织部	
达珍	东嘎乡	全区脱贫攻坚先进个人	中共西藏自治区委员会 自治区人民政府	

2020 年中共桑珠孜区委、区人民政府文件名录

表5

序号	文件名称	发布文号	发布日期
1	中共桑珠孜区委 桑珠孜区人民政府关于印发《桑珠孜区 2020 年关于抓好“三农” 领域重点工作暨深入推进农牧区产业革命的任务分解》的通知	日桑委〔2020〕55 号	2020 年 5 月 20 日
2	中共桑珠孜区委 桑珠孜区人民政府关于印发《桑珠孜区创建全国民族团结进步示范区工作实施方案》的通知	日桑委〔2020〕49 号	2020 年 5 月 20 日
3	中共桑珠孜区委 桑珠孜区人民政府关于印发《日喀则市主城区新冠肺炎疫情常态化防控网格化管理实施方案》的通知	日桑委〔2020〕115 号	2020 年 12 月 25 日

2020 年中共桑珠孜区委文件名录

表6

序号	文件名称	发布文号	发布日期
1	中共桑珠孜区委员会 关于废止、宣布失效和修改部分党内规范性文件的决定	日桑委〔2020〕9 号	2020 年 1 月 18 日
2	关于印发《中共桑珠孜区委员会贯彻落实〈中国共产党政法工作条例〉意见》的通知	日桑委〔2020〕65 号	2020 年 7 月 13 日

2020年桑珠孜区人民政府文件名录

表7

序号	标题	发布文号	行文日期
1	桑珠孜区人民政府关于印发《桑珠孜区畜禽养殖禁养区划定工作实施方案》的通知	日桑政〔2020〕13号	2020年3月5日
2	桑珠孜区人民政府关于印发《桑珠孜区义务教育控辍保学工作实施方案》的通知	日桑政〔2020〕17号	2020年3月13日
3	桑珠孜区人民政府关于印发《桑珠孜区自然保护区范围及功能分区优化调整工作》的通知	日桑政〔2020〕34号	2020年4月10日
4	桑珠孜区人民政府关于印发《日喀则市桑珠孜区邦佳孔棚户区改造工程征收补偿安置暂行办法》的通知	日桑政〔2020〕36号	2020年4月20日
5	桑珠孜区人民政府关于印发《日喀则市桑珠孜区“中国好粮油”行动示范工程实施方案》的通知	日桑政〔2020〕70号	2020年6月22日
6	桑珠孜区人民政府关于印发《桑珠孜区农村饮水安全工程运行管理办法》的通知	日桑政〔2020〕101号	2020年7月29日
7	桑珠孜区人民政府关于印发《桑珠孜区推进2020年中等职业学校招生补录工作方案》的通知	日桑政〔2020〕123号	2020年10月14日

2020年桑珠孜区委办公室、区政府办公室文件名录

表8

序号	文件名称	发布文号	发布日期
1	中共桑珠孜区委办公室 桑珠孜区人民政府办公室关于成立新型冠状病毒感染的肺炎疫情防控领导小组和专家组的通知	日桑委办〔2020〕3号	2020年1月23日
2	中共桑珠孜区委办公室 桑珠孜区人民政府办公室桑珠孜区爱国卫生运动委员会办公室关于做好新型冠状病毒感染的肺炎疫情防控工作的通知	日桑委办〔2020〕4号	2020年1月27日
3	中共桑珠孜区委办公室 桑珠孜区人民政府办公室关于印发《桑珠孜区新型冠状病毒感染的肺炎疫情联防联控工作方案》的通知	日桑委办〔2020〕5号	2020年1月30日
4	中共桑珠孜区委办公室 桑珠孜区人民政府办公室关于印发《桑珠孜区脱贫攻坚防止返贫动态监测预警制度》的通知	日桑委办〔2020〕13号	2020年3月18日
5	中共桑珠孜区委办公室 桑珠孜区人民政府办公室关于印发《桑珠孜区2020年重点工作任务分解方案》的通知	日桑委办〔2020〕14号	2020年3月25日
6	中共桑珠孜区委办公室 桑珠孜区人民政府办公室关于成立桑珠孜区流浪乞讨人员救助转化工作领导小组的通知	日桑委办〔2020〕18号	2020年4月8日
7	中共桑珠孜区委办公室 桑珠孜区人民政府办公室关于印发《桑珠孜区全面推行河（湖）长制工作方案》的通知	日桑委办〔2020〕22号	2020年4月29日
8	中共桑珠孜区委办公室 桑珠孜区人民政府办公室关于印发《桑珠孜区2020年高校毕业生就业创业工作方案》的通知	日桑委办〔2020〕26号	2020年6月9日
9	中共桑珠孜区委办公室 桑珠孜区人民政府办公室关于印发《桑珠孜区关于开展紧密型区域医疗卫生共同体建设的实施方案》的通知	日桑委办〔2020〕30号	2020年7月1日
10	中共桑珠孜区委办公室 桑珠孜区人民政府办公室关于印发《桑珠孜区行政事业单位公务车辆配备使用管理办法》的通知	日桑委办〔2020〕55号	2020年12月8日
11	中共桑珠孜区委办公室 桑珠孜区人民政府办公室关于印发《桑珠孜区2020年食品安全工作要点》的通知	日桑委办〔2020〕32号	2020年7月21日
12	中共桑珠孜区委办公室 桑珠孜区人民政府办公室关于印发《桑珠孜区2021年元旦春节藏历新年“三大节日”期间慰问活动方案》的通知	日桑委办〔2020〕65号	2020年12月31日

2020年中共桑珠孜区委办文件名录

表9

序号	文件名称	发布文号	发布日期
1	中共桑珠孜区委办公室关于印发桑珠孜区关于新型冠状病毒感染的肺炎疫情防控期间加强干部管理的通知	日桑委办〔2020〕6号	2020年2月9日
2	关于调整桑珠孜区县级领导联系乡（街道）、村（居）、学校、寺庙、宗教界人士、河流、结对帮扶分组的通知	日桑委办〔2020〕7号	2020年2月19日
3	关于印发《桑珠孜区关于解决形式主义突出问题为基层减负的工作措施》的通知	日桑委办〔2020〕19号	2020年4月11日
4	中共桑珠孜区委办公室 桑珠孜区人民政府办公室关于印发《桑珠孜区关于中央八项规定精神形式主义 官僚主义等“四风”突出问题的专项整治方案》的通知	日桑委办〔2020〕20号	2020年4月13日
5	关于印发《桑珠孜区关于进一步加强和改进巡察工作的实施意见（试行）》的通知	日桑委办〔2020〕29号	2020年6月18日
6	关于印发《桑珠孜区深入学习〈习近平谈治国理政〉第三卷实施方案》的通知	日桑委办〔2020〕36号	2020年8月17日
7	关于进一步明确县级以上党员领导干部参加双重组织生活的通知	日桑委办〔2020〕38号	2020年8月28日
8	关于印发《桑珠孜区妇联改革实施方案》的通知	日桑委办〔2020〕39号	2020年9月2日
9	中共桑珠孜区委办公室关于印发《桑珠孜区公安局开展“坚持政治建警全面从严治警”教育整顿试点工作实施方案》的通知	日桑委办〔2020〕40号	2020年9月18日
10	中共桑珠孜区委员会办公室关于成立中共桑珠孜区委员会平安桑珠孜建设领导小组的通知	日桑委办〔2020〕41号	2020年9月24日
11	中共桑珠孜区委办公室关于印发《桑珠孜区学习宣传中央第七次西藏工作座谈会精神工作方案》的通知	日桑委办〔2020〕42号	2020年10月5日

续表9

序号	文件名称	发布文号	发布日期
12	关于印发《中共桑珠孜区委巡察成果运用办法（试行）》《中共桑珠孜区委巡察整改督查督办工作办法（试行）》《中共桑珠孜区委巡察干部抽调暂行办法》《中共桑珠孜区委巡察干部鉴定评估办法（试行）》的通知	日桑委办〔2020〕45号	2020年10月12日
13	关于成立桑珠孜区2021年村（居）“两委”换届工作领导小组及工作专班的通知	日桑委办〔2020〕52号	2020年11月27日
14	关于印发《桑珠孜区青年工作联席会议制度》的通知	日桑委办〔2020〕54号	2020年12月2日
15	关于研究审议《中共桑珠孜区委落实全面从严治党主体责任清单》的请示	日桑委办〔2020〕56号	2020年12月16日
16	关于印发《中共中央 西藏自治区委员会 日喀则市委员会废止、宣布失效部分党内法规和规范性文件的目录》的通知	日桑委办〔2020〕57号	2020年12月24日
17	关于研究审议《中共日喀则市桑珠孜区委常委会会议议题设定制度（试行）》的请示	日桑委办〔2020〕61号	2020年12月29日
18	关于印发《桑珠孜区关于开展“冬闲变冬忙 交流促提升”活动的实施方案》的通知	日桑委办〔2020〕62号	2020年12月29日
19	关于进一步规范机关事业单位干部职工请（休）假制度的通知	日桑委办〔2020〕63号	2020年12月31日
20	关于印发《桑珠孜区国有企业改革方案》的通知	日桑委办〔2020〕64号	2020年12月31日

索引

说 明

1. 本索引为综合性主题索引；
2. 索引条目按汉语拼音顺序（同音节按声调）排列；
3. 条目后的阿拉伯数字表示内容所在页码。

F

G

H

J

N

P

Q

R

S

Y

Z

非音序